Generis

PUBLISHING

I0130993

Ulrich Kevin KIANGUEBENI

LE DROIT CONGOLAIS DE L'ENVIRONNEMENT

TOME 1

Title: LE DROIT CONGOLAIS DE L'ENVIRONNEMENT. TOME 1

Author: Ulrich Kevin KIANGUEBENI

ISBN: 978-1-63902-115-4

Cover image: www.pixabay.com

Publisher: Generis Publishing
Online orders: www.generis-publishing.com
Contact email: info@generis-publishing.com

AVANT-PROPOS

Désormais sujet de débat politique au niveau planétaire, le problème de la dégradation de l'environnement est perçu de façon globale. Comme l'affirme Jean-Noël Salomon, déforestation, réduction de la biodiversité, modifications de l'atmosphère, pollution de l'eau, pertes en sols cultivables sont, avec la recherche des moyens pour limiter leurs conséquences négatives, les grandes questions du prochain millénaire. La question environnementale relève d'une prise de conscience générale extrêmement récente, consécutive à la montée dans l'opinion d'une sensibilité « écologiste » dont les pouvoirs en place doivent tenir compte de manière croissante[1]. La prise de conscience de l'opinion nationale et internationale a suscité et continue à susciter des interrogations notamment au niveau de l'efficacité des mesures juridiques de protection de l'environnement.

Des interrogations auxquelles le présent ouvrage est censé répondre à travers une analyse du régime juridique de protection de l'environnement en République du Congo. Il loin de vouloir faire un examen des différentes politiques environnementales menées par le Congo depuis son indépendance en 1960. Le but ici est de faire une présentation des normes et institutions qui assurent la protection de l'environnement au Congo et d'analyser l'effectivité de leur application. En effet, les atteintes à l'environnement sont multiples ; le but de l'ouvrage est donc de traiter des instruments juridiques qui constituent le socle de la protection nationale et internationale de l'environnement congolais.

Signataire de la plupart des textes internationaux et conventions relatives à la protection de l'environnement, le Congo s'est doté de pas mal d'outils juridiques normes, institutions) pour assurer la protection de son environnement. Cependant, il est assez aisé de constater les faiblesses du régime de protection de l'environnement. À titre d'exemple, l'actuelle stratégie nationale en matière d'environnement ne contient pas de dispositions relatives à la gestion des risques et défis environnementaux de l'heure. Entrée en vigueur depuis 1996, cette stratégie ne prend pas en compte les effets d'un phénomène environnemental important : l'urbanisation effrénée sur la salubrité et la biodiversité.

Ce phénomène est la conséquence de plusieurs années d'insouciance et de comportements dangereux de la part l'humanité qui s'est réveillée au début du

---

[1] Jean-Noël Salomon, « Questions à l'environnement, Avant-propos », in *Sud-Ouest européen*, tome 3, 1998. Questions à, l'environnement. pp. 1-2;

21ᵉ siècle avec un nouveau défi : la protection de l'environnement pour préserver sa survie en étant en harmonie avec ce qui l'entoure. Longtemps délaissé le concept de l'environnement monte de plus en plus en puissance à tel point que plusieurs scientifiques plongent désormais sur ce phénomène afin de tenter d'en apporter les solutions sécurisantes. Outre les scientifiques, les décideurs politiques comprennent, de plus de plus la nécessité d'un cadre légal en mesure d'assurer un équilibre entre l'exploitation et la préservation des ressources environnementales.

Au Congo-Brazzaville, la situation relative à la protection de l'environnement n'est guère brillante. Malgré l'existence d'un cadre légal, le pays reste confronté à un phénomène alarmant : la dégradation de son environnement. L'ouvrage se penche donc sur l'apport du cadre juridique congolais, sa portée et son efficacité dans l'amélioration de l'environnement sous tous ses angles. Le droit congolais pourrait être encore plus efficace. Mais cette efficacité du droit bien que connue ne s'est malheureusement pas distinguée pour apporter aussi à l'homme un environnement meilleur. Ainsi, les cadres législatif et normatif mis en application à cet effet, méritent d'être analysés et étudiés.

L'auteur

LISTE DES ABBREVIATIONS

ACCT : Agence pour la Coopération Culturelle et Technique
ADHUC :   Association pour les Droits de l'Homme et l'Univers Carcéral
AFD : Agence Française de Développement
ANPE : Agence Nationale pour la Protection de l'Environnement
ASCODD : Association Congolaise pour le Développement Durable
ASEAN : Association des Nations de l'Asie du Sud-Est
BM : Banque Mondiale
CBD : Convention sur la Diversité Biologique
CCNUCC : Convention-Cadre des Nations Unies sur le Changement
CDB : Convention sur la Diversité Biologique
CDI : Commission du Droit International
CE :   Commission Européenne
CE : Conseil d'Etat
CFC : Conservation de la Faune Congolaise (ONG)
CFCO : Chemin de Fer Congo Océan
CHO : Convention sur la Protection de la Nature et la préservation de la Vie Sauvage dans l'Hémisphère Ouest
CIB : Congolaise Industrielle des Bois
CICOS : Commission Intergouvernementale Congo-Oubangui-Sangha
CITES : Convention sur le commerce international des espèces de faune et de flore sauvages menacées d'extinction Climatique
CMS : Convention on Migratory Species
CNDD : Commission Nationale pour le Développement Durable
CNIAF : Centre National d'Inventaire et d'Aménagement Forestiers
CNUED : Conférence des Nations Unies sur l'Environnement et le développement
CNULD : Convention des Nations Unies sur la Lutte contre la
COMIFAC : Commission des Forêts d'Afrique Centrale
COP : Conférences des Parties
CORAF : Congolaise de Raffinage
CSE :Conseil Supérieur de l'Environnement
DCEN : Direction de la Conservation des Ecosystèmes Naturels
DDE : Direction Départementale de l'Environnement
DDEEC : Direction du Droit de l'Education Environnementale et de la Coopération
DGDD : Direction Générale du Développement Durable

DGE : Direction Générale de l'Environnement

DGEF : Direction Générale des Eaux et Forêts

DGGT : Délégation Générale des Grands Travaux

DPPEU : Direction de la Prévention des Pollutions et de l'Environnement Urbain

DSRP : Document de Stratégie de Réduction de la Pauvreté

DSRPI : Document de Stratégie de Réduction de la Pauvreté Intérimaire

ECOM : Enquête Congolaise auprès des Ménages pour

ECOSOC : Conseil économique et social des Nations unies

ECOSOC : United Nation Economic and Social Concyl

EE : Evaluation Environnementale

EIE : Etude d'Impact Environnemental

EIES : Etude d'Impact Environnemental et Social

ETIS : Elephant Trade Information System

ETP : Enseignement Technique et Professionnel

FAO : Organisation des Nations Unies pour l'Alimentation et l'Agriculture

FEC : Facilité Elargie de Crédit

FEM : Fonds pour l'Environnement Mondial

FESPAM : Festival Panafricain de la Musique

FIF : Forum international sur les forêts

FIPOL : Fonds d'Investissement des Pollutions

FNUF : Forum des Nations Unies sur les Forêts

FPE : Fonds pour la Protection de l'Environnement

FSC : Forest stewardship certification

GEF : Global Environment Fund

GES : Gaz à Effet de Serre

GEST : Groupe d'Evaluation Scientifique et Technique

GRET : Groupe de recherche et d'échanges Technologiques groupes défavorisés

IFAW : International Fund for Animal Welfare

ITIE : Initiative pour la transparence dans les industries extractives

MDP : Mécanisme pour un Développement Propre

MEFE : Ministère de l'Economie Forestière et de l'Environnement

METP : Ministère de l'Equipement et des Travaux Publics

MOU : Memorandum of Understanding

NEPAD : Nouveau Partenariat pour le Développement de

NIE : Notice d'Impact sur l'Environnement

OCDE : Organisation de Coopération et de Développement Economiques

ODD : Objectifs du Développement Durable

OGM : Organisme Génétiquement Modifie
OIF : Organisation Internationale de la Francophonie
OMD : Objectifs du Millénaire pour le Développement
OMS : Organisation Mondiale de la Santé
ONG : Organisation Non Gouvernementale
ONU : Organisation des Nations-Unies
OSC : Organisations de la Société Civile
PADE : Projet d'Appui à la Diversification de l'Economie
PAN : Plan d'Action National sur la Désertification
PARSEGD : Projet d'appui à la Réinsertion socioéconomique des
PFNL : Produits Forestiers Non Ligneux
PIB : Produit Intérieur Brut
PIF : Panel Intergouvernemental sur les Forêts
PIKE : Proportion of Illegally Killed Elephants
PN : Parc National
PNAE : Plan National d'Action Environnemental
PNAE : Plan National d'Action pour l'Environnement
PNCD : Parc National de Conkouati Douli
PNIU : Plan National d'Intervention d'Urgence
PNUD : Programme des Nations Unies pour le Développement
PNUE : Programme des Nations Unies pour l'Environnement
PPTE : Pays Pauvres Très Endettes
REDD : Reducing Emissions from Deforestation and Forest Degradation in
Developing
SADC : Communauté de Développement d'Afrique Australe
SFDE : Société Française pour le Droit de l'Environnement
TRD : Termes de Référence
UICN : Union internationale pour la Conservation de la Nature
UNESCO : Organisation des Nations Unies pour l'éducation, la science et la
culture
UNFCC : Convention-Cadre des Nations Unies sur les Changements
Climatiques
UNITAR : Institut des Nations Unies pour la formation et la recherche
WHC : Convention du patrimoine mondial
WWF : World Wildlife Fund
OCDE : Organisation de Coopération et de Développement Economiques
OMS : Organisation Mondiale de la Santé
ONG : Organisation Non Gouvernementale
PFNL : Produits Forestiers Non Ligneux

PN : Parc National

PNAE : Plan National d'Action Environnemental

PNCD : Parc National de Conkouati Douli

PNNN : Parc National de Nouabalé Ndoki

PNOK : Parc National d'Odzala Kokoua

PNUE : Programme des Nations Unies pour l'Environnement

PROGECAP : Projet de Gestion et Conservation des Aires Protégées du Congo

RN : Route Nationale

SAF : Services Administratifs et Financiers

SNPC : Société Nationale des Pétroles du Congo

TDR : Termes de Référence

UFA : Unité Forestière d'Aménagement

WCS : Wildlife Conservation Society

« *L'environnement est un bien universel dont dépend la survie de l'humanité terrestre. Protégeons là pour les prochaines générations* ».

Ausmouric Adjibodou

INTRODUCTION

Sous le sceau de l'histoire, la notion de l'environnement, a subi une évolution remarquable conjuguée des mentalités et des contraintes de la nature et des hommes. Ce propos introductif propose donc une analyse de l'historique et l'évolution du terme « environnement » avant de faire un examen de la géographique environnementale de la République du Congo.

1 – La notion de l'environnement

L'expression « environnement » a connu une histoire assez tumultueuse. En effet, avant de disparaître du français au XVIe siècle, « environnement » avait, dans la langue médiévale, le sens précis de trajectoire circulaire, évoquant aussi ce qui entoure, ce qui ceint. On retrouve ensuite le mot dans la langue anglaise en 1603, selon l'Oxford *Standard Dictionary* : dérivé du verbe to environ, lui-même venu du vieux français « environ », environment désigne alors le milieu dans lequel nous vivons. Il ne devient d'un usage courant qu'à partir du XIXe siècle dans le monde anglo-saxon avec la double signification de ce qui nous entoure spatialement et de ce qui nous influence fonctionnellement. Puis il pénètre le discours scientifique, géographique bien sûr, mais aussi psychologique et biologique. On y retrouve l'idée forte selon laquelle aucun organisme vivant ne peut être compris sans son environnement. L'écologie moderne posera même comme principe que l'écosystème, unité de base de cette science, doit être entendu comme l'ensemble indissociable qui attache, dans un jeu complexe d'interactions réciproques, la communauté des êtres vivants (la biocénose) à son environnement (le biotope). Dans ses Principes de géographie humaine publiés en 1921, Paul Vidal de la Blache redonne au mot environnement ses lettres de noblesse dans la langue savante française. À l'époque, l'usage en reste cependant limité, notamment chez les géographes, qui lui préfèrent longtemps la notion de milieu. Il s'agit alors de désigner les différents aspects de l'univers naturel et artificiel qui nous entoure.

Dès la fin des années 1960, le terme devient omniprésent pour désigner de nouveaux problèmes qui accablent la société tels que les pollutions, la destruction des paysages, les risques industriels. Paradoxalement, il disparaît du langage de l'écologie scientifique[2].

---

[2] https://www.universalis.fr/encyclopedie/environnement-un-enjeu-planetaire/1-le-mot-et-son-histoire/

De nos jours, on peut considérer que l'environnement désigne l'ensemble des conditions naturelles (géologie) ou artificielles (physiques, chimiques et biologiques) et culturelles (sociologiques) dans lesquelles les organismes vivants se développent, en particulier l'homme, mais aussi des espèces animales et végétales.[3]. En d'autres termes, l'environnement recouvre tout ce qui nous entoure. Il désigne l'ensemble des conditions naturelles (géologiques) ou artificielles (physiques, chimiques et biologiques) et culturelles (sociologiques) dans lesquelles les organismes vivants se développent (non seulement l'homme, mais aussi des espèces animales et végétales qui sont susceptibles d'interagir avec lui directement ou indirectement). Notre environnement inclut donc l'air, la terre, l'eau, les ressources naturelles, la flore, la faune, les êtres humains et leurs interactions sociales. La préservation de l'environnement est importante pour le développement durable des générations actuelles et de celles de l'avenir[4].

Le mot anglais *environment* signifie milieu. En fait, il n'existe pas une définition unique du mot environnement, mais plusieurs conceptions ou représentations en fonction des individus et de l'environnement dans lequel ils évoluent :

- Les géologues appréhendent l'environnement par l'étude des sols.
- Les écologues le font par la dynamique des êtres vivants.
- Les géographes par l'occupation du territoire, la gestion du territoire.
- Les ingénieurs et techniciens en fonction de leurs domaines d'expertise : eau, air, sol, énergie, etc.
- Les économistes par la gestion des ressources naturelles.
- Les juristes sous l'angle des contraintes réglementaires.
- Les philosophes par la morale et l'éthique, etc.
- Les liens et/ou échanges entre ces différentes disciplines sont souvent difficiles, sujets à discussion, ce qui pénalise les apports de chacun au débat général[5].

C'est donc une notion assez récente issue des années 1968 (réchauffement climatique et annonce de l'épuisement des ressources naturelles). Cette notion est devenue avec la notion de développement durable une préoccupation majeure non seulement des pays riches mais aussi des pays sous-développés.

---

[3] Dictionnaire de l'environnement
[4] *Ibid.*
[5] Michel Picouet, *Environnement et sociétés rurales en mutation: Approches alternatives*, IRD Editions, 2013, p82

Cette question a notamment été relancée par la conférence des nations unies sur l'environnement, conférence de Rio de 1992.

L'environnement c'est l'ensemble des facteurs qui influent sur le milieu dans lequel l'homme vit. Cette notion doit être complétée également par plusieurs autres notions. Malgré tout, chacune de ces notions a une spécificité, une différence par rapport aux autres. Ces spécificités sont l'écologie, la notion de nature, la notion de qualité de la vie et la notion de cadre de vie. Le mot environnement est apparu très tard dans la langue française. Dans les faits c'est une notion qui apparait après 68 et dans les textes, cette notion apparait en 1972 « c'est l'ensemble des éléments naturels ou artificiels qui conditionnent la vie de l'homme. Ceci étant, le mot environnement a 2 sens : le sens qui est issu des sciences de la nature, c'est l'approche écologique. Deuxième sens : celui qui se rattache au vocabulaire des architectes et des urbanistes. Dans ce cas, la notion recouvre celle de milieux ambiants naturels ou artificiels. À ce titre, dans la loi sur l'architecture de 1977, le mot environnement prend également un sens esthétique[6].

Ainsi, il apparaît clairement que la notion d'environnement comprend plusieurs acceptions. Il est polysémique, c'est-à-dire qu'il a plusieurs sens différents. Ayant le sens de base de ce qui entoure, il peut prendre le sens de cadre de vie, de voisinage, d'ambiance, ou encore de contexte (en linguistique[7]). L'environnement au sens d'environnement naturel qui entoure l'homme est plus récent et s'est développé dans la seconde moitié du XXe siècle. Il s'agit d'une expression qui utilisée principalement en biologie (zoologie, botanique), en écologie, en géosciences et en économie.

Par définition, l'environnement naturel fait référence à la présence caractéristique d'une espèce dans une région géographique et climatique spécifique et à proximité d'autres organismes ou facteurs naturels. En biologie, l'habitat caractéristique d'une espèce est désigné par le terme habitat. L'environnement naturel est un système complexe en atmosphère qui comprend les éléments ou sous-systèmes des êtres vivants, l'atmosphère terrestre (l'air), l'hydrosphère (l'ensemble des eaux), la lithosphère (le sol avec les ressources minérales) et leurs relations. Cette notion d'environnement naturel, souvent désignée par le seul mot « environnement », a beaucoup évolué au cours des

---

[6] https://www.etudier.com/dissertations/Histoire-Du-Droit-De-l'Environnement/258428.html, consulté le 21 décembre 2020
[7] Dictionnaire Larousse, 2019

derniers siècles et tout particulièrement des dernières décennies. L'environnement est compris comme l'ensemble des composants naturels de la planète Terre, comme l'air, l'eau, l'atmosphère, les roches, les végétaux, les animaux, et l'ensemble des phénomènes et interactions qui s'y déploient, c'est-à-dire tout ce qui entoure l'Homme et ses activités — bien que cette position centrale de l'Homme soit précisément un objet de controverse dans le champ de l'écologie.

De nos jours, l'environnement a acquis une valeur de bien commun, et a été compris comme étant aussi le support de vie nécessaire à toutes les autres espèces que l'Homme. En tant que patrimoine à raisonnablement exploiter pour pouvoir le léguer aux générations futures, il est le support de nombreux enjeux esthétiques, écologiques, économiques et socio-culturels, ainsi que spéculatifs (comme puits de carbone par exemple) et éthiques. L'ONU rappelle dans son rapport GEO-4 que sa dégradation « compromet le développement et menace les progrès futurs en matière de développement » (…) et « menace également tous les aspects du bien-être humain. Il a été démontré que la dégradation de l'environnement est liée à des problèmes de santé humaine, comprenant certains types de cancers, des maladies à transmission vectorielle, de plus en plus de zoonoses, des carences nutritionnelles et des affectations respiratoires[8] ».

Partant de cette conception, l'environnement congolais peut s'analyser à travers sa situation géographique.

2 – Géographique environnementale de la République du Congo

La branche de la géographie qui se consacre à l'étude de l'environnement est intitulée « géographie environnementale ». Cette dernière met un accent sur les rapports entre les milieux relevant de la biophysique et les rapports qui ont cours dans les sociétés. Ces rapports sont analysés à plusieurs niveaux : planétaire, local et individuel. Les politiques mondiales et les questions planétaires actuelles tournent autour de l'environnement ; ceci donne un élan et un intérêt à la géographie de l'environnement[9].

Le Congo est un État d'Afrique Centrale avec une superficie de 342.000 km^2 pour une population évaluée à environ 4,1 millions d'habitants[10]. Il est limité au

---

[8] *Op, Cit*

[9] Denis Chartier, Estienne Rodary, *Manifeste pour une géographie environnementale: Géographie, écologie, politique,* Presses de Sciences Po 2016, p23

[10] http://web.worldbank.org, consulté le 13 décembre 2020

nord par la RCA (République Centrafricaine) et le Cameroun, au sud et à l'Est par la RDC (République démocratique du Congo), à l'Ouest par le Gabon et l'océan atlantique[11].

Du fait de sa situation géographique par apport à l'équateur, le Congo bénéfice de deux principaux types de climats: le climat équatorial dans la partie septentrionale et le climat tropical humide ou climat bas Congolais couvrant le pays de la côte aux plateaux Batékés. Ces deux types climatiques sont séparés par le climat subéquatorial dans la Cuvette congolaise. Deux principales saisons alternent : la saison des pluies (d'octobre à mi-mai) avec des précipitations moyennes de l'ordre de 500 ml d'eau au sud et près de 2000 ml au nord ; la grande saison sèche (de mi-mai à septembre), caractérisée par des rosées et des brouillards matinaux, des températures moyennes assez basses avec des minima quotidiens inférieurs à 20°C. Cependant, on observe une petite saison sèche de janvier à février[12].

Les principaux ensembles naturels qui composent le territoire congolais sont : la plaine côtière, la chaîne du Mayombe, la plaine du Niari-Nyanga, le massif du Chaillu[13], les plateaux Batéké, la cuvette congolaise et les plateaux du nord-ouest.

La plaine côtière, basse et sableuse s'étire vers le Cabinda, avec des baies ombragées et des lagunes bordées de mangroves, que des cordons littoraux sableux séparent de la mer. On distingue la chaine escarpée et boisée du Mayombe, 550 m à 800 m en moyenne, parallèle à la côte, qui donne naissance à de nombreuses rivières côtières. À l'est, la vallée fertile du Niari sépare le Mayombe de la partie méridionale des monts du Chaillu et du plateau de *Koukouya* qui se prolongent jusqu'au Gabon et culminent au mont *Lékété* à 1 040 m.[14] Il est à noter que les plaines sont représentées par la plaine côtière, la vallée du Niari et la Cuvette congolaise. La plaine côtière est située entre l'océan atlantique et le Mayombe, large de 50 km à 60 km et longue de 170 km. C'est un bassin sédimentaire dont les altitudes varient entre 200 mètres et 300 mètres. La plaine côtière est sableuse. En même temps, La vallée du Niari est une

---

[11] Voir Annexe 12 et 13

[12] Maurice Pardé, *Régimes hydrologiques de l'Afrique Noire à l'ouest du Congo*, Annales de géographie, Année 1967, 413 pp. 109-113

[13] Le massif du Chaillu est un massif montagneux situé à la frontière entre le Sud du Gabon et l'Ouest de la République du Congo. Il s'étend entre les villes de Koulamoutou à l'est et de Lébamba à l'ouest. Au nord, il rentre profondément dans le parc national de la Lopé

[14] Félix Koubouana, *Les forêts de la vallée du Niari (Congo) : études floristiques et structurales*, FAO 1993, p75

dépression entre et le Mayombe et le Massif du Chaillu. C'est une zone qui tourne généralement autour de 320 mètres d'altitudes[15].

D'autre part, il faut noter que trois types de composantes dominent ce relief : d'abord les montagnes plus ou moins anciennes. Elles ne dépassent pas en général 1 200 mètres d'altitude, ce sont les chaînes du Mayombe qui se situe à environ 80 kilomètres de la côte. Cette chaîne de montagne dans la région du Niari par le massif du Chaillu. Et la chaîne du nord par le Mont Nabemba. Ensuite, les plateaux et collines qui entourent la grande cuvette et s'étendent du Nord-Ouest au Sud-Ouest de Brazzaville. Ils se situent dans la grande cuvette dans les pays du Niari, et la région de Pointe-Noire celle de la plaine côtière. Enfin, les plaines qui sont représentées par la plaine côtière, la vallée du Niari et la Cuvette congolaise. La plaine côtière est située entre l'océan atlantique et le Mayombe, large de 50 km à 60 km et longue de 170 km. C'est un bassin sédimentaire dont les altitudes varient entre 200 mètres et 300 mètres. La plaine côtière est sableuse. La vallée du Niari est une dépression entre et le Mayombe et le Massif du Chaillu. C'est une zone qui tourne généralement autour de 320 mètres d'altitudes.

Pour sa part, le réseau hydrographique congolais est très dense. Il s'organise autour des deux principaux bassins du Congo et du Kouilou-Niari, auxquels s'ajoutent des petits bassins côtiers. Le bassin du fleuve Congo dont 7 % seulement de la superficie totale, soit 230 000 km2, sont situés sur le territoire congolais, est représenté par les affluents de la rive droite du fleuve. Le principal collecteur est le fleuve Congo qui borde le pays sur plus de 600 km. Son module interannuel de 41700 m3/s lui confère le rang de deuxième fleuve du monde après l'Amazone. Les sous-bassins les plus importants sont ceux de la Sangha (240 000 km2 et 1 698 m3/s à Ouesso) ; la Likouala-Mossaka (60 000 km2 et 218 m3/s à Makoua) ; l'Alima (20 300 km2 et 537 m3/s à *Tchikapika*) ; la *Nkéni* (6 200 km2 et 209 m3/s à Gamboma) ; la Léfini (13 500 km2 et 414 m3/s à Mbouambé). Le sous-bassin de l'Oubangui est presque entièrement situé sur le territoire centrafricain[16].

Le bassin du Kouilou-Niari s'étend sur une superficie de 55 340 km2. Il couvre la partie sud-ouest du pays. Le collecteur le plus important est le fleuve Kouilou. Il porte le nom de Niari dans son cours moyen et celui de Ndouo dans son cours

[15] «République du Congo», Encyclopédie Encarta, 2009, p14
[16] Philippe Renault, « Le Karst du Kouilou (Moyen-Congo, Gabon) », in *Géocarrefour*, Année 1959, 34-4 pp. 305-314

supérieur. Son module interannuel est de 930 m3/s dans son cours inférieur à Sounda près de Kakamoéka.

Les sous-bassins importants sont ceux de la Louessé (15 630 km2 et 302 m3/s à Makabana) et la Bouenza (4 920 km2 et 112 m3/s à Miambou). Les principaux bassins côtiers sont celui de la Nyanga (5 800 km2 et 215 m3/s à Donguila) et celui de la Loémé (3 060 km2 et 27 m3/s à la station Poste Frontière[17]).

En réalité, la végétation congolaise est dominée les forêts primaires et les savanes. Les forêts occupent près de 60 % du territoire national[18], même si ce chiffre fait actuellement débat compte tenu de l'ampleur et du rythme de la déforestation, et la savane arborée environ de 40 %. La superficie cultivée, terres arables et cultures permanentes, est de 240 000 ha, soit environ 1 % seulement du territoire national. Ce dernier chiffre est probablement sous-estimé. Plus précisément le territoire congolais est constitué à 20% de zones humides comprenant des forêts et des savanes inondées, des zones marécageuses et des zones côtières occupées par les mangroves. Cet écosystème fragile joue un rôle important dans la régulation de l'écoulement du fleuve Congo et des bassins fluviaux côtiers[19].

La forêt sacrée est l'une des composantes de ce patrimoine naturel qui est considéré par les communautés locales comme fait d'interdits inviolables. En ce sens, il convient de s'en servir décemment en pensant aux générations futures. Il y a ainsi une gestion logique intergénérationnelle et extra-générationnelle qui va au-delà de toute considération magico religieuse. En effet, chaque génération en respectant les interdits préservent le patrimoine naturel, au profit des générations futures. Dans ce sens les générations qui se succèdent entretiennent des liens étroits avec la culture et la nature par le respect et la crainte des esprits tutélaires. La forêt permet d'établir le lien entre le passé et le présent d'une communauté. En effet, pour exister, chaque peuple a besoin de témoigner de sa vie quotidienne, d'exprimer sa capacité créatrice, de conserver les traces de son histoire et le patrimoine naturel. L'individu, dans la société congolaise, ne se définit pas en dehors du groupe ; il façonne et modèle une multitude d'outils et d'instruments utilitaires, répondant à plusieurs usages imposés par la vie quotidienne[20].

---

[17] *Ibid*
[18] Voir Annexe 12
[19] *Ibd.*
[20] Ulrich Kevin Kianguebeni, *La protection du patrimoine culturel au Congo*, Thèse de droit public, Université d'Orléans, 2016, p368

De manière générale, le territoire composite du Congo comprend des plaines, des plateaux et des massifs montagneux, couverts de forêts ou de savanes. Le Congo septentrional se compose dans sa partie ouest de plateaux d'une altitude moyenne de 500 mètres, pouvant s'élever jusqu'à 1 000 mètres dans la Sangha. Les dernières grandes forêts primaires du pays se situent entre Ouesso et la frontière de la République centrafricaine ; parcourues par les Pygmées, ces forêts sont soumises aujourd'hui à une exploitation intensive[21].

De ce qui précède, De ce qui précède, on peut affirmer que le Congo regorge d'immenses potentialités naturelles. Il est sans conteste que ces éléments environnementaux méritent une attention particulière en ce qu'ils assurent la vie sur terre. Tel est le rôle du droit de l'environnement.

---

[21] Christian Fargeot, *La chasse commerciale en Afrique centrale : une menace pour la biodiversité ou une activité économique durable ?* : *Le cas de la république centrafricaine*, Thèse de doctorat en Géographie et aménagement de l'espace, Université Paul Valery 2013, p189

PREMIERE PARTIE:

L'ETUDE DU DROIT DE L'ENVIRONNEMENT

Le droit de l'environnement est le domaine du droit qui vise à défendre et à promouvoir l'environnement. Il repose sur un principe de solidarité au nom de la protection du bien commun que représente l'environnement au sens large, pour les générations actuelles et futures. Il est donc avant tout un droit de protection.

L'étude de droit de l'environnement s'illustre à travers ses origines et son évolution, d'une part, ses sources et sa portée de l'autre.

Titre I : L'histoire du droit de l'environnement

Elle est à examiner à travers ses origines, son évolution et principes fondamentaux

Chapitre I : Les origines

Les origines de ce droit sont hétéroclites et on s'accorde à reconnaitre qu'il s'agit d'un droit jeune.

A – Un droit aux origines hétéroclites

Le droit de l'environnement est essentiellement un droit de contrainte, dont les ramifications sont multiples. Il touche des acteurs très nombreux et très différents : industriel, agriculteur, élu local, promoteur immobilier, professionnel du tourisme ou des transports, simple citoyen, etc. Branche particulière du droit, ou tout au moins discipline juridique formalisée et enseignée en tant que telle depuis une trentaine d'années, le droit de l'environnement peut être défini comme l'ensemble des règles qui ont pour objet la protection de l'environnement. C'est donc un droit finalisé, organisé autour d'un objectif particulier : le droit de l'environnement est un droit pour l'environnement.

Quant au droit à l'environnement, qui relève des droits de l'Homme, il entre dans le droit de l'environnement, par définition beaucoup plus large. Au regard du caractère transversal des problématiques environnementales, l'ensemble – ou presque – des règles juridiques est susceptible d'être affecté, à des degrés divers, par la problématique environnementale. Certains secteurs ou branches sont particulièrement concernés, en ce qu'ils doivent intégrer progressivement un objectif de protection de l'environnement dont ils étaient souvent assez éloignés à l'origine (droit forestier, droit rural, droit minier, droit de l'urbanisme, droit de l'énergie, droit de l'aménagement du territoire, etc[22].).

L'histoire environnementale n'a pas véritablement de « père fondateur », comme cela peut être le cas pour telle ou telle discipline de science humaine. C'est une approche transversale que pratiquent géographes, écologues et d'autres chercheurs intéressés par l'évolution des milieux terrestres. Pour leur part, les historiens s'accordent ordinairement à mettre en avant deux filières fondatrices. C'est en premier lieu, après une tradition d'histoire politique plus sensible aux grandes batailles et aux têtes couronnées, contemporaine de la naissance de la géographie, celle de l'école des Annales, revue d'histoire fondée en 1929 par Marc Bloch et Lucien Febvre. Ce courant fut incarné par Fernand Braudel qui, au milieu du 20e siècle, produisit un travail d'envergure sur la Méditerranée au 16e siècle. La seconde grande source d'inspiration est l'histoire environnementale américaine, née dans les années soixante, durant lesquelles des universitaires se sont inquiétés de phénomènes de pollution ou de dégradation du milieu naturel. Les historiens américains ont cherché à faire l'histoire des pratiques de conservation de la nature, dans un pays qui avait développé, dès l'époque de l'industrialisation, un mythe de la nature vierge et sauvage qu'il faudrait préserver (la *wilderness*)[23].

Le droit de l'environnement est un droit aux fondations hybrides. D'abord, dès les temps antiques, il y a des normes élémentaires et informes relatives aux choses de la nature (interdiction de souiller l'eau des puits, éloignement des activités sources de miasmes…). Elles trouveront dans l'École de Cos une matrice scientifique[24].

Le Traité des airs, des eaux et des lieux d'Hippocrate (460-377) est le *big bang* du droit de l'environnement en devenir ; il fonde, jusqu'à Pasteur, le ferment des courants hygiénistes, systématisé par Galien (131-201) et enrichi par la médecine arabe[25].

---

[22] Sandrine Maljean--Dubois, « Quel droit pour l'environnement ? »,in *Hypothèses*, Aix Marseille Université, 2013

[23] Stephane Frioux, « L'environnement, objet d'histoire », *Encyclopédie de l'Environnement*, 2020 [en ligne ISSN 2555-0950] url :
https://www.encyclopedie-environnement.org/societe/environnement-objet-histoire/, consulté le 10 novembre 2020

[24] Eric Naim-Gesbert, « *Les dimensions scientifiques du droit de l'environnement. Contribution à l'étude des rapports de la science et du droit* », VUBPress et Bruylant, Bruxelles, 1999, chapitres 1 et 2.

[25] Notamment par les écrits d'Avicenne, médecin et philosophe arabo-islamique (980-1037), qui a écrit « Canon de la médecine ».

C'est au XIXe siècle que les choses changent. C'est le temps des formes naissantes des droits de l'environnement : décret-loi du 15 octobre 1810 sur les établissements incommodes et insalubres (embryon du droit de la lutte contre les pollutions), naissance du droit de la protection de la nature sur les ruines du romantisme, puis formalisation en droit international et en droit communautaire pour fonder au cours du XXe siècle la branche autonome du droit de l'environnement. Aujourd'hui le printemps se mue en été. Constitué de multiples réglementations plus ou moins spéciales et achevées (droits de l'eau, de l'air, de la biodiversité, de la gestion durable des territoires, des énergies renouvelables, des nuisances, des produits chimiques, des déchets, des organismes génétiquement modifiés, etc.), le droit de l'environnement s'unifie en un archipel fondateur. En témoignent sa codification[26] et sa consécration dans la norme suprême[27] ; aboutissements de la création d'un véritable « système juridique des droits d'accès ou d'usages[28] ».

L'histoire de ce droit est caractérisée par une évolution vers un droit intégré et plus transversal de l'environnement, reconnaissant qu'« on ne peut dissocier l'homme de son milieu de vie et des éléments physiques et biologiques qui composent ce milieu. Exiger la protection de l'environnement impose que l'homme se soumette à des obligations envers la nature ce qui n'implique pas pour autant que la nature ait des droits. De ce fait, le droit de l'environnement trouve ses racines dans des dispositions éparses, hétéroclites ainsi que dans les usages locaux, mais les préoccupations de santé, de salubrité et de régulation économique ont toujours orienté l'édiction de mesures relatives aux choses qui environnaient l'homme[29].

---

[26] Issue de l'ordonnance no 2000-914 du 18 septembre 2000, ratifiée par la loi no 2003-591 du 2 juillet 2003, article 31-I-4o. Voir M. Prieur, « Le Code de l'environnement », AJDA 2000, p. 1030, et le no spécial RJE 2002.

[27] Loi constitutionnelle no 2005-205 du 1er mars 2005 relative à la charte de l'environnement (JO du 2 mars). Voir les numéros spéciaux : Env., avril 2005 ; AJDA, 6 juin 2005 ; RJE, no spécial 2005.

[28] M. Waline, « Hypothèses sur l'évolution du droit en fonction de la raréfaction de certains biens nécessaires à l'homme », Revue de droit prospectif, no 2-1976, p. 12.

[29] Michel Prieur, « Vers un droit de l'environnement renouvelé », *Cahiers du Conseil constitutionnel* n° 15 (Dossier : Constitution et environnement) - janvier 2004] M. Prieur est Doyen honoraire de la faculté de droit et des sciences économiques de Limoges et Directeur scientifique du CRIDEAU-CNRS-INRA.

B – Un droit jeune

Le droit de l'environnement est considéré par les spécialistes comme un droit jeune, identifié dans les années 1970. Malgré une discipline récente, il est possible de retracer une histoire du droit de l'environnement qui, sans tomber dans les anachronismes, permet de comprendre l'évolution des préoccupations juridiques en matière environnementale. Le droit de l'environnement trouve ses racines dans des dispositions éparses, hétéroclites ainsi que dans les usages locaux, mais les préoccupations de santé, de salubrité et de régulation économique ont toujours orienté l'édiction de mesures relatives aux choses qui environnaient l'homme. Il s'agit d'une proposition de cours évidemment sélective dans ses thèmes et sa présentation mais qui se veut diachronique, afin d'apprécier l'évolution des dispositions en lien avec le souci environnemental[30].

Si la protection de l'environnement a, plus tard, connue une importance remarquable, certains auteurs comme Pierre Lunel, Pierre Braun, Pierre Flandrin-Blety et Pascal Texier estiment que les civilisations du passé ne semblent pas, à première vue, avoir mis la protection de l'environnement au rang de leurs soucis majeurs ; derrière cette trompeuse insouciance se cache pourtant une authentique permanence de l'intérêt marqué par les sociétés à leur environnement. À toutes les époques, l'on peut percevoir des méthodes de prévention contre la destruction du cadre de vie et des solutions apportées par les hommes à leurs conflits en matière d'environnement. L'apparente carence des autorités publiques ne doit donc pas faire illusion sur ce point[31]. Jusqu'à ce jour de nombreuses études, réalisées en droit positif de l'environnement, n'ont pas envisagé sérieusement les aspects historiques du thème. Trop souvent, elles sont muettes et semblent supposer que le monde est né il y a peu d'années avec les excès les plus criants de la technologie triomphante; admettant implicitement que le passé plus ancien serait un âge d'or indifférencié.

Michel Prieur écrit cependant que : « *l'analyse du droit positif de l'environnement et la réflexion prospective ne peuvent se passer de l'apport de l'histoire du droit et des institutions. Une histoire du droit de l'environnement est à écrire. Il est bien connu que le droit de l'environnement dans sa formulation actuelle trouve ses sources dans un grand nombre de textes du XIXe*

---

[30] Claire Courtecuisse, *Histoire du droit de l'environnement*, septembre 2016, Université numérique juridique francophone.
[31] Lunel Pierre, Braun Pierre, Flandin-Blety Pierre, Texier Pascal. « Pour une histoire du droit de l'environnement ». In: *Revue Juridique de l'Environnement*, n°1, 1986. pp. 41-46

siècle et de la première partie du XXe siècle inspirés exclusivement par des préoccupations d'hygiène et de promotion de l'agriculture et de l'industrie[32]... »

D'autre part, il faut noter que l'histoire du droit peut aussi contribuer à moderniser des instruments juridiques d'Ancien Régime tels que les droits d'usage ou le statut de certains biens et permettre d'instituer de nouvelles servitudes prenant en considération, pour la protection de la nature, la complémentarité des fonds et l'interdépendance des formes d'utilisation des ressources naturelles.

On peut, cependant admettre que le plus ancien texte juridique reconnaissant le droit à l'environnement est un instrument international n'ayant pas formellement de caractère obligatoire. Le premier principe de la Déclaration adoptée par la Conférence mondiale sur l'environnement, tenue à Stockholm en juin 1972, proclame que « *l'homme a un droit fondamental à la liberté, à l'égalité et à des conditions de vie satisfaisantes, dans un environnement dont la qualité lui permette de vivre dans la dignité et le bien-être* ».

La première formulation de ce droit dans un traité international est due à la Charte africaine des droits de l'homme et des peuples de 1981, dont l'article 24 proclame que « *tous les peuples ont droit à un environnement satisfaisant et global, propice à leur développement* ». L'article 11 du Protocole additionnel à la Convention américaine relative aux droits de l'homme, traitant des droits économiques, sociaux et culturels, adopté à San Salvador le 1 7 novembre 1 988, a apporté des précisions supplémentaires. Il est ainsi conçu le Droit à un environnement salubre
À travers deux postulats :

-   Toute personne a le droit de vivre dans un environnement salubre et de bénéficier des équipements collectifs essentiels.
-   Les États parties encouragent la protection, la préservation et l'amélioration de l'environnement[33] ».

En conclusion, il ressort une certaine unanimité des auteurs sur l'importance d'étudier et de cerner l'histoire du droit de l'environnement. À ce propos, on

---

[32] Michel Prieur, *Op, Cit*
[33] Kiss Alexandre. Les origines du droit à l'environnement : le droit international. In: Revue Juridique de l'Environnement, numéro spécial, 2003. La charte constitutionnelle en débat. pp. 13-14; doi : https://doi.org/10.3406/rjenv.2003.4094; https://www.persee.fr/doc/rjenv_0397-0299_2003_hos_28_1_4094

s'accorde à reconnaître que l'apport de l'histoire du droit de l'environnement est de nature à enrichir admirablement la vision synchronique du positiviste d'un éclairage diachronique-qui en conforte la signification ; par ailleurs, il est possible de confronter utilement les données recueillies sur des systèmes juridiques du passé aux acquis de la recherche comparatiste suivant une méthode strictement synchronique ; la synthèse des deux approches synchronique et diachronique éclaire sans nul doute le sens des politiques possibles[34].

II: Évolution

Cette évolution est relative aux outils juridiques et à la prise en compte des objectifs du développement durable.

A – L'évolution des instruments du droit de l'environnement

Au XXIe siècle, la protection de l'environnement est devenue un enjeu majeur, en même temps que s'imposait l'idée de sa dégradation à la fois globale et locale, à cause des activités humaines polluantes. La préservation de l'environnement est un des trois piliers du développement durable. C'est aussi le 7e des huit objectifs du millénaire pour le développement[35], considéré par l'ONU comme « crucial pour la réussite des autres objectifs énoncé dans la Déclaration du Sommet du Millénaire[36] ».

Initialement, le droit de l'environnement avait comme unique objet de préserver, de sauvegarder, de protéger l'environnement. Il s'agissait d'un droit de la conservation d'un état du nature considéré par la société comme faisant partie d'un patrimoine auquel elle est attachée, au même sens que le droit des monuments historiques avait comme finalité de conserver un patrimoine culturel exposé aux assauts du temps et de la modernisation. Ce n'est d'ailleurs pas un hasard si, dans les textes, les notions de patrimoine naturel et culturel sont aussi souvent associées.

Dans une seconde étape du développement du droit de l'environnement, il fut pris conscience de ce qu'il ne suffisait pas de le protéger par le jeu de mesures conservatrices, mais qu'il convenait également de mener une action positive de

---

[34] Lunel Pierre, Braun Pierre, Flandin-Blety Pierre, Texier Pascal, *Op, Cit*, p48

[35] Nations unies, « Objectif 7 : Préserver l'environnement » [archive], sur Portail de l'action du système de l'ONU sur les objectifs du millénaire pour le développement (consulté le 7 janvier 2010)

[36] Rapport GEO-4, PNUE, 2007, voir page 38/574

restauration et de gestion de l'environnement ; que la montagne ne pouvait être protégée durablement sans y maintenir des montagnards ; qu'une action efficace sur la qualité des eaux ne pouvait résulter de la simple interdiction d'y rejeter les résidus d'activités polluantes et qu'il fallait en amont mettre en œuvre des politiques publiques d'investissements, etc. Toutefois, à ce stade des politiques de l'environnement, la cible reste bien identifiée. C'est l'environnement envisagé dans ses diverses conceptions et composantes : éléments, ressources, équilibres et patrimoine naturel.[37].

Rappelons que vers la fin du XIXème siècle une prise de conscience de l'ampleur des pressions anthropiques sur le milieu naturel a conduit au concept de "protection intégrale de la nature". Il s'agit de sauvegarder des milieux naturels dans leur pureté originelle.
Ainsi la création du premier parc national, celui de Yellowstone, en 1872, entre en droite ligne de cette logique de « *mise sous cloche* ». Aujourd'hui, ce concept plus ou moins théorique se retrouve dans les parcs nationaux, les aires centrales de réserve de biosphère et les réserves naturelles intégrale.

Le droit de l'environnement concerne l'étude ou l'élaboration de règles juridiques visant la compréhension, la protection, l'utilisation, la gestion ou la restauration de l'environnement contre perturbation écologique sous toutes ses formes - terrestres, aquatiques et marines, naturelles et culturelles, voire non-terrestres (droit spatial). C'est un droit technique et complexe, local et global (européen, droit de la mer, international…) en pleine expansion, dont les champs tendent à se densifier et à se diversifier au fur et à mesure des avancées sociales, scientifiques et techniques. Il est dans un nombre croissant de pays matérialisé dans un code de l'environnement, mais sans juridiction spécialisée à ce jour (il n'y a pas de juge de l'environnement, comme il peut y avoir un juge à l'enfance, ou une spécialité criminelle, anti-terroriste, etc.). Les juges et les cours de justices s'appuient sur des experts agréés, et des laboratoires également agréés. Dans certains pays il existe des services de polices, douanes ou garde-côte ayant une spécialité environnement.
L'ONU avec plusieurs de ses partenaires a créé ECOLEX ; un portail du droit de l'environnement pour le monde entier. Il existe plus de 300 traités internationaux multilatéraux qui portent sur des problèmes qui concernent soit des régions

---

[37] Yves Jégouzo, L'évolution des instruments du droit de l'environnement, in *Pouvoirs* 2008/4 (n° 127), pages 23 à 33

entières, soit toute la planète, et environ 900 traités internationaux bilatéraux relatifs aux pollutions transfrontalière[38]

Le droit de l'environnement dépasse également les frontières classiques entre le droit public et le droit privé. Se constituant comme un droit de police administrative, le droit de l'environnement relevait à l'origine essentiellement d'un droit administratif de facture classique, droit de réglementations et de polices. Mais il a évolué peu à peu vers l'intégration d'instruments négociés (accords volontaires avec des industriels, contrats d'agriculture durable, contrats « *Natura* 2000 ») voire de mécanismes du droit privé, et touche aujourd'hui toutes les disciplines qu'elles soient du droit privé et du droit public. Décidément globalisant, le droit de l'environnement transcende également les frontières entre les ordres juridiques : le droit international, le droit européen et le droit national s'y entrecroisent très étroitement[39]. L'émergence plus récente de la notion de développement durable et son ambition de conjuguer l'action classique conduite dans le domaine de l'environnement avec le développement économique changent totalement la définition des objectifs politiques... On se trouve devant un objectif global aussi bien économique et social qu'environnemental, et non plus en face d'une simple politique qualifiée de sectorielle[40]. À vrai dire, cet adjectif convenait mal à une politique qui reposait sur l'identification des interactions de tel ou tel élément de l'environnement sur l'ensemble des « *équilibres biologiques* », sur « l'écosystème[41] ».

B – La prise en compte du développement durable

L'évolution marquée par l'émergence de la notion de développement durable était inscrite dans la logique de l'objet environnemental. Ce premier débat a trouvé un écho sur le terrain des instruments juridiques : la question se pose de savoir quels sont ceux qui sont les mieux adaptés à la poursuite de ces objectifs[42].

Le concept de « développement durable » apparaît réellement à la face du monde à partir de 1987, au travers de la définition qui en est donné par le

---

[38] Les sources écrites du droit de l'environnement

[39] Sandrine Maljean--Dubois, « Quel droit pour l'environnement ? », in *Hypothèses*, Aix Marseille Université, 2013

[40] Chantal Cans, « *Le développement durable en droit interne, apparence du droit et droit des apparences* », AJDA, 2003, p. 210.

[41] Bernard Brun, « *L'impact de l'homme sur la nature évolution du vocabulaire* », Laboratoire Population-Environnement, Université de Provence, Orstom, 1996, pp15-17

[42] Yves Jégouzo, *Op, Cit*

rapport Brundtland. Il remet justement en cause les modes de développement jusqu'ici basés uniquement sur la croissance et qui ne tenaient pas compte des conséquences négatives des activités productives sur l'environnement. Le droit de l'environnement a tenu compte de ce concept par différents courants de pensée et il est possible d'établir des compromis entre différents points de vue.

En effet, durant une deuxième période d'approfondissement allant du milieu des années soixante-dix jusqu'à la publication du rapport Brundtland en 1987, une publication des instances de l'ONU, appelé rapport Hammarskjöld (1975), insistait sur l'éventualité d'un risque planétaire qui consistait à dépasser une certaine limite. Au-delà la biosphère serait surchargée, rompant ainsi les équilibres naturels. Cette « capacité de charge » devient ensuite une des caractéristiques majeures du développement durable.

Un autre rapport de la Commission Indépendante sur les Problèmes de Développement International intitulé « Nord-Sud : un programme de survie » rappelle le risque planétaire qui ne peut être endigué que par une stratégie qui reconnaît explicitement le lien direct entre les questions de développement et celles qui sont liées à la protection de l'environnement à l'échelle mondiale. Cette stratégie inclut les inégalités sociales entre pays développés et pays en voie en développement dans la politique de protection de l'environnement[43].

Enfin, il y a l'idée d'écodéveloppement qui trouve son origine dans les délibérations de la Conférence de Tokyo de l'UNESCO en 1970, a également influencé le concept de développement durable. Cette idée a émergé dans la discussion sur le rôle des sciences sociales et leur apport dans l'analyse du lien entre la société et l'environnement. Les travaux d'Ignacy Sachs ont marqué les réflexions menées dans le cadre du Programme des Nations Unies pour le Développement, sur le lien entre le développement et l'environnement. Le diagnostic de Sachs part d'un constat d'une « crise de développement ». Cette crise a plusieurs origines, mais le fait que la croissance économique ne soit pas synonyme de développement rend nécessaire un renforcement de la coopération internationale. Quels organes de coordination internationale peuvent efficacement organiser à la fois les mesures pour la protection de l'environnement et pour le développement du tiers-monde ? La Commission mondiale sur l'environnement et le développement fournit une réponse dans son rapport de 1987. Le concept de développement durable devient ainsi la référence

---

[43] Michel Beaud, 1989, « Risques planétaires, Environnement et Développement », *Economie et Humanisme*, N° 308, p.12.

incontournable dans tout débat alliant la protection de l'environnement à l'économie et au social.[44]

De nos jours, il est évident que la protection de l'environnement intègre totalement le développement durable. La nature doit être protégée. Mais par quels moyens, par quels outils ? D'abord, sans aucun doute, par la volonté politique : des choix sont à faire, des législations sont à élaborer, des régimes juridiques sont à mettre en œuvre. En effet, si la mission première du Droit est d'organiser les relations sociales, et plus spécifiquement pour le droit privé les rapports entre particuliers, incontestablement le Droit joue un rôle dans la préservation de la Planète, dans la condamnation des pollutions.

Ce qui justifie la naissance d'un droit de l'environnement et du développement durable qui intègre une analyse du droit de la protection de la nature, de l'eau et de l'air, les grands traits du droit de l'énergie et du changement climatique, ainsi que les différents régimes qui gouvernent nos sociétés de marché dans un contexte de « développement durable ».

L'instauration d'un droit de l'environnement efficace est donc nécessaire. La protection de l'environnement, son évolution, passent par la mise en place de dispositifs juridiques cohérents, réalistes sur les moyens, limpides pour les acteurs chargés de les appliquer et de les faire respecter. A tout cela s'ajoutent l'éducation et la prévention ; mais pour qu'un droit soit réellement efficace, il y faut aussi les rigueurs de la sanction. C'est dans le sens de ces deux directions, prévention/sanction, qu'il faut définir l'évolution de la protection de l'environnement[45].

Dans son évolution, le droit de l'environnement s'est beaucoup rapproché de certaines branches du droit comme le droit de l'urbanisme, de l'aménagement du territoire, du patrimoine culturel. À ce propos, André-Hubert Mesnard affirme que *« tout plaide donc pour une bonne intégration des préoccupations d'environnement dans les projets de construction. Mais de plus en plus le souhaitable est devenu nécessaire et même urgent. Le souhait devient donc obligation, pour les pouvoirs publics dans notre droit positif. De même que le droit de l'urbanisme est venu au lendemain de la Première Guerre mondiale*

---

[44] Sachs I., Weber J., 1994, « Environnement, Developpement, Marche : pour une économie anthropologique », Entretien avec Ignacy Sachs par J. Weber, Revue Nature, Sciences, Société, Vol. 2, n° 3.

[45] Guyomard Hubert. « L'évolution de la protection de l'environnement ». In: *Revue juridique de l'Ouest*, N° Spécial 1992. L'environnement. pp. 63-74

organiser le développement et l'embellissement des villes, bien au-delà des soucis traditionnels d'hygiène, de voirie et de sécurité, le droit de l'environnement vient de plus en plus prolonger cette recherche ou cette volonté de maintien de la qualité de vie. C'est un même effort[46] ».

III - Les principes fondamentaux du droit de l'environnement

Le droit de l'environnement repose sur de grands principes juridiques. Ils résultent soit du droit international conventionnel ou coutumier, soit du droit national à travers les constitutions ou les lois cadre sur l'environnement. Depuis Stockholm

(1972), l'Acte unique européen (1985), le traité de Maastricht et Rio (1992), on assiste à une extension de ce que Kant appelait le droit cosmopolitique. Il y a désormais des principes communs aux peuples de la planète, expression d'une solidarité mondiale due à la globalité des problèmes d'environnement. Cela conduit, selon le préambule de la Déclaration de Rio, à instaurer " un partenariat mondial sur une base nouvelle " en reconnaissant que " la terre, foyer de l'humanité, constitue un tout marqué par l'interdépendance[47] ".

En France les Principes Généraux du Droit de l'environnement ont été posés par la loi Barnier du 2 février 1995, et codifiés dans l'article L110-1 du code de l'environnement lui-même modifié par les articles 1, 2 & 3 de la loi n°2016-1087 du 8 août 2016[48].

A – Le principe de précaution

Le principe de précaution est une disposition définie et entérinée lors du sommet de Rio de 1992[49]. Cette disposition expose que malgré l'absence de certitudes, à un moment donné, dues à un manque de connaissances techniques, scientifiques ou économiques, il convient de prendre des mesures anticipatives de gestion de risques eu égard aux dommages potentiels sur l'environnement et la santé. En

---

[46] André-Hubert Mesnard, « L'intégration des préoccupations d'environnement dans les projets de construction, d'aménagement et d'urbanisme en France ». *Revue générale de droit* 1997, 28 (4), 449–466. https://doi.org/10.7202/1035616ar, consulté le 14 novembre 2020

[47] Michel Prieur, Les principes généraux du droit de l'environnement, Cours de master 2 « droit international et comparé de l'environnement » formation à distance, campus numérique « envidroit », p2

[48] Préambule de la formation du 28 septembre 2017 sur les grands principes du droit de l'environnement, Compagine des Commissaires Enquêteurs d'Adour Gascogne

[49] Déclaration de Rio sur l'environnement et le développement principes de gestion des forêts, Sommet planète terre, Conférence des Nations Unies sur l'environnement et le développement, Rio de Janeiro, Brésil 3-14 juin 1992 (Consulté le 30 mars 2020)

d'autres termes, c'est un principe selon lequel l'absence de certitudes, compte tenu des connaissances scientifiques et techniques du moment, ne doit pas retarder l'adoption de mesures effectives et proportionnées visant à prévenir un risque de dommages graves et irréversibles à l'environnement à un coût économiquement acceptable[50]. Michel Prieur considère que la prévention consiste à empêcher la survenance d'atteintes à l'environnement par des mesures appropriées dites préventives avant l'élaboration d'un plan ou la réalisation d'un ouvrage ou d'une activité. L'action préventive est une action anticipatrice et a priori qui, depuis fort longtemps, est préférée aux mesures a posteriori du type réparation, restauration ou répression qui interviennent après une atteinte avérée à l'environnement. On a parfois opposé les deux types de mesures. En réalité elles ne sont pas exclusives mais complémentaires car il n'est pas toujours possible de tout prévoir. Ce principe induit l'obligation de prendre en compte l'environnement et l'étude d'impact. L'objectif est simple : éviter qu'une construction ou un ouvrage justifié au plan économique ou au point de vue des intérêts immédiats du constructeur ne se révèle ultérieurement néfaste ou catastrophique pour l'environnement. Désormais, il conviendra d'aller beaucoup plus loin. Contrairement à ce que certains pensent, il ne suffira pas d'approfondir les études préalables déjà existantes.

Avec l'étude d'impact, la recherche préalable change de nature et d'échelle, il s'agit d'étudier scientifiquement l'insertion du projet dans l'ensemble de son environnement en examinant les effets directs et indirects, immédiats et lointains, individuels et collectifs. On réalise une sorte de socialisation des actions d'investissements.

L'écologie oblige à avoir une vision globale qui, à partir d'un projet donné, intègre toute une série de facteurs a priori extérieurs au projet[51].

Ainsi, on peut considérer que l'étude d'impact environnemental est au centre du principe de précaution. Une étude d'impact est une étude technique qui vise à apprécier les conséquences de toutes natures, notamment environnementales, d'un projet d'aménagement pour tenter d'en limiter, atténuer ou compenser les effets négatifs. En effet, la prise de conscience, dans les années 1970, de la nécessité [52] de limiter les dommages à la nature s'est concrétisée par des lois obligeant à réduire les nuisances et pollutions, et à atténuer les impacts des grands projets (ou de projets dépassant un certain coût). Longtemps elles n'ont

---

[50] *Ibid.*
[51] Michel Prieur, *Op, Cit,* p25
[52] Rapport du Club de Rome et le Rapport Bruntlantd

été obligatoires pour les grands projets qu'au-dessus de certains seuils financiers (sans rapports avec les effets environnementaux du projet[53]).

Dans des nombreux pays aujourd'hui, les « Études d'impact environnemental » (EIE) sont peu à peu devenues obligatoires préalablement à la réalisation d'aménagements ou d'ouvrages qui, par l'importance de leurs dimensions ou leurs incidences sur le milieu naturel, pourraient porter atteinte à ce dernier. La portée des études d'impact a été souvent renforcée par :
- des procédures de concertation ou de débat public (conférence de consensus), tenant compte des objectifs de développement soutenable ;
- de nouvelles démarches et outils d'évaluation et de cartographie (SIG) des enjeux écologiques, environnementaux, patrimoniaux et paysagers ;
- de nouvelles démarches d'évaluation des sensibilités des territoires d'étude[54].

Le principe de prévention consiste à prendre un ensemble de mesures pour éviter que la situation ne se dégrade. L'objectif du principe de prévention est d'assurer une maîtrise des risques tout en tolérant un certain degré de nuisances. Le développement de la prévention s'impose dans plusieurs domaines. C'est le cas pour la gestion des déchets. En effet, les Etats membres de l'Union européenne doivent prendre les mesures appropriées pour promouvoir la prévention ou la réduction de la production des déchets. C'est aussi le cas en matière de prévention des risques technologiques majeurs. Il s'agit d'éviter la création de pollutions ou de nuisances et en particulier les possibilités d'accidents. La notion de « sécurité » est importante au stade de la conception, de la production et de l'exploitation.

L'action préventive peut consister dans l'adoption de mesures destinées à protéger la victime potentielle de pollutions et de nuisances, par l'application des normes de qualité par exemple (par exemple, le contrôle de la qualité des eaux de baignade). Il peut s'agir aussi d'imposer des normes d'émission (limitation des rejets) ; ou encore de s'attaquer aux processus de production de la source de pollution. Les industriels doivent alors adopter leurs méthodes de production en suivant les meilleures technologies disponibles.

---

[53] François Bourguignon, *Pauvreté et développement dans un monde globalisé*, Fayard, 25 mars 2015,p 42

[54] Le Millenium ecosystems assessment (évaluation produite à partir du travail de 1360 experts de 95 pays durant quatre ans, la plus complète jamais faite sur la planète) et les 3 bilans successifs Geo 1, Goeo 2 et Geo 3 de l'ONU, ou d'autres approches évaluatives comme les index du WWF montrent que les législations nationales et les textes internationaux n'ont pas suffi à protéger l'environnement, et qu'il sera difficile ou impossible d'atteindre l'objectif fixé de stabiliser la biodiversité en 2010

Il existe trois niveaux de prévention. Tout d'abord, la prévention passive par l'avertissement ou l'information. Elle consiste à imposer la déclaration de certaines activités ; informer les consommateurs de la qualité écologique d'un produit et fixer des seuils de qualité. Ensuite, la prévention offensive ou l'interdiction. Elle consiste à adopter des mesures d'interdiction, par exemple, il peut s'agir d'ordonner la fin d'activités dommageables (c'est le cas pour l'amiante). Enfin, la prévention active. Elle impose une intervention des autorités publiques pour contrôler, réglementer et limiter la pollution et pour la maintenir à un niveau acceptable[55].

En définitive, Le principe de prévention est lié au principe de correction à la source. Il s'agit d'utiliser les meilleures techniques à un coût économiquement acceptable. Le principe de correction repose sur le constat qu'il est moins coûteux et plus simple de supprimer une pollution à la source ou de prendre des dispositions pour éviter un danger, que de prendre de mesures correctives pour dépolluer un cours d'eau ou réparer après un accident[56].

B – Le principe de participation

En vertu ce de principe toute personne est informée des projets de décisions publiques ayant une incidence sur l'environnement dans des conditions lui permettant de formuler ses observations, qui sont prises en considération par l'autorité compétente. A cet effet, on peut affirmer que la revendication de la participation des citoyens à la protection de l'environnement est liée aux caractères particuliers des problèmes d'environnement : universalité, durée, interdépendance et irréversibilité. Elle trouve sa source dans un certain nombre de discours politiques et dans divers documents internationaux. Les principes 4 et 19 de déclaration de Stockholm de 1972 évoquent les moyens pour le public d'exercer en pleine connaissance de cause sa responsabilité à l'égard de l'environnement.

Le principe de la participation des citoyens qui implique leur information n'est certes pas spécifique à l'environnement. Cependant la philosophie politique qui est attachée à l'environnement implique que les citoyens soient actifs face aux problèmes d'environnement. La protection de l'environnement, si elle est

---

[55] Richard Laganier, Helga-Jane Scarwell, *Risque d'inondation et aménagement durable des territoires*, Presses Universitaires du Septentrion, 10 oct. 2017 – p149
[56] *Ibid.*

devenue une obligation de l'État, est avant tout un devoir des citoyens. " Il est du devoir de chacun de veiller à la sauvegarde et de contribuer à la protection de l'environnement ". Pour que ce devoir s'exerce en pratique, les citoyens doivent, directement ou par leurs groupements, être en mesure d'être informés et de participer aux décisions pouvant exercer une influence sur leur environnement. " Cette participation est un apport majeur de la contribution de l'environnement à la protection des droits de l'homme : par son double aspect qui apporte à la fois droits et devoirs aux individus, le droit de l'environnement transforme tout ce domaine en sortant les citoyens d'un statut passif de bénéficiaires et leur fait partager des responsabilités dans la gestion des intérêts de la collectivité toute entière[57].

L'élan ainsi donné à la participation des citoyens grâce à la politique de l'environnement est un apport majeur à la démocratie et spécialement à la démocratie directe. L'aspect technique et technocratique des actions de protection de l'environnement ayant entraîné un rôle important des techniciens et des administrations au détriment des élus peu impliqués ni intéressés jusqu'alors à ces problèmes, a conduit inévitablement à valoriser l'intervention du citoyen tantôt comme auxiliaire de l'administration, tantôt comme organe de contrôle. Il est né de ce mouvement un désir de démocratie participative visant à faire participer les citoyens de façon permanente sans avoir à recourir à l'intermédiaire des élus et sans être limité par la périodicité des élections. L'environnement est la chose de tous, sa gestion et sa protection ne peuvent être confiées à des mandataires. Enfin de compte, S'il est difficile de distinguer dans tous les cas participation et concertation qui se recoupent en partie, on peut néanmoins considérer que se rattachent directement au principe de participation le droit des associations de protection de l'environnement, le droit des enquêtes publiques et du débat public et le droit à participer à la décision [58].

C – Le principe pollueur-payeur

Selon ce principe, les frais résultants des mesures de prévention, de réduction de la pollution et de lutte contre celle-ci doivent être supportés par le pollueur. À l'origine, le principe du pollueur-payeur est un principe économique né à la suite d'une interprétation de la théorie des externalités telle que développée par

---

[57] Alexandre Kiss, *La mise en œuvre du droit à l'environnement, problématique et moyens*, 2e conférence européenne " Environnement et droits de l'homme ", Salzbourg, 3 déc. 1980 (Institut pour une politique européenne de l'environnement).
[58] Michel Prieur, *Op, Cit*, p60

Arthur Cecil Pigou[59]. Une externalité est l'impact des actions d'un agent sur le bien-être des personnes non concernées a priori par ces actions[60]. Ces externalités doivent être « internalisées », c'est-à-dire que le coût social de la production ou de la consommation d'un bien ou d'un service doit être intégré dans le prix de celui-ci[61].

Le principe du pollueur-payeur, aussi appelé principe du perturbateur fait supporter les frais résultants des mesures de prévention, de réduction et de lutte de la pollution à celui qui les a causés. Principe fondamental du droit de l'environnement, il est adopté par l'OCDE en 1972[62] par l'Union européenne via l'Acte unique européen signé en 1986, et par la France via l'article L110-1, II, 3° du code de l'environnement. Dès le XIXe siècle, la compensation, qui n'est pas encore nommée « principe pollueur-payeur », est le principe de régulation de la pollution privilégié par les industriels : « Ce principe, qu'on propose aujourd'hui comme une solution nouvelle, a accompagné en réalité tout le processus d'industrialisation, et il a été voulu par les industriels eux-mêmes [63]».

L'objectif du principe pollueur payeur est de réduire l'impact de l'activité humaine sur l'environnement en favorisant les activités non polluantes. Les coûts de celles qui ont pour effet de polluer l'environnement sont pris en compte dans les coûts de production des agents économiques. Cela signifie que les pollueurs doivent prendre à leur charge les dépenses relatives à la prévention de ces pollutions. Ces pollueurs sont définis comme toutes les personnes qui portent atteinte à l'environnement en le polluant, qu'elles soient le producteur, le distributeur ou le consommateur de cette pollution.

En réalité, le coût de ces mesures devrait être répercuté dans le coût des biens et services qui sont à l'origine de la pollution du fait de leur production et de leur consommation. Le principe économique vise l'imputation des coûts associés à la lutte contre la pollution. Ce principe est un principe essentiel sur lequel reposent

---

[59] Voy. A.C. PIGOU, *The Economics of Welfare, London*, Mac Millan, 1958. Le théorème de Coase eut également une certaine influence sur l'élaboration du principe économique, même si ce dernier s'en écarte.

[60] Gregory Mankiw, *Principes de l'économie*, Paris, Economica, 1998, p. 282

[61] Youri Mossoux, *L'application du principe du pollueur-payeur à la gestion du risque environnemental et à la mutualisation des couts de la pollution*, Lex Electronica, vol. 17.1 (Été 2012), p1

[62] OCDE, Recommandation du Conseil sur les principes directeurs relatifs aux aspects économiques des politiques de l'environnement sur le plan international, Document N°C(72)128, Paris, 1972.

[63] https://www.letemps.ch/sciences/aux-origines-crise-ecologique, consulté le 23 décembre 2020

les politiques environnementales dans les pays développés. Ainsi, selon cette approche, si le producteur doit supporter les coûts de dépollution, de recyclage et de valorisation liés à la fin de vie de ses produits, il sera plus enclin à prendre les bonnes décisions pour réduire ces coûts. Il sera donc incité à mieux éco-concevoir ce qu'il met sur le marché.

Dans son application, le principe pollueur-payeur prend de nombreuses formes telles que des normes, des redevances et des taxes, des assurances, des marchés de quotas ou encore des dommages et intérêts suite à une action en justice.

Il s'agit d'un principe contraignant pour les institutions européennes (Commission, Conseil et Parlement) ainsi que pour les pouvoirs publics nationaux lorsqu'ils transposent le droit européen[64]. Le pollueur est une personne qui « par son activité (…) a contribué au risque de survenance de la pollution[65] ». En conséquence, le principe s'adresse aux autorités publiques en limitant leur pouvoir discrétionnaire : elles ne peuvent faire payer une personne qui n'a pas contribué au risque de pollution. En outre, cette personne ne peut être contrainte à payer qu'en proportion de sa pollution ou de sa contribution au risque de pollution. On ne peut donc pas faire payer le pollueur pour une pollution qui ne lui est pas imputable. L'accent est mis sur la responsabilisation du pollueur par les autorités publiques auxquelles s'applique le principe. Le principe est donc un principe de droit public européen, dont la définition incombe à la Cour de justice et n'est donc plus dépendante des théories économiques qui ont permis l'émergence du principe. Le principe pollueur-payeur doit être interprété au regard des autres principes du droit européen de l'environnement et en particulier du principe d'un niveau élevé de protection de l'environnement et du principe de prévention[66].

D – Le principe de non-régression

Selon ce principe, la protection de l'environnement, assurée par les dispositions législatives et réglementaires relatives à l'environnement, ne peut faire l'objet que d'une amélioration constante, compte tenu des connaissances scientifiques et techniques du moment.

Ce principe directeur du droit de l'environnement a pour objectif d'orienter l'action des pouvoirs publics ; il n'a pas d'incidence sur la responsabilité civile ou pénale des personnes privées.

---

[64] C.J., 29 avril 1999, C-293/97, Standley, point 51
[65] C.J., 24 juin 2008, C-188/07, Commune de Mesquer, point 82
[66] Youri Mossoux, *Op, Cit*, p6

Pour rappel, le but principal du droit de l'environnement est de contribuer à la diminution de la pollution et à la préservation de la diversité biologique. À l'heure où il est consacré par un grand nombre de constitutions comme un nouveau droit de l'homme, il est paradoxalement menacé dans sa substance, ce qui pourrait conduire à un retour en arrière constituant une véritable régression, préjudiciable pour l'avenir de l'humanité et menaçante pour le développement durable et l'équité environnementale intergénérationnelle. Le droit de l'environnement doit entrer dans la catégorie des règles juridiques non abrogeables et intangibles au nom de l'intérêt commun de l'humanité, en raison notamment des nombreuses menaces qui risquent, sinon, de le faire reculer... Les formes de la régression sont diverses et le plus souvent insidieuses : modifications de procédures réduisant les droits du public sous prétexte d'allègement de ces procédures ; abrogation ou modifications de règles réduisant des protections ou les rendant inopérantes ; réduction des moyens humains ou financiers consacrés à l'environnement ; non-application – volontaire ou non – des règles sur l'environnement ; dénonciation de traités internationaux sur l'environnement. Cette dernière hypothèse est malheureusement devenue, depuis peu, une réalité avec la dénonciation du Protocole de Kyoto par le Canada en décembre 2011 et la dénonciation par la France de l'accord européen et méditerranéen sur les risques majeurs en juillet 2012. Face à ces régressions, les juristes de l'environnement doivent réagir avec fermeté en s'appuyant sur des arguments juridiques imparables. L'opinion publique alertée ne supporterait pas des reculs dans la protection de l'environnement et donc dans la protection de la santé. Il s'agit dès lors d'enraciner un nouveau principe du droit de l'environnement, le principe de non-régression, s'ajoutant aux principes déjà reconnus : de prévention, précaution, pollueur-payeur et participation du public.

La non-régression n'est donc pas une exigence abstraite, mais un engagement concret et continu de protection et d'amélioration de l'environnement. Réduire ou abroger des règles protectrices de l'environnement aurait pour effet de leur imposer un environnement plus dégradé que le nôtre. Renversant la formulation de l'article 28 de la Déclaration des droits de l'homme du 24 juin 1793, jamais en vigueur, selon laquelle « une génération ne peut assujettir à ses lois les générations futures » [67].

---

[67] Michel Prieur, « La non-régression, condition du développement durable », in *Vraiment durable* 2013/1 (n° 3), pages 179 à 184

De manière générale, la non régression ou progressivité a aussi un fondement politique et économique basé sur l'idée d'éviter les distorsions de concurrence au sein du marché mondial, comme l'exprime le principe 12 de la déclaration de Rio de 1992. L'harmonisation des règles juridiques sur l'environnement évite les « *free riders*[68] » et, désormais, les traités de libre échange prévoient tous que les normes environnementales ne peuvent être abaissées.

Enfin, les principes généraux du droit international de l'environnement garantissent la non régression. D'abord au titre du principe de coopération (déclaration de Stockholm, en 1972, principe 24) selon lequel les États coopèrent, non pas pour diminuer la protection de l'environnement mais au contraire pour toujours la renforcer et « conserver, protéger et rétablir la santé et l'intégrité de l'écosystème terrestre ». Ensuite, au titre de la durabilité qui implique un effort continuel des Etats pour atteindre un développement compatible avec les limites de la terre, comme cela a été réaffirmé amplement à la conférence Rio+20 dans « L'avenir que nous voulons [69]».

E – Le principe de l'utilisation durable

Les relations de l'homme à la biodiversité sont à la fois complexes, controversées et fluctuantes. De la prise de conscience de la nécessité de protection et de sauvegarde du vivant, à la formulation et la mise en œuvre de dispositifs destinés à y satisfaire, pour le bien des sociétés actuelles autant que des générations futures, c'est l'avenir de l'humanité tout entière qui se joue inexorablement et irréversiblement.

Les valeurs transcendantales de la nature et les fonctions des écosystèmes sont aujourd'hui de plus en plus fréquemment et systématiquement mises en exergue. La voie d'une conservation efficace et d'une utilisation durable de la biodiversité reste toutefois longue et parsemée d'obstacles multiples, dont certains lancent des défis majeurs à l'homme « raisonnable » en quête de mieux être et de bien vivre dans un environnement sain et protégé. Entre ontologie et axiologie, l'éthique de la biodiversité s'avère être un enjeu majeur pour l'humanité.

Le droit ne saurait à lui seul suffire à y satisfaire, même s'il s'efforce d'y apporter des réponses pertinentes, mais perfectibles. Les résultats qui en sont

---

[68] Entendu ici au sens d'Etats instituant volontairement des normes juridiques moins protectrices de l'environnement pour attirer des investisseurs peu regardants.

[69] Rapport final de Rio + 20, L'avenir que nous voulons, Nations Unies, 19 juin 2012, A/conf.216/L.1 ; v. revue juridique de l'environnement, RIO +20, n°4-2012

attendus devront être appréciés à la fois à l'aune de la dynamique de la biodiversité et des mutations sociétales, et à celle de la satisfaction des objectifs lucidement fixés et assumés en ce domaine[70].

Instrument de conservation et de développement, l'utilisation durable s'inscrit à la fois dans une logique économique avec pour objectif la satisfaction des besoins et des aspirations des sociétés humaines et dans une logique écologique avec la prise en compte des capacités des écosystèmes à répondre à ces besoins[71].

L'Union internationale pour la conservation de la nature (UICN) a reconnu officiellement le concept d'utilisation durable dans la Stratégie mondiale de la conservation de 1980 et l'a intégré dans son mandat. Au fil des ans, l'utilisation durable s'est retrouvée au centre des mesures de conservation comme en atteste le consensus général dont bénéficie cette Déclaration de principes auprès des membres de l'UICN. Elle fait partie intégrante du cadre programmatique de l'UICN de sorte que toutes les activités de l'UICN ont un rapport, à un niveau ou à un autre, avec l'utilisation durable. A travers ce principe, il s'agit de coordonner l'utilisation, la préservation et le développement de la biodiversité. C'est un principe destiné à assurer une mutation vers une utilisation durable des ressources naturelles. En effet, l'ampleur de la consommation – voire du gaspillage – des ressources naturelles a incité des scientifiques et des organisations internationales à promouvoir l'utilisation rationnelle et, donc, la conservation des ressources naturelles pour que l'humanité puisse connaître un développement durable.

Le principe de l'utilisation durable des ressources naturelles est né d'un constat : la croissance de l'économie et de la population mondiale (9 milliards d'ici 2050) font subir des pressions de plus en plus importantes et rapides sur les ressources naturelles de la Terre. Si nous continuons à utiliser ces ressources au rythme actuel, il nous faudra l'équivalent de plus de deux planètes pour subvenir à nos besoins d'ici 2050[72]. Or, les ressources naturelles (combustibles, minéraux, métaux, eau, biomasse, air pur, etc.) et les services éco-systémiques sont

---

[70] Jean-Marie Breton, « Biodiversité, écologie et droit », Études caribéennes [En ligne], 41 | Décembre 2018, consulté le 23 décembre 2020. URL : http://journals.openedition.org/etudescaribeennes/13001; DOI : https://doi.org/10.4000/etudescaribeennes.13001

[71] Agnès Michelot, « Utilisation durable et irréversibilité(s). Du « jeu » de la temporalité aux enjeux de la durabilité », *Revue juridique de l'Environnement* Année 1998 H-S pp. 15-30

[72] https://www.nationalgeographic.fr/environment/2019/06/notre-planete-abritera-plus-de-9-milliards-de-personnes-dici-2050, consulté le 22 novembre 2020

indispensables à notre santé et notre qualité de vie. Elles sont également essentielles pour le développement de nos économies industrialisées. Mais ces ressources sont limitées en quantité. La concurrence acharnée au niveau mondial pour exploiter, se procurer et gérer certaines ressources entraîne une pénurie, une instabilité des prix, une dégradation des écosystèmes et une modification du système climatique. C'est la raison pour laquelle il convient de modifier nos modes de production et de consommation en utilisant les ressources terrestres de manière plus durable et en réduisant les impacts négatifs sur l'environnement. Cela implique de créer de la valeur avec moins de matériaux et de consommer différemment.

Pour y parvenir, il faut que les différents acteurs économiques (entreprises, consommateurs et pouvoirs publics) changent fondamentalement leurs comportements. C'est ici que le principe de l'utilisation durable des ressources naturelles trouve tout son sens, son fondement[73].

---

[73]https://www.health.belgium.be/fr/environnement/vers-une-societe-durable/vers-une-utilisation-efficace-et-durable-des-ressource, consulté le 22 novembre 2020

Titre II : Sources et portée du droit de l'environnement

Le droit de l'environnement puise ses origines dans plusieurs sources. Quant à sa portée, elle varie selon la fonction qu'on lui attribue. Elle peut donc être fonction de l'environnement humain, forestier, et maritime.

I – Les sources du droit de l'environnement

Le droit de l'environnement fait des emprunts à toutes les branches du droit, le plus souvent sans ordre, devant l'urgence. Comme le notait en la matière Martine Rémond-Gouilloud, une spécialiste de droit pénal, même « le recours au droit criminel se fait dans le désordre le plus absolu » (Du droit de détruire), ce qui n'est pas sans susciter « un sentiment de suffocation chez les juristes » (Droit pénal de l'environnement). Mais c'est aussi une des forces de ce droit de se situer ainsi à plusieurs carrefours : ses sources, diverses, contraignent le législateur à aller de l'avant. Celles-ci sont internationales, communautaires et nationales.

A – Les traités internationaux ou conventions internationales

De nombreux traités multilatéraux ayant trait à l'environnement ont été conclus ces dernières années ainsi que des accords sur l'environnement. Les conventions de Stockholm de 1972 et de Rio de 1992 ont marqué un tournant décisif dans l'évolution de cette nouvelle discipline juridique. Au niveau national, en se fondant sur le soutien croissant du public, des pays du monde entier amendent les lois ou adoptent des mesures législatives, réglementaires ou administratives dans le but d'améliorer la gestion de l'environnement. Pourtant, en dépit de ce développement rapide, de nombreux problèmes subsistent, en particulier en ce qui concerne la mise en œuvre des conventions internationales[74].

Concrètement, il faut noter que la conférence organisée par les Nations unies à Rio de Janeiro en 1992 a érigé les questions d'environnement et de développement aux premiers rangs des préoccupations de la communauté internationale.
Baptisée sommet de la Terre, cette conférence a réaffirmé le caractère planétaire des problématiques de dégradation des écosystèmes et de gestion des ressources naturelles dans la perspective du développement durable. En soulignant la

---

[74] Sources et principes du droit international de l'environnement, Cours unique de Jean Jacques Poumo

dimension planétaire ou globale des problèmes d'environnement, la conférence de Rio a largement contribué à l'émergence du droit international de l'environnement qui comporte plusieurs conventions (accords officiels entre États) dont l'objectif est de régir le traitement des questions environnementales globales. Les conventions environnementales qui mobilisent le plus la communauté internationale actuellement sont celles qui sont issues directement du sommet de Rio. Il s'agit de la convention sur les changements climatiques et de la convention sur la diversité biologique.

À ces deux conventions majeures est généralement associée la convention sur la lutte contre la désertification dans les pays gravement touchés par la sécheresse. Cette convention sur la désertification a été élaborée en 1994 à Paris et s'inscrit dans le cadre des actions prônées par la Conférence de Rio. Il existe quelques autres conventions qui sont antérieures à Rio et qui témoignent des préoccupations écologiques internationales notamment à partir des années 1970. Ces conventions pré-Rio concernent les zones humides (Ramsar, 1971), le commerce international des espèces de faune et de flore sauvages menacées d'extinction (CITES, 1973), la protection du patrimoine mondial culturel et naturel (Paris, UNESCO, 1972), la conservation de la vie sauvage et du milieu naturel de l'Europe[75] (Berne, 1979), etc

B – La coutume internationale

Quelle que soit la conception générale que l'on retienne du phénomène juridique, l'originalité des techniques du droit international est manifeste. Les différents systèmes internes sont pour l'essentiel régulés par des actes unilatéraux autoritaires. En dépit de la vitalité de l'institution contractuelle et de l'autonomie des sujets de droit, les accords n'y jouent qu'un rôle limité. Encore est-il encadré et contrôlé par les normes unilatéralement édictées par les organes de l'Etat. L'ordre international est en revanche régulé par l'accord. Les actes unilatéraux n'y occupent qu'une place secondaire, et s'inscrivent fréquemment dans le cadre d'accords interétatiques. La logique des deux types de système juridique apparaît donc comme inversée – et l'Etat est le pôle de cette inversion. Cette donnée générale doit rester présente à l'esprit lorsqu'on examine des notions qui sont communes aux différents systèmes. Ainsi la coutume : à des

---

[75] Moïse Tsayem Demaze, « Les conventions internationales sur l'environnement : état des ratifications et des engagements des pays développés et des pays en développement », in *L'Information géographique* 2009/3 (Vol. 73), pages 84 à 99

degrés divers, tous les ordres juridiques la connaissent. En première analyse, on accepte volontiers l'image qui en fait une matrice générale, productrice de normes issues de la pratique, affleurant progressivement à la conscience des sujets, spontanément adaptée à leurs besoins et à leur évolution. Droit immanent, fonds commun, flux juridique, à côté duquel s'élèverait le droit écrit, volontaire, rationnel mais aussi arbitraire, précaire et révocable. La coutume internationale n'est cependant pas moins originale que le système juridique international dans son ensemble. Elle provient, d'une part, d'un milieu à la fois hétérogène et défini; elle y joue, d'autre part, un rôle de premier plan, quoique largement soumis à controverse. Le milieu dans lequel se constitue la coutume internationale s'oppose en effet terme à terme à l'image que l'on se fait du milieu interne correspondant : un milieu – ou une série de milieux – homogène, dont la coutume traduit la cohésion, exprime, de façon ductile et immédiate, même si c'est par un processus de répétition, la solidarité. Les membres de la société internationale sont en revanche profondément différents, au-delà de l'identité de leur statut juridique, et leurs objectifs sont antagonistes[76].

Ainsi, il convient d'affirmer que la coutume internationale dérive d'une pratique effective des États accompagnée de *l'opinio juris*, c'est-à-dire la conviction des États qu'ils se conforment à une véritable règle de droit et non pas à un simple usage. La coutume internationale se distingue des coutumes nationales qui reposent sur des usages anciens, constants et notoires, à la fois secondaires et inférieurs aux lois et règlements nationaux. Exemples : l'interdiction d'immersion des déchets dangereux en mer est une règle acceptée en qualité de coutume internationale par tous les États, qui sont liés par cette interdiction quand bien même ils n'ont pas signé la convention de Londres sur la prévention de la pollution des mers résultant de l'immersion de déchets, entrée en vigueur le 30 août 1975. L'interdiction de lancer des attaques susceptibles de causer des pertes civiles excessives par rapport à l'avantage militaire espéré constitue une règle coutumière en cas de conflit armé[77].

La coutume internationale appartient aux modes de formation non conventionnels du droit international ; elle n'appartient donc pas au droit écrit. L'article 38 du Statut de la Cour internationale de justice la définit comme « *une pratique générale, acceptée comme étant le droit* ».

---

[76] Centre Thucydide, La coutume internationale : sa vie, son œuvre, novembre 2018
[77] Olivier Nicols, Articulation des textes réglementaires environnementaux en Europe, Ressources documentaires 10 oct. 2017

En dépit d'une certaine imprécision a priori – par comparaison au droit écrit – elle compose néanmoins un ensemble de règles fondamentales du droit international ; l'une des plus connues est : *pacta sunt servanda* (les accords doivent être respectés). Chaque règle coutumière définit elle-même sa propre autorité.

Ainsi, la démonstration de l'existence d'une règle coutumière repose sur la combinaison d'un élément objectif – la pratique des États – et d'un élément subjectif – l'opinio juris. Cette combinaison est à la fois nécessaire et suffisante.

La coutume internationale suppose deux résultantes qui sont :

- la pratique des États qui vise les comportements positifs ou négatifs (par exemple l'abstention) qui se manifestent à travers des actes juridiques émanant des sujets de droit international (États et Organisation Internationale) ou l'expression d'une position sur une situation donnée concernant d'autres sujets de droit international. En effet, la pratique doit être suffisamment constante et uniforme dans le temps ; elle doit donc avoir été répétée. Mais il n'est pour autant pas nécessaire que la pratique soit strictement uniforme. Dans certains cas, elle peut même ne concerner que « les États particulièrement intéressés », autrement dit ceux qui sont à même de contribuer à l'émergence d'une règle coutumière dans un domaine donné;

- L'opinio juris correspond à la conscience d'être lié par une obligation juridique – la conscience d'une obligation –, la conviction que l'on doit adopter un comportement donné[78].

En réalité, les éléments constitutifs de la coutume sont la pratique générale, le *consuetudo*, c'est-à-dire l'ensemble d'actes divers non équivoque, accompli de manière analogue, répété par les membres de la société internationale et *l'opino juris* qui est l'élément psychologique, c'est-à-dire avoir la conviction d'observer une règle de droit. Pour Dionisio Anzilotti, « *dans les relations internationales, il y a une coutume juridique lorsque les États se comportent en fait d'une certaine manière, en ayant la conviction qu'ils sont obligatoirement tenus de le faire.* Le fait que la coutume soit une source de droit non écrite pose la question de son opposabilité. Autrement dit, comment prouver qu'une coutume existe

---

[78] Manon-Nour Tannous - Xavier Pacreau, *Les relations internationales*, La Documentation Française, septembre 2020, p34

bien ? Les moyens de démontrer la règle coutumière sont divers : documents diplomatiques (recueils, correspondances, etc.), décisions judiciaires ou arbitrales (CIJ, 20 février 1969, Affaires du plateau continental de la Mer du Nord : le principe de l'é équidistance n'est pas une règle coutumière pour les États)[79].

C – Les principes généraux du droit

« Fleuron[80] » de la jurisprudence du Conseil d'État, les principes généraux du droit (PGD) sont des règles non écrites, dégagées par le juge administratif.

Apparus après la période troublée de la Seconde Guerre mondiale, ces principes ont permis au juge administratif d'apporter aux justiciables de plus amples garanties.

Le premier principe, labellisé expressément de « principe général du droit » relatif aux droits de la défense des administrés, est ainsi consacré par l'arrêt Aramu en 1945. Le Conseil d'État faisait antérieurement référence à des « principes », mais sans employer l'expression de « principe général du droit ». Quantitativement et qualitativement, il s'agit d'une source très importante du droit administratif. Afin d'en faciliter l'appréhension, ces principes - la liste présentée ici n'est pas exhaustive - ont été classés au sein de trois catégories par Jacqueline Morand-Deviller :

-   Les principes exprimant relatifs aux droits de l'homme et du citoyen ;
-   Les principes d'équité économique et sociale ;
-   Les principes généraux du droit, une source particulière du droit administratif[81]

Les principes généraux du droit sont des principes non écrits, autrement dit non expressément formulés dans des textes, mais qui, dégagés par le juge et consacrés par lui, s'imposent à l'administration dans ses diverses activités. Ils sont communément reconnus par les principaux systèmes légaux à travers le monde. Règles de portée générale, ils s'appliquent même en l'absence de texte et sont dégagés et mis à jour par la jurisprudence[82]. En d'autres termes, les

---

[79] Carlos Mupili Kabyuma, *Problématique d'application de droit international de l'environnement dans la lutte contre les violations de droit de l'environnement par les groupes armés à l'est de la RD.Congo*, Université de Limoges - Master 2 2011, p22
[80] Jacqueline Morand-Deviller, *Droit administratif*, Montchrestien, 2007, p. 273
[81] *Ibid*, p. 274 et s.
[82] Carlos Mupili Kabyuma, *Op, Cit,26*

Principes généraux du droit français (PGD) sont des règles non-écrites de portée générale qui ne sont formulées dans aucun texte mais que le juge considère comme s'imposant à l'administration et à l'Etat et dont la violation est considérée comme une violation de la règle de droit. Ils répondent à trois critères :

- ils s'appliquent même en l'absence de texte ;

- ils sont dégagés par la jurisprudence ;

- ils sont "découverts" par le juge à partir de l'état du droit et de la société à un instant donné, comme étant sous-jacents dans un état du droit existant.

Les principes généraux de droit ont force obligatoire pour l'administration. Un acte administratif qui a méconnu un tel principe peut faire l'objet d'une annulation et/ou entraîner la mise en cause de la responsabilité de l'administration.

On doit souligner aussi que les PGD sont utilisés par le juge dans l'interprétation de certaines lois. Sans doute, une loi peut méconnaître un PGD et le juge a le devoir d'appliquer la loi, mais il arrive souvent que le Conseil d'État, prenant en considération l'existence d'un PGD, donne alors de la loi une interprétation très hardie de nature à limiter ou à écarter la méconnaissance du principe (interprétation neutralisante[83])."

Par ailleurs, il faut noter que leur contenu peut être soit d'ordre philosophique (liberté, égalité, continuité du service public, etc.), soit d'ordre juridique (droits de la défense, existence du recours contre excès de pouvoir, etc.). Quant à leur valeur, le CE leur a attribué une valeur supérieure à celle de tous les actes administratifs. Ils s'imposent également au pouvoir réglementaire tel qu'il est défini par la Constitution. Leur portée peut donc s'étendre jusqu'aux ordonnances prises par le président de la République (CE, 1962, Canal et autres : l'ordonnance du président de la République créant une juridiction d'exception pour juger les crimes et délits commis en Algérie porte gravement atteinte au PGD selon lequel toute décision rendue en dernier ressort peut faire au minimum l'objet d'un recours en cassation).

Selon l'expression de Chapus, ils ont une valeur "supradécrétale et infralégislative":

---

[83] Conseil d'État 28 mai 1954 Barel. Conseil d'État 1er avril 1988 Bereciartua-Echarri, où le Conseil d'État rattache ce PGD au droit international

- supradécrétale : les PGD s'appliquent à l'ensemble du pouvoir réglementaire (CE, 1959, Société des Ingénieurs Conseils) ;
- infralégislative : une loi peut déroger à un PGD dès lors que la volonté du législateur est formelle (CE, 1965, Union fédérale des magistrats et Sieur Reliquet).

Ils ont une valeur législative tant qu'ils ne sont pas contredits par une loi positive. Les PGD les plus connus sont les principes d'égalité et de liberté. Le juge a ainsi la possibilité de motiver ses décisions à partir d'un ensemble varié de normes qui permettent de garantir et de protéger les droits fondamentaux des citoyens[84].

D – Les sources communautaires

Le droit communautaire comporte diverses sources formelles qui sont les sources écrites et les sources non écrites. Les sources écrites sont constituées par le droit communautaire originaire ou primaire, le droit dérivé (les règlements, directives et décisions) et le droit conventionnel (les conventions). Les sources non écrites résultent de la jurisprudence et des principes généraux du droit communautaire. Ces sources forment le droit jurisprudentiel.
Le droit communautaire prévaut sur le droit national.

Les règles et les actes de droit national ne peuvent contredire les règles du droit de l'Union européenne. La primauté du droit communautaire respecte toutefois le principe de subsidiarité. Il ne peut donc compléter ou remplacer le droit national que si les objectifs de l'action envisagée ne peuvent être réalisés de manière suffisante par les États membres.
Le droit communautaire permet d'apporter une protection juridique unifiée à tous les citoyens d'un continent ou d'une communauté. Il s'applique même si les États membres ne le retranscrivent pas par des actes juridiques nationaux. Il est donc possible d'invoquer les droits issus du droit communautaire en justice à l'encontre d'une règle nationale qui ne respecte pas la règle communautaire. Le droit communautaire s'applique à l'cnsemble des autorités nationales[85].

---

[84] http://archonte.blogspot.com/2009/11/les-principes-generaux-du-droit-public.html, consulté le 2 janvier 2021
[85] Anne Wlazlak, *L'influence de la construction communautaire sur la Constitution française*, Thèse de droit public, Université d'Avignon 2013, p198

Par ailleurs, Yves Jégouzo pense que la place du droit communautaire dans les sources du droit de l'environnement des pays membres de l'Union européenne est devenue aujourd'hui essentielle. Ceci est d'autant plus remarquable qu'à l'origine, les fondements juridiques sur lesquels s'appuyaient les institutions communautaires étaient très incertains. Lors de la signature du Traité de Rome, l'environnement ne figure pas parmi les questions qui sont de la compétence des Communautés européennes (V. B. Massiet du Biest, Les perspectives de la politique communautaire de l'environnement, R.F.A.P. 1990, 79). Aucune disposition du traité ne les habilitait à intervenir dans ce domaine.

Toutefois, la mise en œuvre de certains des principes fondamentaux sur lesquels repose la construction européenne et, notamment, du principe de libre circulation des produits à l'intérieur de l'espace communautaire, va logiquement conduire les institutions communautaires à intervenir dans le domaine de la prévention des pollutions et des nuisances dès lors que l'adoption par les Etats de dispositions restrictives en ce domaine peut perturber les échanges intra-communautaires. Il a fallu que la Commission et la Cour de justice veillent à ce que la législation de l'environnement ne soit pas utilisée pour fausser la concurrence au sein de la C.E.E. Mais, pour éviter que le marché commun se traduise par un abaissement des exigences environnementales, les instances communautaires se sont engagées dans la voie de l'harmonisation des contraintes exprimées par les différents Etats-membres. Ainsi, Une intervention de la Communauté dans le domaine de l'environnement devenue de plus en plus ambitieuse. En quelques années, le droit communautaire de l'environnement est non seulement devenu une réalité mais il conditionne pour l'essentiel les droits nationaux de l'environnement. Or, le droit communautaire ayant opté pour un haut niveau de protection environnementale, il en résulte pour les Etats des contraintes d'autant plus fortes qu'ils enregistraient des retards en ce domaine[86].

II – Les sources nationales

Elles émanent d'une autorité nationale et désignent des sources internes du droit. Il convient de noter la distinction entre les diverses sources du droit. En effet, elles se déclinent en sources écrites et non-écrites mais aussi en sources directes et indirectes. Précisons que les sources du droit sont des textes et des pratiques à l'origine de la création des règles du droit.

---

[86] Yves Jégouzo, *L'influence de l'intégration européenne sur le droit de l'environnement*, Etude réalisée à l'occasion d'une série de séminaires organisés à l'attention de juges thaïlandais venus étudier le droit français et européen de l'environnement, 25 septembre 2019

Concernant les sources directes du droit, elles émanent d'une institution nationale ou internationale et sont obligatoires pour les sujets de droit. De plus, il s'agit de normes écrites. Donnons pour exemple les lois, les traités, les règlements administratifs, les usages, la coutume, les décrets et les arrêtés.

Quant aux sources indirectes du droit, elles interviennent généralement en application de textes existants ou sont les sources d'inspiration pour de nouveaux textes. Ces sources sont principalement issues de phénomènes sociaux qui contribuent à former le droit, mais pas uniquement. Ce sont par exemple la jurisprudence, la doctrine, l'usage et la coutume.

Les sources du droit sont diverses : La loi renvoie aux sources écrites mais il existe également la coutume, la constitution, les usages, la jurisprudence, les ordonnances, les règlements[87]...

Ainsi, parmi les sources nationales, on peut citer :

A – La Constitution

C'est la norme suprême avec pour objet d'instituer les règles de droit fondamentales concernant la nature de l'Etat, le régime politique, la désignation des gouvernants et la définition de leurs compétences, les libertés et les droits garantis aux individus et aux groupes sociaux. La Constitution apparaît est la norme fondamentale, le degré suprême, la source et le principe de l'ordre étatique tout entier. Cette supériorité se manifeste de plusieurs façons, et notamment par ses modalités particulières de révision. La constitution peut être modifié mais uniquement dans des conditions bien précises.

La Constitution vise à garantir les droits fondamentaux des citoyens et à organiser la séparation des pouvoirs. Elle pose, par exemple, le principe de l'égalité des citoyens devant la loi, fait du suffrage universel la source de la légitimité et accorde à chacun le droit de faire entendre sa cause devant un tribunal indépendant.

Elle permet ainsi d'écarter l'arbitraire en donnant à tous les citoyens la possibilité de connaître les différents organes de l'État. La Constitution organise les pouvoirs publics composant l'État en séparant le législatif, l'exécutif et le judiciaire afin de permettre l'équilibre des différents pouvoirs. Dans ce cadre, la Constitution :

---

[87] Par Iuliia Lavernhe, Juriste, in village, https://www.village-justice.com/articles/les-sources-droit-francais-qui-influence-quotidiennement-droit-france,34254.html, consulté le 13 novembre 2020

- définit les compétences des différents organes de l'État et la manière dont ils sont désignés ;

- règle les rapports entre les pouvoirs, en leur donnant la possibilité de se contrôler mutuellement ;

- fixe la répartition des compétences sur l'ensemble du territoire en définissant l'organisation de l'État, qui peut être unitaire et centralisé, ou fédéral. [88].

De nos jours, l'accession à la constitutionnalisation est un phénomène général tant il est évident que l'environnement est devenu un enjeu politique majeur et que, quelques soient les régimes et les sensibilités, sa protection appelle une consécration au plus haut niveau normatif. Le droit de l'environnement s'est internationalisé, contraint d'admettre une interdépendance croissante qui ne va pas jusqu'aux souverainetés partagées ; il s'est privatisé, fluctuant entre l'engagement éco-responsable volontaire, la loi du marché, le command and control ; il s'est constitutionnalisé.

La constitutionnalisation de l'environnement se présente de manière très diversifiée selon les États et en établir la synthèse n'est pas chose aisée, d'autant qu'il faut être vigilant quant à la traduction en langue française d'expressions souvent ambigües. Sans prétendre à l'exhaustivité, il faut tenter d'aller au-delà d'un simple échantillonnage représentatif et d'ordonner la réflexion autour des questions les plus significatives. Ainsi, dans toutes les constitutions un droit général à l'environnement est brièvement proclamé. Ces prescriptions environnementales à la fois générales et claires ont permis à la doctrine et aux juges de leur donner une réelle effectivité par une interprétation qui s'est attachée à promouvoir l'environnement comme un droit collectif de solidarité sociale, certains allant jusqu'à évoquer un « État écologique de droit[89] ».

Ainsi, les principes fondamentaux du droit de l'environnement sont désormais constitutionnalisés, acquis fondamental et irréversible : il existe un droit constitutionnel de l'environnement car aujourd'hui, la très grande majorité des Etats a adopté des dispositions constitutionnelles relatives à la protection de l'environnement. Ce droit étudie les rapports du droit de l'environnement avec

---

[88] https://www.juripredis.com/fr/la-jurisprudence-dossier/la-jurisprudence-est-elle-une-source-de-droit/quelles-sont-les-sources-formelles-du-droit, consulté le 1er janvier 2021

[89] Fernando Lopez Ramon, « *L'environnement dans la constitution espagnole* », RJE 2005, p. 53

l'organisation des institutions chargées de la protection du patrimoine naturel et écologique, d'une part. D'autre part, il étudie ces rapports avec les droits nouveaux qui se développent, de manière globale dans l'ensemble de la planète. Ce sont des droits procéduraux et aussi des droits substantiels, comme le droit de l'homme à un environnement sain ou le principe de non-régression. Il s'agit aussi d'apprécier l'effectivité du droit constitutionnel de l'environnement. On constate une application réelle de ces droits aux quatre coins de la planète, notamment dans le contentieux climatique[90].

B – La loi

Elle désigne l'ensemble des textes juridiques en vigueur dans un pays. Dans un sens plus strict, il s'agit d'un texte émanant du pouvoir législatif, ce mot visant alors la loi parlementaire. C'est une disposition normative et abstraite posant une règle juridique d'application obligatoire. On distingue d'une part, les lois constitutionnelles qui définissent les droits fondamentaux, fixent l'organisation des pouvoirs publics et les rapports entre eux, et les lois organiques qui structurent les institutions de la République et pourvoient aux fonctions des pouvoirs publics d'autre part.

A travers la loi, le droit de l'environnement prévoit des règles juridiques relatives à la gestion, l'utilisation, et la protection de l'environnement, la prévention et la répression des atteintes à l'environnement (en particulier par la pollution) et l'indemnisation des victimes pour les préjudices environnementaux. En effet, les développements législatifs intervenus ou en cours permettent d'entrevoir une évolution vers la proclamation de droits substantiels spécifiques détaillant le contenu du droit de l'environnement tel par exemple le droit à l'eau, à l'air pur, à la jouissance des paysages ou aux bénéfices de la biodiversité[91].

Il convient de rappeler que les lois de l'environnement remontent au moins au milieu du XIX^è siècle. Cependant, la façon de percevoir les problèmes environnementaux ne s'est véritablement modifiée qu'au cours des années 70.
D'une part, les pays en développement se sont rendus compte de l'immensité des dangers que court leur propre environnement par la désertification, l'érosion, l'explosion des grandes agglomérations, et que l'un des besoins les plus

---

[90] Marie-Anne Cohendet, Droit constitutionnel de l'environnement - Regards croisés, Mare et Martin Editions, 2019, à paraître (résumé)
[91] Alexandre Kiss, « Environnement, droit international, droits fondamentaux », *Cahiers du conseil constitutionnel* n° 15 (dossier : constitution et environnement) - janvier 2004

fondamentaux, à savoir l'eau propre, dépend étroitement de l'état de l'environnement. D'autre part, les phénomènes tels que l'exportation de la pollution, – à savoir l'introduction dans des pays ne disposant pas de législations suffisamment protectrices de substances, déchets ou activités qui seraient ailleurs interdites à cause de leur caractère polluant – a ouvert les yeux quant aux dangers qu'ils comportaient[92] . Ces constatations ont donc nécessité une intervention accrue du législateur. A partir ce moment, la loi a été intégrée, à part entière comme source nationale du droit de l'environnement. D'une façon générale, la politique environnementale se fonde sur une approche de source législative.

Comme toutes les sources du droit de, la loi comme source du droit de l'environnement vise la sauvegarde, la protection et la préservation de l'environnement et de sa qualité ; la sécurité sanitaire de l'être humain ; la gestion rationnelle des ressources naturelles ; la lutte contre les problèmes de l'environnement, sur l'échelle régionale voir aussi planétaire et leurs conséquences sur la vie des humains, des végétaux et des animaux.

Aujourd'hui, l'évolution législative, en particulier sous l'effet du droit communautaire, a profondément transformé le droit de l'environnement.

C – Les règlements et ordonnances

Ce sont ses dispositions prises par certaines autorités administratives, auxquelles la Constitution donne compétence pour émettre des règles normatives. Tels sont les décrets du Président de la République et le Premier ministre, les arrêtés pris par les ministres du Gouvernement, les préfets, les sous-préfets et les maires des communes, dans la limites de leurs attributions. En droit français, un règlement est le terme générique qui désigne un acte administratif unilatéral, impersonnel et de portée générale. Ce sont des actes d'un gouvernement, les décisions d'un exécutif. Ils ont un effet sur l'ordonnancement juridique (produit ou supprime une règle de droit). Il y a plusieurs types de règlements : les décrets autonomes, les décrets d'application, les arrêtés[93].

Les règlements sont composés des normes suivantes : l'arrêté, la réglementation, l'ordonnance et le décret. Par ailleurs, il existe deux sortes de règlements : les règlements d'exécution des lois et les règlements autonomes.

---

[92] Cynthia-Yaoute Eid, *Le droit et les politiques de l'environnement dans les pays du bassin méditerranéen : approche de droit environnemental comparé*, Thèse en Sciences Juridiques, Université Paris 5, 2007, p49
[93] Nadine Poulet-Gibot Leclerc, *Droit administratif* : sources, moyens, contrôles, Editions Bréal, 2007, p89

Les règlements d'exécution des lois sont pris quand la loi demande clairement un décret au Gouvernement. Néanmoins, pour pouvoir appuyer une disposition législative, cela peut être fait sans cette demande.

Les règlements autonomes, par contre, la prise des règlements autonomes peut conférer au règlement ainsi voté une portée générale. Ceci laisse la liberté au pouvoir exécutif de règlementer même en l'absence d'une loi. Ils émanent de la possibilité accordée au pouvoir réglementaire de prendre des actes administratifs exécutoires de portée générale et impersonnelle.

Aussi, il convient de souligner que le droit de l'environnement englobe à la fois la réglementation environnementale proprement dite et les autres instruments de préservation de l'environnement comme les marchés de quotas ou la fiscalité.

Les ordonnances sont des règles de droit écrit qui émanent du pouvoir exécutif. Pour une application rapide de sa politique, le gouvernement peut demander au Parlement l'autorisation de prendre pendant un délai limité, des mesures qui sont normalement du domine de la loi. L'autorisation lui est donnée par le vote d'une loi d'habilitation. La loi d'habilitation est une loi dans laquelle le Parlement français autorise le gouvernement à prendre par ordonnance des mesures qui relèvent du domaine de la loi.

La valeur juridique de l'ordonnance varie. Ayant été prise par le gouvernement, et avant sa ratification par le Parlement, l'ordonnance est un acte réglementaire, contrôlée donc par le juge administratif. Les ordonnances doivent faire l'objet d'un projet de loi de ratification déposé devant le Parlement avant l'expiration du délai indiqué dans la loi d'habilitation. À défaut, elles deviennent caduques. Le projet de loi peut ne pas être voté, les ordonnances seront appliquées. Toutefois, la Constitution n'impose pas que le projet de loi de ratification déposé soit inscrit à l'ordre du jour des assemblées parlementaires. Tant qu'elle n'est pas ratifiée, l'ordonnance conserve une nature réglementaire. Après ratification, l'ordonnance devient de nature législative [94].

En droit constitutionnel, une ordonnance est une mesure prise par le gouvernement dans des matières relevant normalement du domaine de la loi. Elle relève de la procédure législative déléguée[95].

En France, l'ordonnance n° 2016-1060 dite « *sur la démocratisation du dialogue environnemental* », adoptée le 3 août 2016, porte réforme des procédures destinées à assurer l'information et la participation du public à l'élaboration de certaines décisions susceptibles d'avoir une incidence sur l'environnement.

---

[94] Jean-Pierre Camby et Jean-Éric Schoettl, « Ordonnances: une décision très préoccupante du Conseil constitutionnel » sur lefigaro.fr/vox, 14 juin 2020
[95] Louis Favoreu (Dir.), *Droit constitutionnel 2021*, Dalloz, 2020, p188-190

Cette ordonnance crée, de ce fait un principe nouveau dans le but de la protection de l'environnement. Concernant les principaux apports de cette ordonnance, on rappellera qu'elle ouvre un droit d'initiative afin d'organiser une concertation préalable pour les projets, plans et programmes soumis à évaluation environnementale hors champ de la Commission nationale du débat public.

Les ordonnances sont ensuite prises en Conseil des ministres et doivent être signées par le président de la République.

En ce qui concerne la forme de leur ratification, les ordonnances ne peuvent plus être ratifiées de manière implicite, elle ne peut être qu'expresse.

D – La coutume

Elle désigne les règles de droit qui n'ont pas étaient édictées par les pouvoirs publics, mais qui sont devenues obligatoires à la suite d'un usage prolongé ; Pour qu'il y ait coutume, deux éléments doivent être réunis un élément matériel : il s'agit d'une pratique généralisée à l'ensemble d'une population concernée et un élément psychologique : il faut que cette pratique généralisée soit considérée comme une règle par l'ensemble de la population concernée.

En droit, la coutume ou règle coutumière est une règle issue de pratiques traditionnelles et d'usages communs consacrés par le temps et qui constitue une source de droit. Reconnue par les tribunaux, elle peut suppléer la loi ou encore la compléter, à condition de ne pas aller à l'encontre d'une autre loi.

La coutume, comme source de droit, à plusieurs fonctions. Elle interagit de différente manière avec la loi en ce que celle-ci peut dans certains cas renvoyer directement à la coutume. On peut ainsi définir la coutume comme « *secundum legem* ». S'agissant d'une délégation de pouvoir du législateur à la coutume, celle-ci a même force obligatoire que la loi.

D'autre part, la coutume peut également venir combler les lacunes de la loi, on parle ici de coutume « *praeter legem* », mais ces cas sont extrêmement rares. Il faut que l'inaction du législateur soit assez longue pour remplir le critère de l'élément matériel, et qu'ainsi la coutume s'installe.

Enfin, la coutume peut être contraire à la loi, cependant dans ce cas de figure, elle ne sera pas autorisée. Il existe toutefois des exceptions appliquées par la jurisprudence, et ayant valeur de règle de droit[96].

---

[96] www.juripredis.com › qu-est-ce-que-la-coutume-en-droit, consulté le 1er janvier 2021

Toutefois des débats existent quant à la véritable source de la normativité de la coutume. Une partie minoritaire de la doctrine (inspirée par des visions sociologiques) estime que la force de la coutume vient de la société et non de sa forme organisée que constitue l'État. « C'est du droit qui s'est constitué par l'habitude [...] La coutume ne vient pas de la volonté de l'État » (Carbonnier).

Pour la majorité, cette approche ne semble cependant pas correspondre au système juridique français actuel et au rôle que les juridictions laissent à la coutume. Il faut ici clairement distinguer la question de l'origine du contenu des règles coutumières de celle de la source de leur force juridique. L'État ne fixe pas le contenu de la coutume mais il est seul juge de sa normativité (dans la pratique la différence théorique entre ces deux approches peut s'estomper). Admettre une autre source de la normativité du droit serait nier l'ordre constitutionnel en supprimant le monopole de la création du droit que constitue la souveraineté interne. C'est une contradiction flagrante avec la hiérarchie des normes telle qu'on la conçoit classiquement[97].

En droit de l'environnement, la coutume se pare ainsi d'une dimension écologique et apparaît comme un auxiliaire possible des normes étatiques. En effet, le défi que représente, pour le droit, la préservation de la nature et de la biodiversité ainsi que la lutte contre les pollutions, les nuisances et les risques qui se font jour à l'époque contemporaine appelle la diversification de ses outils d'intervention. Or le rôle que la coutume est susceptible de jouer à cet égard est largement ignoré. Pourtant, l'analyse des usages en vigueur, dans la société, révèle que nombre d'entre eux gouvernent des activités ayant un impact direct ou indirect sur la biosphère. Par ailleurs, plusieurs ont pour finalité même d'assurer la défense des écosystèmes.

L'analyse du droit positif révèle cependant que la puissance publique n'a pas encore pris acte de l'intérêt de l'usage à cet égard. Il est vrai que sa vocation protectrice reste encore fragile et devra être confirmée dans les décennies à venir. Par ailleurs, doit être évité l'écueil du traditionalisme, qui consisterait à promouvoir la coutume par seule révérence envers le passé. Pour autant, l'usage n'en reste pas moins un instrument prometteur de préservation de la biosphère à laquelle l'Etat ne saurait manquer de s'ouvrir[98].

---

[97] Gilles Paisant, « La place de la coutume dans l'ordre juridique haïtien, (Bilan et perspectives à la lumière du droit comparé », Haïti, 29-30 novembre 2001), Compte-rendu, *Revue internationale de droit comparé*, Année 2002, pp. 186-187

[98] Frédérique Permingeat, « La coutume et le droit de l'environnement », sous la direction de Jean Untermaier, Université Jean Moulin, Lyon 3, 2009. In: *Revue Juridique de l'Environnement*, n°2, 2010. p. 384

E – La jurisprudence

On peut la définir comme l'ensemble des décisions rendues par les différentes juridictions. Ces décisions n'ont pas de caractère général ni obligatoire. On dit que la jurisprudence interprète la loi : car si celle si n'est pas assez clair parfois il est nécessaire de la préciser. En même temps, elle adapte la loi : lorsqu'elle ne précise pas les modalités de mise en place, les juridictions peuvent alors les décidées elles même. D'autre part, la jurisprudence supplée la loi : lorsque celle-ci n'est plus adaptées ou obsolète et en fin elle inspire des lois nouvelles : lorsque certaine évolution de la société fait naître des problèmes juridiques imprévu, la jurisprudence comble le vide juridique.

La jurisprudence désigne la règle de droit. Cependant, pour qu'une règle de droit puisse être désignée comme étant une jurisprudence, il est important que la décision de justice réponde à plusieurs critères : un critère de répétition dans le temps, et de similitude des solutions se référant à la décision de justice. Toutefois, en vertu de la séparation des pouvoirs et du principe de l'autorité de la chose jugée, le juge ne peut pas créer (directement) du droit. Cette fonction est réservée au législateur. Or, il arrive que la loi soit muette, imprécise ou alors incomplète, dès lors le juge doit trancher le litige au moyen d'une règle de droit issue de l'interprétation d'un texte ou de son adaptation, ou encore dans d'autres cas, cette règle de droit ne découle d'aucun texte juridique. En effet, une obligation de trancher chaque litige pèse sur le juge à l'article 4 du code civil. Ledit article dispose que « *Le juge qui refusera de juger sous prétexte du silence, de l'obscurité ou de l'insuffisance de la loi pourra être poursuivi, être coupable de déni de justice* ».

Ainsi, l'abstraction de la loi, son silence et l'évolution de la société (internet, environnement.) mène le juge parfois à créer de la jurisprudence. De ce fait, la jurisprudence a pour rôle de préciser le droit existant, de l'interpréter ou de l'adapter.

Ainsi, il est établi que la jurisprudence joue plusieurs rôles :

- le rôle d'interprétation de la loi. La loi étant générale et obscure, la jurisprudence assure le passage de la règle abstraite au cas concret. À titre d'exemple, l'article 1382 ancien du code civil dispose que « tout fait quelconque de l'homme, qui cause à autrui un dommage, oblige celui qui par la faute duquel est arrivé à le réparer ». Le code civil étant silencieux sur la notion de dommage (corporel, moral.), réparation, faute et préjudice, les magistrats ont dû définir ses notions.

- Le rôle d'adaptateur de la loi. Le droit n'étant pas une matière figée, le législateur doit normalement l'adapter à l'évolution des faits. Or, le plus souvent, le juge va être confronté à l'inadaptation du droit avant même que le législateur l'adapte. Afin de ne pas se rendre coupable de déni de justice, le juge va voir réaliser l'adaptation du droit en prenant appui sur un texte tout en lui donnant une nouvelle portée.

- Le rôle de créateur de la jurisprudence. Le juge, parfois, va au-delà de sa mission d'interprétation et d'adaptation du droit. En effet, il arrive que le droit reste muet dans un domaine, et les décisions juridictionnelles doivent venir combler et pallier aux insuffisances de la loi. Ainsi, le juge va créer une nouvelle règle de droit jurisprudentielle, en s'appuyant sur d'autres textes et les grands principes généraux du droit. Cela a été le cas notamment pour la théorie de « l'enrichissement sans cause renommée » depuis l'ordonnance du 10 février 2016 « enrichissement injustifié » et introduit dans le code aux articles 1303 à 1303-4 du code civil. Par cette théorie, les juges ont appliqué le principe d'équité en interdisant l'enrichissement sans raison au dépend d'autrui. La théorie de l'abus de droit, fait également partie des créations jurisprudentielles des juges.
La jurisprudence a donc un rôle polyvalent, elle intervient quand il y a un manque dans la législation soit en adaptant le droit à la société, en le complétant ou en créant une nouvelle règle de droit jurisprudentielle[99].

La préoccupation croissante des pouvoirs publics pour la protection de l'environnement a entraîné l'adoption d'un important corpus normatif, aux niveaux national et international, dont le juge administratif assure quotidiennement la mise en œuvre et l'interprétation. La jurisprudence administrative a ainsi permis de préciser la portée des grands principes et des principaux textes du « droit de l'environnement ». Cette exigence transversale de protection de l'environnement s'impose désormais à l'administration dans de très nombreux domaines d'action, qu'il s'agisse de la lutte contre la pollution engendrée par les activités industrielles, de la protection de la faune et des milieux naturels, ou encore de l'aménagement du territoire dans toutes ses

---

[99] Axel De Theux, Imre Kovalovszky, Nicolas Bernard, Précis de méthodologie juridique: Les sources documentaires du droit, Presses de l'Université Saint-Louis, 28 mai 2019, p163

formes (transports, réseaux électriques, grands travaux…). Aussi le juge administratif est-il conduit à trancher un nombre croissant de litiges, dans les domaines les plus divers, portant sur des décisions administratives ayant une incidence sur l'environnement[100].

F – La doctrine

La doctrine est constituée par l'ensemble des travaux et réflexions des juristes sur les problèmes de droit. Elle s'exprime dans des thèses, ouvrages, notes sous arrêts et articles rédigés par des universitaires. Dans la pratique, il s'agit travaux contenant les opinions exprimées par des juristes, comme étant le résultat d'une réflexion portant sur une règle ou sur une situation ou sur une institution. A cet égard si elle ne se limite pas au discours pédagogique la doctrine reste indissociable à l'enseignement et à la connaissance du Droit. Une bonne partie de la doctrine s'exprime oralement dans le cadre de l'enseignement du droit, mais on la trouve aussi exposée dans les traités généraux et dans les ouvrages monographiques. Elle se manifeste également dans les articles et dans les notes signées par les professeurs de droit, les magistrats, et les praticiens au bas des textes, des jugements et des arrêts qui sont publiés dans les revues juridiques[101].

Pour ce qui de la doctrine relative au droit de l'environnement, les questions qui se posent sont multiples : elles concernent autant le passé que son présent et son avenir, sa structure (la doctrine en tant que corps) que son activité (la doctrine en tant que discours et porteuse de projets). Trois grandes problématiques pourraient permettre de structurer ces questionnements.
D'abord, eu égard à la transversalité du droit de l'environnement, peut-on réellement affirmer qu'il existe une doctrine environnementaliste, par-delà les compartimentages traditionnels (droit privé / droit public, droit interne / droit international) ?

Ensuite, si tant est qu'elle existe réellement et que des indices de cette existence puissent être dégagés, la doctrine environnementaliste présente-t-elle des spécificités (dans ses méthodes, ses fonctions, ses instruments et manifestations) au regard d'autres doctrines, par exemple la doctrine en droit administratif ?
Enfin, d'un point de vue plus prospectif, la contribution de la doctrine à l'étude

---

[100] CE, *Le juge administratif et le droit de l'environnement*, Rapport du Conseil d'Etat de France au congrès de Carthagène 2013, p8
[101] Dictionnaire de droit privé 2018

et au progrès du droit de l'environnement devrait-elle, et pourrait-elle, être améliorée[102]?

Sur le premier point, on peut dire que la pensée doctrinale sur le droit de l'environnement, s'est formée en grande partie à partir d'autres disciplines et courants de pensée, comme la doctrine scientifique, la doctrine internationaliste et la pensée économique. Son passé est ainsi composé de différents courants et d'analyses variées, qui ont permis à la doctrine du droit de l'environnement de se former et s'y alimenter. Cette origine complexe, riche et marbrée a une influence certaine sur son avenir. Aussi, la nature multiple du droit de l'environnement –en tant que branche qu'illustre bien des nouvelles formes de « fabriquer le droit » fait émerger également une doctrine « alternative ». On entend par là, des nouveaux modes de faire le droit, l'irrésistible émergence de forces créatrices du droit comme l'action très active des ONG's et des associations ou l'application très engageante des principes d'information et de participation du public. Autrement dit, la configuration du droit de l'environnement elle-même, comme droit novateur et révolutionnaire -associant encore plus que d'autres disciplines juridiques, la société civile, le droit international, la pensée scientifique-, fait émerger une doctrine a-juridique ou extérieure au droit. Les expertises « profanes », les études provenant des ONG's à l'appui de causes qu'elles défendent, les décisions issues des assemblées citoyennes et autres forums, pénètrent le droit de l'environnement et deviennent également de la « doctrine[103] ».

Sur le second, il est à retenir que si la doctrine juridique a été traditionnellement « confinée » dans des espaces dédiés, souvent exclusivement universitaires, la doctrine environnementale innove en promouvant, aujourd'hui, son discours dans des espaces originaux d'expression (non académiques) tels que les tribunaux des peuples ou tribunaux d'opinion. De nombreux juristes, praticiens (anciens magistrats, juges, avocats) ou universitaires concourent à la mise en place de cette justice alternative. Ces tribunaux sont devenus une méthode doctrinale (assumée ou non) de diffusion d'un discours sur des thématiques environnementales.

C'est le cas du Tribunal permanent des peuples sur le gaz de schiste, du Tribunal international des droits de la nature (2015) et du Tribunal de Monsanto (2016).

---

[102] SFDE- Université de Limoges, La doctrine en droit de l'environnement, Colloque 17, 18 novembre 2016, RJDE, p12

[103] Marta Torre-Schaub, La doctrine environnementaliste : une dynamique au croisement du savoir scientifique et profane, *Revue juridique de l'environnement* 2016/HS16 (n° spécial), pages 219 à 240

Ces tribunaux offrent, d'une part, des tribunes singulières d'expression pour une doctrine environnementale portées à la fois par la société civile et le concours d'universitaires engagés.

D'autre part, ils sont des catalyseurs de discours doctrinaux véhiculant l'idée d'une justice environnementale à réinventer. Enfin, cette justice non étatique participerait à faire évoluer le discours sur le droit, voire à façonner indirectement sa production[104].

Sur le troisième point, il faut noter que la contribution de la doctrine au droit de l'environnement est l'expression de maturité d'un droit qualifié de récent. En effet, le droit de l'environnement se définit *ratione materiae* comme l'ensemble des règles qui régulent les activités de l'homme sur son milieu. Son armature est de l'ordre de l'obligation de moyen, au principal la prévention, à l'accessoire la réparation.

Toutefois, parce qu'il est un droit de la rupture, sa maturité tend à déplacer ses fondements vers une définition finaliste proche d'une obligation de résultat. Le droit de l'environnement vit et il est vital[105]. Le droit de l'environnement est indubitablement conquérant, parfois prédateur. Il utilise l'existant, s'arroge des techniques et des concepts et des principes étrangers, se les approprie, les adapte, les dérive de leur sens traditionnel. Il prend, il saisit, il se nourrit en forgeant à sa mesure[106].

Dans ce sens, Éric Naim-Gesbert estime que : « *le droit de l'environnement est dans la saison de la maturité. D'un point de vue généalogique, il donne un sens à la marche du monde. Il produit du sens en établissant un nouveau système de signes et de valeurs qui permet d'appréhender autrement le réel, transmuant les rapports de l'humain sur le vivant. Il acquiert un statut matriciel. Du droit de l'environnement, il faut dire aujourd'hui ses pulsations irradiantes* »[107].

III – La portée juridique du droit de l'environnement

L'article premier de la Charte de l'environnement reconnaît un « *droit de vivre dans un environnement équilibré et respectueux de la santé* » et a pour pendant l'article 2 qui fixe à toute personne le « *devoir de prendre part à la préservation*

---

[104] Christel Cournil, « Réflexions sur les méthodes d'une doctrine environnementale à travers l'exemple des tribunaux environnementaux des peuples, *Revue juridique de l'environnement* 2016/HS16 (n° spécial), pages 201 à 218

[105] J. Domat, préface du « Traité des lois », 1689 : « Il n'y a point de science humaine où la conséquence des égarements soit plus importante qu'en celle des lois ».

[106] Éric Naim-Gesbert, « Maturité du droit de l'environnement », *Revue juridique de l'environnement* 2010/2 (Volume 35), pages 231 à 240

[107] *Ibid.*

et à l'amélioration de l'environnement ». Ces deux articles posent ainsi un droit et un devoir à caractère très général et marque la portée juridique du droit de l'environnement qui s'illustre par une certaine consécration des nouveaux principes environnementaux tout en posant de nouveaux objectifs constitutionnels, instruments d'encadrement du pouvoir normatif.

A – La consécration des nouveaux principes environnementaux

L'environnement est l'un de ces domaines où se développent ces nouveaux droits suscités par le développement des sciences et des techniques. Si le préambule de la Déclaration de 1789 s'inscrit dans une logique qui est celle du droit naturel, si la phrase liminaire du Préambule de 1946 se situe volontairement dans un contexte historique spécifique, les premiers considérants de cette Charte renvoient à des considérations scientifiques sur le lien entre l'humanité et son environnement. Ainsi, d'une part, la science, qui est à la fois la cause des dégradations causées à l'environnement et l'instrument par lequel on entend les réparer ou les prévenir, est au centre de la logique sur laquelle est construit ce texte.

D'autre part, à l'individu titulaire de droits se substitue l'humanité ou l'homme abstrait qui symbolise cette humanité. Ainsi s'établit un rapport triangulaire entre l'homme, la nature et la science qui fait naître un certain nombre d'objets constitutionnels dont il faut, a priori, considérer qu'ils sont les destinataires d'une protection et non des sujets titulaires de droits. Il en est ainsi de l'humanité, de l'environnement, défini comme le patrimoine commun des êtres humains, de l'être humain lui-même défini comme le maître de ce patrimoine commun et sur l'identité duquel les débats en matière de bioéthique ont suscité bien des controverses, de la diversité biologique, du développement durable, des sociétés humaines, des générations futures et des autres peuples[108]. En ce sens, on peut dire que la consécration constitutionnelle de l'environnement et les grands principes juridiques ont permis que l'environnement soit mentionné dans les Constitutions de la plupart des Etats, en renvoyant à une Charte de l'environnement à valeur constitutionnelle qui comporte un préambule et dix articles. Cette consécration fait de l'environnement un nouveau droit de l'homme qui s'inscrit dans la tradition historique française après 1789 (droits

---

[108] Bertrand Mathieu, Observations sur la portée normative de la Charte de l'environnement, in *Cahiers du conseil constitutionnel* n° 15 (dossier : constitution et environnement) - janvier 2004, p2

individuels) et 1946 (droits économiques et sociaux). Cette Charte va devenir la référence obligée tant au plan politique que juridique.

En effet, son caractère solennel et sa force juridique vont s'imposer non seulement au Parlement, à travers le contrôle du Conseil constitutionnel, mais aussi à l'Administration et aux particuliers, à travers le contrôle des juridictions judiciaires et administratives.

La Charte situe l'environnement dans un contexte humaniste et universaliste, par des formulations non dénuées d'emphase et très directement inspirées de la déclaration de Rio de 1992 : « L'avenir et l'existence même de l'humanité sont indissociables de son milieu naturel ; [...] l'environnement est le patrimoine commun des êtres humains[109]».

Par ailleurs, il faut mentionner la consécration des principes du droit de l'environnement à travers d'autres instruments juridiques comme le code de l'urbanisme. C'est ainsi qu'apparaît l'articulation entre le code de l'urbanisme et le code de l'environnement pour les travaux en réserve naturelle, par exemple. Dans une réserve naturelle, en principe, le permis de construire vaut autorisation au titre du code de l'environnement si la demande a fait l'objet d'une autorisation expresse de l'autorité compétente. Mais il peut arriver que celle-ci ne soit pas donnée dans le cadre normal de la procédure d'instruction[110]. L'objectif est d'harmoniser les procédures d'autorisation d'urbanisme avec les procédures relevant du code de l'environnement. Il peut donc être considéré que l'intégration des préoccupations d'environnement dans les projets de construction, d'aménagement et d'urbanisme illustre la consécration des nouveaux principes environnementaux.

D'autre part, afin de souligner l'intégration des préoccupations d'environnement dans les projets de construction, d'aménagement et d'urbanisme, André-Hubert Mesnard estime que pour des raisons de sécurité, de qualité de vie et de développement durable dans un contexte d'urbanisation forte, dans des zones localisées et souvent sensibles sur le plan écologique. La législation et le droit reflètent cette généralisation des préoccupations d'environnement depuis la loi du 10 juillet 1976 qui fait de la protection du patrimoine naturel un objectif « d'intérêt général », c'est-à-dire un objectif général, tant public que privé, individuel que collectif. Cette obligation concerne aussi bien les contractants de droit privé (propriétaires, exploitants) que les industries et les pouvoirs publics

---

[109]https://droit.savoir.fr/droit-de-l-environnement-la-consecration-constitutionnelle-de-lenvironnement-et-les-grands-principes/, consulté le 12 novembre 2020
[110] DREAL Auvergne-Rhône-Alpes, Mission Juridique, Fiche de jurisprudence

(permis de construire, plans d'urbanisme...). Tous les projets doivent intégrer les préoccupations d'environnement, et le droit de l'urbanisme les impose d'une façon expresse, autant dans le contenu de la planification de l'occupation du territoire, que lors de la délivrance des autorisations d'occupation des sols...

Les études d'environnement (dont les études d'impact) sont de plus en plus exigeantes et nombreuses. Enfin la jurisprudence des tribunaux, administratifs, ou pénaux, « responsabilise » de plus en plus les acteurs publics de la construction et de l'urbanisme, en matière de défense de l'environnement[111].

Enfin, au même titre que le droit de l'urbanisme, le droit forestier entre en ligne de compte dans la consécration des nouveaux principes environnementaux. En effet, la législation forestière fut probablement l'une des premières à promouvoir l'idée que développement et protection de l'environnement doivent aller de pair. Des textes tels que le Code forestier français de 1827 ou la Ley de Montes espagnole dc 1864 intègrent les concepts de production et de conservation. Les préoccupations écologiques y sont présentes bien avant que l'adjectif n'entre dans le vocabulaire courant.

C'est en prenant conscience du fait que l'exploitation forestière ne pouvait, sans dommages pour l'environnement, suivre les seuls objectifs de la rentabilité économique à court terme, que de nombreux pays ont adopté des lois afin d'assurer une gestion plus écologique des ressources forestières. Ces législations comportent les mesures minimales que le forestier doit prendre dans l'exploitation des ressources afin de limiter les dommages à l'environnement : interdiction du flottage dans certains cours d'eau; interdiction d'ouverture de chemins forestiers à pente raide ou à pente directe, obligation de dégager les passages pour poissons anadromes. Certaines de ces mesures ont un effet précis sur une situation bien déterminée. C'est le cas par exemple de l'interdiction de coupe le long des autoroutes qui a pour effet de maintenir une certaine qualité esthétique le long des voies de communication routières. D'autres peuvent avoir des effets multiples sur l'environnement et visent non seulement à préserver la beauté d'un site mais aussi ses qualités objectives (capacité de rétention des eaux de pluie et de recharge des nappes aquifères, protection du potentiel piscicole, etc[112].).

---

[111] André-Hubert Mesnard « L'intégration des préoccupations d'environnement dans les projets de construction, d'aménagement et d'urbanisme, en France ». *Revue générale de droit*, 28 (4), 449–466. https://doi.org/10.7202/1035616ar

[112] Dominique Alhéritière, *L'évaluation des impacts sur l'environnement en droit forestier*, FAO 2015, p82

B – Les nouveaux objectifs d'encadrement du pouvoir normatif

Les nouveaux objectifs d'encadrement du pouvoir normatif renvoient à un renforcement des compétences de la représentation nationale. Loin de déposséder le Parlement de ses prérogatives au profit du pouvoir juridictionnel comme certains ont parfois pu le craindre, la Charte de l'environnement apparaît au contraire comme une forte incitation pour le législateur à intervenir dans le domaine de l'environnement.

Astrid Rébillard estime que s'il est un domaine où les normes s'empilent, s'enchevêtrent voire se chevauchent, c'est bien en droit de l'environnement. La boulimie du pouvoir normatif s'est accélérée au cours de ces dernières années, au point de déclencher une vague d'indigestion chez les opérateurs économiques, la congestion des administrations et des discordances parmi les juridictions. En somme, le droit de l'environnement est aujourd'hui victime de son succès. Sobriété et simplification devraient être les maîtres-mots de son évolution.

A cela s'ajoutent évidemment de nombreuses autres normes exigées par l'évolution du droit communautaire (ex. eau, réglementation Reach sur les produits chimiques - ou biocides) et l'encadrement de nouveaux domaines (ex. énergie solaire ou éolienne) et celles concoctées pour satisfaire l'opinion en général ou des groupes de pression.

Intrinsèquement, l'inflation législative et réglementaire engendre l'instabilité des règles et la dégradation des normes. La critique monte.

Du côté des opérateurs économiques, l'insécurité juridique et le coût des normes environnementales peuvent être paralysantes.

Pour les autorités publiques chargées d'appliquer et de contrôler les normes environnementales, la tâche est également ardue. Un droit difficilement compréhensible entraîne une application différenciée sur le territoire national, à laquelle visent à remédier des circulaires des administrations centrales - et donc un droit souterrain.

En somme, le droit de l'environnement est aujourd'hui victime de son succès. Sobriété et simplification devraient être les maîtres-mots de son évolution[113].

Pour faire face à cette situation, Denys de Bechillon estime que l'encadrement du pouvoir normatif du juge ne peut procéder que d'une démarche d'autolimitation, et que cette démarche (ne) peut être utilement provoquée (que)

---

[113] https://www.actu-environnement.com/blogs/astrid-rebillard/40/pression-reglementaire-environnement-56.html, consulté le 22 novembre 2020

par la critique extérieure – celle de la classe politique et, bien sûr, celle de la doctrine universitaire... De toute manière, dit-il, il faut bien reconnaître que l'autolimitation n'est autre que le seul moyen disponible pour contenir le pouvoir normatif des juges constitutionnels. Cela tient à ce qu'ils sont juges – et que cela leur confère par nature un pouvoir créateur protéiforme. Cela tient aussi à ce qu'ils sont constitutionnels, et disposent pour cette raison d'une capacité de quasi dernier mot en laquelle siège, comme on sait, le noyau le plus pur de la souveraineté.

La question n'est donc pas de savoir si l'on peut concevoir d'autres moyens que l'autolimitation – il n'y en a probablement pas ou pas beaucoup de très crédibles mais de se demander comment il est possible de stimuler l'exigence déontologique qui lui tient lieu de moteur avec une assurance raisonnable de fiabilité. Plus exactement encore, elle pourrait être de s'interroger sur la bonne manière d'y inciter le juge par d'autres voies que celle de la seule critique doctrinale – postulant que l'efficacité, dans le registre du pur rappel à l'ordre, n'est pas très souvent à portée de la main[114].

Les textes relatifs aux droits particulièrement nécessaires à notre temps formulent essentiellement des droites créances qui sont juridiquement qualifiés d'objectifs constitutionnels. Un certain nombre de droits reconnus par la Charte de l'environnement peuvent être considérés comme relevant de cette catégorie. On les trouve essentiellement dans le corps des articles, mais certains des considérants liminaires peuvent servir de support à de tels droits. Ainsi, les deux derniers considérants sont rédigés de manière plus volontariste et se prêtent mieux à servir d'ancrage à des règles ou à des exigences juridiques. Il en est ainsi de l'affirmation selon laquelle « la préservation de l'environnement doit être recherchée au même titre que les autres intérêts fondamentaux de la nation ». Cette analyse renvoie, au-delà de sa formulation solennelle, à la jurisprudence du Conseil constitutionnel qui fait de la protection de l'environnement un but d'intérêt général susceptible de justifier des limitations apportées à certains droits constitutionnels. Dans la conciliation opérée entre les droits et les exigences, cette formulation, comme l'ensemble de la Charte elle-même, ne peut que renforcer la pondération accordée à la protection de l'environnement. On peut également considérer que le développement durable accède au rang d'objectif constitutionnel de la même manière que la préservation de la capacité

---

[114] Denys de Bechillon, « Comment encadrer le pouvoir normatif du juge constitutionnel ? », *Cahiers du conseil constitutionnel* - n° 24, juillet 2008, pp45-47

des générations futures ou celle des autres peuples à satisfaire leurs propres besoins[115].

En droit de l'environnement, l'encadrement normatif s'illustre à l'article 6 de la Charte qui s'adresse directement au législateur et aux autorités administratives. Il traduit l'objectif constitutionnel de développement durable fixé par les considérants. En ce sens la protection et la mise en valeur de l'environnement, pris ici en compte pour lui-même, doivent être conciliées avec le développement économique et social. C'est incontestablement une invitation adressée aux juges de veiller à ce que les autorités normatives prennent en compte ces exigences et les concilient avec d'autres principes ou exigences constitutionnelles. On relèvera que le développement économique accède à ce titre au statut d'objectif constitutionnel, distinction qu'aucun texte ne lui reconnaissait expressément.

De manière générale, cette utilisation des préoccupations environnementales comme instrument de légitimation de l'intervention du législateur et de limitation d'autres droits fondamentaux se retrouve dans d'autres jurisprudences constitutionnelles. Ainsi, par exemple, le tribunal constitutionnel espagnol a examiné la conciliation opérée par le législateur entre la protection de l'environnement et d'autres exigences comme celles relatives à l'irrigation et à l'alimentation en eau (déc. du 14 mars 2000[116]).
Il a également considéré que de telles préoccupations pouvaient justifier une intervention du législateur quant à l'exécution d'une décision de justice (même décision) ou le report dans le temps d'une déclaration d'inconstitutionnalité (déc. du 1er oct. 1998[117]).

Après ce tour d'horizon général du droit de l'environnement, il convient de traiter, dans le cadre spécifique du Congo, des fondements du droit de l'environnement.

---

[115] Bertrand Mathieu, *Op, Cit*
[116] BJC, 2000, p. 70
[117] BJC, 1998, p. 423.

DEUXIEME PARTIE:

LES FONDEMENTS DU DROIT CONGOLAIS DE L'ENVIRONNEMENT

Cette partie se propose de traiter de la conception et des domaines d'intervention du droit congolais de l'environnement

Titre I : La conception de l'environnement en droit congolais

En droit congolais, les préoccupations environnementales sont assez récentes. Celles-ci prennent naissance avec la pression internationale relative à la nécessité d'exploiter les ressources naturelles de façon rationnelle afin d'en faire profiter aux générations futures. C'est dans ce sens que le Congo, comme la plupart des pays à décidé de faire du droit de l'environnement un droit constitutionnel, prenant appui sur les éléments du développement durable.

I – La constitutionnalisation du droit congolais de l'environnement

Elle se manifeste par le passage de la norme législative à la norme constitutionnelle et par les effets qu'elle crée.

A – Le passage de la norme législative à la norme constitutionnelle

La Constitutionnalisation du droit traduit le phénomène par lequel le droit tend à se constitutionnaliser. La Constitutionnalisation d'une règle de droit est le processus par lequel cette règle, accède au rang de norme constitutionnelle, soit par modification de la Constitution, soit par la voie de l'interprétation jurisprudentielle. De ce fait, l'accession à la constitutionnalisation est un phénomène général tant il est évident que l'environnement est devenu un enjeu politique majeur et que, quelques soient les régimes et les sensibilités, sa protection appelle une consécration au plus haut niveau normatif. Le droit de l'environnement s'est internationalisé, contraint d'admettre une interdépendance croissante qui ne va pas jusqu'aux souverainetés partagées ; il s'est privatisé, fluctuant entre l'engagement éco-responsable volontaire, la loi du marché, le *command and control* ; il s'est constitutionnalisé[118].

C'est dans ce contexte qu'on assiste à la constitutionnalisation du droit congolais de l'environnement à travers le passage de la norme législative à la norme constitutionnelle. Ce passage a clairement assuré la garantie, pour le droit de l'environnement, d'un droit fondamental de l'homme.

---

[118] Jacqueline Morand-Deviller, « L'environnement dans les constitutions étrangères », in *Les nouveaux cahiers du conseil constitutionnel* - n°43, avril 2014

Consacrer un texte constitutionnel spécifique à l'environnement revêt une grande valeur symbolique. Cette insertion dans la Constitution d'un tel texte marque l'émergence de nouveaux droits fondamentaux et la perméabilité des ordres juridiques s'agissant de l'affirmation des droits. Les modalités d'inscription de l'exigence de protection de l'environnement dans la Constitution sont tout à fait remarquables[119] et elles ont permis cette mutation en tenant compte de préoccupations à la fois sociales, économiques et culturelles. Pendant longtemps une telle réforme a été considérée comme une utopie. La doctrine constitutionnaliste et le juge considéraient que l'environnement n'étant qu'un vœu pieux, une notion rassemblant diverses aspirations ne pouvait devenir un droit de l'homme (Tribunal de grande instance de Bourgoin-Jallieu 30 mai 1975, Revue Juridique de l'environnement 1975-1, p. 51 ; Cour d'appel de Caen 18 juin 1977, AJDA, 1977, p. 557, note Girod et Huglo ; Tribunal des conflits 25 janvier 1988, préfet de la Charente-Maritime).

Quant à la doctrine en matière de libertés publiques elle pensait dans sa grande majorité que l'environnement risquait de polluer les droits de l'homme en introduisant un corps étranger et insaisissable dans un cercle qui devait rester limité. L'importance vitale de l'environnement pour chacun d'entre nous et pour la société en général devait nécessairement conduire à terme à intégrer l'environnement dans le Panthéon des droits de l'homme[120].

Au Congo, la constitutionnalisation de l'environnement a fait son apparition, d'abord, dans les débats (politiques et scientifiques), ensuite après la première conférence de l'ONU sur l'environnement à Stockholm de juin 1972, et l'adoption de la Loi n°003/91 du 23 avril 1991 portant code de l'environnement. Enfin, sa consécration constitutionnelle intervient avec la Constitution du 15 Mars 1992. Cette reconnaissance a fait du droit de l'environnement une branche autonome du droit consacré par les différentes Constitutions congolaises.

Ainsi, la prise en compte de l'aspect environnemental dans le texte fondamental de la République dénote l'importance que revêtent les enjeux environnementaux. Le droit à l'environnement étant une composante du droit à la vie, lequel est un droit de l'homme reconnu tant au niveau international que national, sa consécration constitutionnelle est une marque de reconnaissance du caractère sacré du droit des gens. Ce droit, du fait de ce lien avec la qualité de vie, fait partie du « *jus cogens* ». Dès lors, il est impérieux que lui soit réservée une place

---

[119] Bertrand Mathieu, *Op, Cit.*

[120] Michel Prieur, « L'environnement entre dans la constitution », *CRIDEAU* 2005, p3

de choix au sein des normes juridiques nationales. Son insertion dans la constitution remonte depuis le préambule qui intègre en son sein les instruments internationaux tels la Charte de Nations Unies de 1945, la Déclaration universelle des Droits de l'Homme de 1948, la Charte Africaine des Droits de l'Homme et des Peuples de 1981, etc.

Par ailleurs, à son article 41 la constitution de 2015 affirme clairement le principe de ce droit : « *tout citoyen a droit à un environnement sain, satisfaisant et durable...* ». L'alinéa 2 de cet article confie à l'Etat la responsabilité principale dans la protection de l'environnement : « *l'Etat veille à la protection et à la conservation de l'environnement* ». L'article 42 quant à lui, incrimine quelques actions nuisibles à la santé humaine et à la nature. Il s'agit : de transit, importation, stockage, enfouissement, déversement dans les eaux continentales et les espaces maritimes, l'apanadage dans l'espace aérien des déchets toxiques, polluants, radioactifs ou tout autre produit dangereux en provenance ou non de l'étranger. Par contre, à l'article 43 alinéa 2 et 3, elle pose implicitement le principe pollueur payeur[121].

Rappelons que la première constitution congolaise à prendre en compte les préoccupations environnementales est celle du 15 Mars 1992. A partir de cette date, le droit congolais de l'environnement est devenu un droit constitutionnel. Désormais, c'est la constitution qui détermine les grandes questions relatives à la protection de l'environnement au niveau nationale. Hormis la Constitution de 1992, celles d'octobre 1997 (Acte fondamental), de janvier 2002 et celle 6 novembre 2015 ont consacré le principe constitutionnel du droit de l'environnement à travers des dispositions claires. Cette consécration relativement récente illustre une longue période « d'ignorance environnementale ». Le droit de l'environnement est donc passé d'un statut de droit collectif vers un statut de droit individuel. Cette migration puise ses sources dans un principe clairement énoncé par les Constitutions congolaises à savoir : « *Chaque citoyen a droit à un environnement sain, satisfaisant et durable et a le devoir de le défendre. L'État veille à la protection et à la conservation de l'environnement* ». De cette disposition, il ressort que la protection de l'environnement est une obligation de l'Etat qui assure à chaque citoyen la jouissance d'un droit fondamental. Ainsi, est énoncé clairement le droit à l'environnement et le devoir de protéger l'environnement.

---

[121] Carel Makita Kongo, *La constitutionnalisation du droit à un environnement sain, satisfaisant et durable en République du Congo, Cahiers africains des droits de l'homme,* Presses de l'Université Catholique d'Afrique centrale, inedit.

B – Les effets de la constitutionnalisation du droit congolais de l'environnement

La constitutionnalisation du droit produit un certain nombre d'effets parmi lesquels :

- Le renforcement du rôle du législateur dans le domaine de l'environnement car c'est à lui qu'incombe désormais la mise en œuvre des grands principes environnementaux tout en veillant à leur constitutionnalité.

- La détermination par la loi de déterminer des principes fondamentaux de la préservation de l'environnement.

- L'accroissement du risque de censure par les juridictions, A cet effet, il est clair que la constitutionnalisation du droit de l'environnement renforce le rôle « *d'aiguillon* » du processus normatif joué par les acteurs de la société civile. Cette dénomination, sans doute trop vague, permet de désigner dans un ensemble d'acteurs ne relevant pas des autorités publiques, et regroupant les associations de protection de l'environnement, les organisations syndicales, les entreprises ou encore, plus largement, les juristes (professeurs de droit, avocats, juges), dont les réflexions peuvent, sur certains sujets, irriguer l'action du législateur et du gouvernement[122].

Pour rendre le droit de l'environnement plus réel et susceptible d'être appliqué, les Constitutions congolaises ont mis à l'égard de l'Etat et des individus une charge, celle de protéger l'environnement. L'Etat et les individus sont débiteurs du droit à l'environnement. Pour l'Etat, nous comprenons qu'il est tout à fait normal que les constitutions lui confèrent le devoir de veiller à ce que les hommes qui vivent en son sein bénéficient d'un environnement sain. C'est presque un devoir régalien de l'Etat. Ce qui constitue ici une véritable évolution positive est le fait de mettre à la charge des individus le devoir de contribuer à la création d'un environnement sain. Nous devons nous empresser de noter que toutes les constitutions Africaines ne proclament pas le devoir de protéger l'environnement. La constitution de l'Afrique du Sud, du Congo Brazzaville du

---

[122] Yann Aguila, « Les acteurs face à la constitutionnalisation du droit de l'environnement », *Les nouveaux cahiers du conseil constitutionnel* - n°43, avril 2014, p9

Gabon, de la Guinée, du Malawi, du Sénégal, du Togo, de la Tunisie et de la Zambie omettent le devoir de protéger l'environnement. Par contre, certaines constitutions reconnaissent le devoir de protéger l'environnement sans faire allusion au droit à l'environnement. C'est le cas par exemple de la constitution de Madagascar et du Ghana. Dans l'ensemble, les constitutions de beaucoup d'Etats africains consacrent à la fois le droit à l'environnement et le devoir de protéger l'environnement. Les différentes déclarations constitutionnelles qui consacrent le droit à l'environnement et/ou le devoir de protéger l'environnement ont une valeur qu'il convient d'élucider[123].

A travers sa constitutionnalisation, le droit congolais de l'environnement se retrouve face à un pluralisme juridique qui engage le processus de son émergence. Ainsi, la conception purement et uniquement législative de ce droit amorce un principe novateur : la prise en compte du pluralisme juridique pour enrichir les sources du droit de l'environnement.

Il faut tout de même rappeler que jusqu'en 1991, le droit congolais de l'environnement était un droit de source fondamentalement législative. C'est en 1992 qu'il sera intégré dans la Constitution. En procédant ainsi, on a voulu consacrer l'importance de la prise en compte d'enjeux environnementaux tant au niveau local qu'au niveau national. Une sorte de régulation d'un système déséquilibré où le pouvoir accorde au législateur et à l'exécutif la possibilité d'imposer un système normatif unique en droit de l'environnement.

Désormais, la constitutionnalisation du droit congolais de l'environnement va devoir prendre en compte des préoccupations environnementales nées à la fois des obligations internationales, nationales et surtout de la demande sociale locale.

II – Les garanties constitutionnelles du droit de l'environnement

La constitutionnalisation du droit de l'environnement marque une reconnaissance de ce droit dans l'effectivité de sa protection

---

[123] Hervé Jiatsa Meli, *Les droits fondamentaux et le droit à l'environnement en Afrique*, Mémoire de Master en Droit International et Comparé de l'environnement, Université de Limoges 2006, p23

A – La reconnaissance du droit de l'environnement

Selon la hiérarchie des normes de Hans Kelsen, la Constitution est la source normative supérieure en droit national. Plusieurs Etats africains ont adopté cette philosophie juridique, et le Congo n'est pas en reste. Depuis le début des années 1990 un mouvement de constitutionnalisation du droit de l'environnement s'est créé en Afrique suite auquel de nombreux Etats ont consacré la protection de l'environnement comme un des principes fondamentaux garantis par la Constitution. On dénombre plus d'une quarantaine d'Etats africains (soit 46 sur 54) ayant inscrit dans leur Constitution le principe du « *droit à un environnement sain* ».

Inscrire l'environnement dans la Constitution est une grande avancée dans l'évolution juridique en Afrique : plusieurs juges africains ont déjà fait leur l'interprétation de la portée de cette notion (voir notamment l'affaire du peuple Ogoni contre Shell au Nigéria[124] ou encore l'affaire *Fuel Retailers Association v. Director* en Afrique du Sud[125]). Ainsi et de manière logique, lorsqu'on veut consacrer la « sacralité d'un droit », il fait l'objet d'une ou des dispositions constitutionnelles car la Constitution est le texte de base de l'organisation d'un Etat.

La constitution est l'expression de la souveraineté nationale. Elle implique les droits des peuples à disposer d'eux-mêmes. Le principe des droits des peuples à disposer d'eux-mêmes est parmi ceux appelés à dominer la formation des Etats occupant ainsi une place prépondérante. Il est conçu comme celui selon lequel chaque peuple dispose du choix libre et souverain de déterminer la forme de son régime ou son système politique. Ce principe est défini à l'article 1er du pacte des droits civils et politiques (du 16 décembre 1966) qui dispose : « tous les peuples ont le droit de disposer d'eux-mêmes. En vertu de ce droit, ils déterminent librement leur statut politique et assurent librement leur développement économique, social et culturel. » Qualifié de principe self détermination, le droit des peuples à disposer d'eux-mêmes trouve son application dans des aspirations d'un peuple qui peuvent se faire jour et produire des effets dont il faut tenir

---

[124] Affaire historique mettant en cause Shell. Le géant du pétrole est accusé d'être à l'origine d'une série d'effroyables violations des droits humains commises par le gouvernement nigérian contre le peuple ogoni.

[125] L'affaire examine la nature et la portée des obligations des autorités environnementales lorsqu'elles prennent des décisions qui peuvent avoir un effet préjudiciable important sur l'environnement. Il s'agit en particulier de l'interaction entre le développement social et économique et la protection de l'environnement.

compte dans l'intérêt de la paix intérieure et extérieure des nations[126]. Ce principe est donc un droit contre les atteintes à la souveraineté et contre les abus de celle-ci. Par rapport à ce droit, le peuple est appelé à se prononcer sur l'adoption d'une constitution et éventuellement même en cas de sa révision. Lorsque le projet de constitution est en harmonie avec ses aspirations, il est adopté. Par contre quand il ne reflète pas la volonté populaire, on n'est pas étonné de sa désapprobation. Les rédacteurs des constitutions doivent être plus proches du citoyen qu'ils représentent et dont la norme constitutionnelle à rédiger ne serait que la transposition de son vœu ultime. Cette exigence est capitale si l'on veut que la loi constitutionnelle soit réellement l'expression de la volonté générale[127].

D'autre part, il faut noter que la Constitution est l'expression de la supériorité de la volonté du peuple. Dans une démocratie, la volonté du peuple est la source du pouvoir. La constitution est l'expression la plus authentique de la souveraineté nationale. Cette qualité qui lui est reconnue s'explique d'abord par sa genèse (issue d'un référendum) et ensuite par son contenu (elle établit un ensemble des règles de base qui fait l'objet d'un large consensus dans le temps). La légitimité de la constitution réside dans la volonté nationale exprimée dans le cadre du suffrage universel. Cette volonté autrement appelée souveraineté, traduit l'identité du corps politique duquel émane la capacité à édicter les normes juridiques opposables à tous. Elle est conçue comme un pouvoir absolu, suprême et sans concurrent. Et c'est cette absence de concurrence qui rend légitime l'influence des normes constitutionnelles sur les dispositions des traités. Le souverain (le peuple) est l'entité qui détient la totalité de la puissance de l'Etat. C'est d'ailleurs par le biais de la hiérarchie des normes[128] qu'il détermine plus ou moins directement le contenu de toutes les normes juridiques de l'ordre interne. La constitution permet en effet de déterminer le contenu des normes de niveau inférieur. L'article 3 de la constitution congolaise désigne le titulaire de la souveraineté, organise son exercice et implique son caractère inaliénable : « *la souveraineté nationale appartient au peuple qui l'exerce au moyen du suffrage universel par ses représentants élus ou par voie de référendum. L'exercice de la souveraineté ne peut être l'œuvre ni d'un individu, ni d'une fraction du peuple.* »

---

[126] Blaise Freddy Nguimbi, Impact du droit international de l'environnement sur le droit national congolais, Université de Limoges - Master2 Droit international et comparé de l'environnement 2006, p15
[127] Article 6 de la déclaration des Droits de l'Homme et du Citoyen de 1789.
[128] Selon KELSEN, c'est la constitution qui fonde la validité de l'ensemble de l'ordre juridique et lui confère son unité. Cf H. KELSEN, Théorie générale du droit de l'Etat, Bruyant 1997(réédition)

L'inaliénabilité de la souveraineté nationale suppose le fait que cette souveraineté appartient au peuple, interdit à ses représentants de l'aliéner notamment en la transférant à des autorités étrangères ou à des organisations internationales. La place au sommet de la hiérarchie des normes résulte du fait que la constitution est créée par un pouvoir constituant originaire (le peuple). C'est un acte imposé par le pouvoir constituant à tous les organes de l'Etat et à la société. Elle relève donc de la logique "verticale "du pouvoir au même titre que les lois et les règlements. Cette logique s'oppose à celle horizontale des contrats et des traités (qui sont la forme des contrats particuliers entre personnes morales de droit international) qui mettent les cocontractants en positions juridiquement égales et doivent consentir aux droits et obligations résultant des actes qu'ils signent[129].

La prise en compte des questions environnementales dans les Constitutions congolaises est une initiative récente. Elle voit le voit le jour en 1992 avec la Constitution du 15 mars. On peut ainsi dire que cette prise en compte précède de quelques mois la Conférence des Nations Unies sur l'environnement et le développement qui s'est tenue à Rio du 3 au 14 juin 1992. Il est clair que le début des années 1990 est un tournant pour le droit de l'environnement. L'insertion de dispositions à vocation environnementale dans la Constitution marque une volonté manifeste d'accorder des garanties supplémentaires à la protection de l'environnement.

Pour l'Etat congolais, la constitutionnalisation de son droit de l'environnement répond à la nécessité de le garantir contre les atteintes de tout genre. Rappelons que la Constitution est la norme suprême d'un Etat. À cet effet, il est considéré que toute norme inférieure à la constitution et qui viole le droit à l'environnement devrait être invalidée. Ainsi, dans un Etat où le droit de l'environnement est constitutionnel, une loi contraire violerait la Constitution. Si d'aventure une telle tentative était faite, le juge constitutionnel serait tout simplement amené lors de son contrôle de constitutionnalité à ne pas laisser passer cette loi. Le juge actif ou judiciaire devrait être d'ailleurs aussi capable de sanctionner la violation de ce droit. L'insertion des préoccupations environnementales dans les constitutions vient confirmer l'accession du droit de l'environnement au rang prestigieux des droits fondamentaux. En effet, la conception positiviste du droit affirme que tout droit qui figure dans une convention internationale ou dans une constitution est un droit fondamental. Ainsi, on peut considérer que l'onde qui a fait vibrer la communauté

---

[129] Blaise Freddy Nguimbi, *Op,Cit*, p22

internationale en phase avec le droit à l'environnement s'est propagée avec force sur le plan national en Afrique[130].

B – L'effectivité constitutionnelle de la protection

La question de la protection de l'environnement prend une place croissante dans le débat public C'est la conséquence du fait que la protection de l'environnement, patrimoine commun des êtres humains, constitue un objectif de valeur constitutionnelle. Ainsi, consacrer un texte constitutionnel spécifique à l'environnement revient à rendre obligatoire et effectifs ses principes protection. Avec la constitutionnalisation du droit de l'environnement, l'objectif d'une protection effective se trouve renforcé.

La République du Congo a fait du droit de l'environnement un droit constitutionnel afin de lui garantir une effectivité dans son application. Cette consécration suppose l'application de sanctions en cas de violation. En effet, en tant que droit fondamental reconnu constitutionnellement, le droit à un environnement sain, satisfaisant et durable jouit, de garanties procédurales correspondantes aux droits de l'homme. La loi est faite pour être appliquée, et le défaut d'application d'une règle de droit conduit à des sanctions. La force d'une norme juridique réside dans sa capacité à sanctionner toute violation.
Par conséquent, les garanties constitutionnelles de ce droit entrainent des implications juridiques dans la conception même de la protection de l'environnement. Ces garanties trouvent leurs sources soit dans des normes protectrices de l'environnement, soit dans les obligations de l'Etat et des individus. En réalité, les garanties constitutionnelles du droit de l'environnement élargissent le cercle de responsabilités.

La référence à l'environnement est une obligation légale découlant de la constitution du 6 novembre 2015. Cette constitution prévoit des poursuites judiciaires en cas d'infraction aux lois ou de violation des textes en vigueur. En effet, la législation congolaise relative à l'environnement fixe les conditions dans lesquelles sont effectuées les poursuites judiciaires et détermine le tribunal compétent, la procédure et les sanctions. Sa particularité réside dans le fait

---

[130] Jiatsa Meli, *Op, Cit*, p26

qu'elle réserve le droit de poursuite (de l'auteur de l'infraction) à la seule administration en charge de l'environnement ou du secteur d'activité concerné[131].

Ainsi, la reconnaissance et la garantie constitutionnelles du droit fondamental à l'environnement amplifie la possibilité, pour l'Etat, d'assurer une meilleure protection de son environnement. Pour l'Etat, nous comprenons qu'il est tout à fait normal que les constitutions lui confèrent le devoir de veiller à ce que les hommes qui vivent en son sein bénéficient d'un environnement sain. C'est presque un devoir régalien de l'Etat. Ce qui constitue ici une véritable évolution positive est le fait de mettre à la charge des individus le devoir de contribuer à la création d'un environnement sain. Il faut aussi noter que la Constitution de 2015 notamment à son article 41 au nom du droit à la défense de l'environnement, stipule que « *tout citoyen a droit à un environnement sain, satisfaisant et durable et a le devoir de le défendre* ».

Le droit à un environnement sain entraîne avec soi le droit de le défendre devant les tribunaux. Il appartient donc à tout citoyen de le mettre en œuvre dès lors qu'il est amené à constater une atteinte à l'environnement en violation des textes en vigueur au Congo. Dans le cadre de l'étude d'impact, par exemple, le juge peut être appelé à examiner sa légalité notamment à l'occasion des recours contre les actes administratifs soumis à étude d'impact[132]. Dans ce contexte, il apprécie la régularité de cette étude en se plaçant au niveau de sa présentation formelle ou au niveau de son contenu. S'agissant d'une pièce du dossier constituant une formalité substantielle, toute erreur ou illégalité affectant l'étude d'impact, constitue un vice de procédure qui entraîne l'annulation de l'acte attaqué[133].

---

[131] Blaise Freddy Nguimbi, « *Impact du droit international de l'environnement sur le droit national congolais* », Université de Limoges – Master 2 Droit international et comparé de l'environnement 2006, p16
[132] Serge Hebrard, « Les études d'impact sur l'environnement et le juge administratif », *RJE*, 1981.2, p.129
[133] Carel Makita Kongo, *Op,cit*, p7

Titre II : Domaines d'intervention du droit congolais de l'environnement

Le droit de l'environnement constitue l'un des instruments essentiels de mise en œuvre des politiques publiques nationales environnementales dans la perspective du développement durable. Il inclut les règles visant à encadrer les comportements humains pour une meilleure protection de l'environnement ainsi que les institutions chargées de leur mise en œuvre. Au Congo, ce droit s'applique dans des domaines comme les eaux, les établissements humains, la faune et la flore, l'air et l'atmosphère, les sols. Le but est de lutter contre la pollution dans les domaines ci-dessus mentionnés.

I – La protection des eaux

Elle appelle la protection des eaux fluviales et maritimes.

A – Le réseau fluvial

Le pays est longé au Sud par le fleuve Congo (fleuve) qui d'ailleurs marque sa frontière Sud avec la République démocratique du Congo. Le Congo possède un vaste réseau de cours d'eau, qui constitue la cuvette congolaise. Le pays compte une dizaine de grandes rivières et deux grands fleuves (le Congo et le Kouilou-Niari), une trentaine de cours d'eau d'importance appréciable et de nombreux petits cours d'eau secondaires.

Le réseau hydrographique du Congo s'organise autour du fleuve Congo, long d'environ 4 700 km avec un débit moyen annuel de 41 000 m3/s, ses affluents dont les principaux sont l'Oubangui (1 060 km avec un débit de 11 000 m3/s à Bangui), la Sangha (790 km ; 1 714 m3/s à Ouesso), la Likouala-Mossaka, le Kasaï (2 153 km ; 9 873 m3/s) et le lac Tanganyika considéré comme le deuxième plus profond et plus important lac en volume d'eau douce du monde.

Le Congo possède donc un réseau hydrographique dense. Il s'articule autour de deux bassins fluviaux principaux : le bassin du fleuve Congo et celui du Kouilou A côté des eaux fluviales, il y a les eaux maritimes avec l'Océan Atlantique du côté de la deuxième ville du pays qui est Pointe-Noire. La façade maritime du Congo, ouverte sur l'océan Atlantique, est longue de 170 km. Elle est constituée d'une succession de baies ombragées et de lagunes bordées de mangrove. Les baies de Pointe-Noire et de Pointe-Indienne forment un cadre grandiose. La région à proximité de Pointe-Noire, nommée "côte sauvage', propose quelques belles plages et offre des possibilités de pêche.

On peut donc dire que la République du Congo dispose d'abondantes ressources en eau. Avec un potentiel de 88.196 m3 par an et par habitant, le pays est classé parmi les pays dits à "ressources en eau pléthoriques". Les ressources en eau sont constituées des eaux de surface et des eaux souterraines.

Les eaux de surface sont essentiellement drainées par le bassin du Congo et le bassin du Kouilou-Niari. Le bassin du Congo couvre une superficie de 230 000 km2 sur le territoire national et a pour principal collecteur le fleuve Congo, deuxième fleuve du monde par son débit après l'Amazonie. Ce bassin comprend notamment comme sous-bassins, ceux de la Sangha, de la Likouala Mossaka, de l'Alima et de la Nkéni. Le bassin du Kouilou-Niari couvre une superficie de 56 000 km2 et a pour principal collecteur le fleuve Kouilou. Ce bassin comprend notamment comme sous-bassins, ceux de la Louessé et de la Bouenza. A ces deux bassins principaux, il convient d'ajouter les bassins côtiers de la Nyanga et de la Loémé.

S'agissant des eaux souterraines, elles sont constituées de quatre ensembles aquifères : les aquifères de bassin sédimentaire côtier (6 000 km2), les aquifères du bassin sédimentaire du fleuve Congo (224 000 km2), les aquifères des séries du sédimentaire ancien (68 000 km2) et les aquifères des roches cristallines et cristallophylliennes (44 000 km2).

En dépit de ses ressources en eau abondantes, le potentiel du pays n'est exploité qu'à hauteur de 13 %. Alors que seulement 60 % de l'Afrique subsaharienne est alimentée en eau potable en 2008, la République du Congo se situe en dessous de cette moyenne, avec 47 % d'accès à l'eau potable estimé en 2005 en zone urbaine et 16 % en 2010 en zone rurale. Le pays est confronté à une faiblesse de la capacité de production, à la vétusté et au faible entretien des installations de production et de distribution[134].

Afin de protéger les eaux fluviales, le droit congolais de l'environnement a prévu, à travers la Loi No.003/91 du 23 Avril 1991 sur la protection de l'Environnement, les infractions et leurs sanctions. Ainsi, les articles 28 à 33 de cette loi sont consacrés à la protection des eaux.

L'article 28 dispose : les déversements, écoulements, rejets, dépôts directs ou indirects de toute substance solide, gazeuse et liquide susceptibles de dégrader la qualité des eaux relevant de la juridiction congolaise sont interdits.

---

[134]https://www.lexology.com/library/detail.aspx?g=81c6a1cb-529e-490b-90b2-b55c3daee832, consulté le 2 décembre 2020

Cependant, Les dispositions de l'article 28 ne s'appliquent pas au rejet d'hydrocarbures ou de mélange d'hydrocarbures effectué par un navire pour assurer sa propre sécurité ou celle d'un autre navire, pour éviter une avarie à la cargaison, ou sauver des vies humaines en danger (article 28). Le rejet visé à l'alinéa ci-dessus est soumis à autorisation préalable de l'Autorité Maritime ou fluviale.

Nonobstant l'autorisation ci-dessus, le propriétaire du navire a l'obligation de réparer les dommages causés à l'Environnement et est également tenu d'en payer les dommages et intérêts.

L'article 30, quant à elle, pose l'exception aux principes énoncés par les articles 28 et 29. Il prévoit que les Ministres Chargés respectivement de l'Environnement et de la Marine Marchande peuvent par arrêté conjoint autoriser des déversements, immersions ou incinérations en mer de substances non visées ou interdites par la présente loi dans les conditions telles que ces opérations ne portent pas atteinte au milieu aquatique, à ses ressources, à ses utilisations et ses utilisateurs.

L'article 32 interdit l'''usage de produits toxiques et d'explosifs dans les eaux sous juridiction congolaise est interdit, et l'article 33 poursuit en stipulant que toute personne imputable d'un acte de pollution de l'eau doit payer les dommages qui en résultent.

En avril 2003, le Congo s'est doté un outil majeur : le code de l'eau qui à son article premier dispose : « dans le cadre du présent code, les termes suivants sont définis ainsi qu'il suit :

- adduction : transport d'eau au moyen de canalisation depuis le point de captage jusqu'à la zone de desserte et de distribution;
- auto-producteur: personne physique ou morale, autre que l'exploitant du service public de l'eau, qui assure la production d'eau à des fins personnelles;
- Captage: prélèvement d'eau superficielle ou souterraine en vue d'un usage déterminé;
- Conseil consultatif de Peau : organe consultatif visé à l'article 5;
- Exploitant: administration de l'Etat chargée d'assurer tout ou partie de la gestion du service public de l'eau ou personne à laquelle l'Etat a délégué cette mission ;
- organe de régulation : organe de régulation visé à l'article 55 ;

- service public de l'eau: service public du captage, du traitement et de l'adduction d'eau potable sur le territoire de la République;
- Traitement de l'eau: opération visant à rendre l'eau captée' adaptée à l'usage auquel elle est destinée;
- servitudes: charges imposées à une propriété de l'Etat

Cet article a le mérite de mettre en place un service public de l'eau chargé de l'organisation de la distribution de l'eau potable et de la collecte et du traitement des eaux usées et pluviales et maritimes. Concrètement, ce service est chargé de :

- d'acheminer l'eau potable jusque dans les foyers.
- De collecter les eaux usées et les eaux pluviales.
- De traiter ces eaux collectées avant de les restituer à leur environnement naturel.
- De gérer les relations avec les consommateurs : informations, gestion des demandes, facturation.

Au titre de son article 2, le Code de l'eau « *a pour objet la mise en œuvre d'une politique nationale de l'eau visant à : assurer une utilisation rationnelle de la ressource en eau afin de répondre aux besoins en eau des usagers sur l'ensemble du territoire de la République dans des conditions de quantité et de prix satisfaisants ; de prévenir les effets nuisibles de l'eau ; de lutter contre la pollution de l'eau* ». Le Code de l'eau couvre donc principalement les régimes juridiques de l'eau potable en milieux urbain et rural et de l'eau comme facteur de risque.

A travers la notion de police de l'eau, le Code de l'eau couvre également les autres usages de l'eau, mais par simple renvoi à la réglementation. Ainsi, la réglementation relative à la navigation sur les eaux est élaborée par le ministère en charge de l'eau de concert avec les ministères chargés des transports et de l'aménagement du territoire ; la réglementation relative à l'utilisation de l'eau à des fins agricoles et pour l'abreuvement du cheptel est élaborée par le ministère en charge de l'eau de concert avec les ministères chargés de l'agriculture et de l'élevage, ainsi que de l'aménagement du territoire ; celle relative à la conservation des eaux pour le développement des ressources halieutiques est élaborée par le ministère en charge de l'eau de concert avec les ministères chargé de la pêche et de l'aménagement du territoire ; et la réglementation relative à l'utilisation de l'eau à des fins énergétiques l'est par le ministère en charge de l'eau de concert avec les ministères chargés de l'électricité et de l'aménagement du territoire[135].

Par ailleurs, le code de l'eau prévoit un organe consultatif dénommé « Conseil consultatif de l'eau », chargé de veiller à la gestion globale, intégrée et concertée des ressources en eau. Le Conseil consultatif de l'eau est placé sous la responsabilité du ministre chargé de l'eau. Il est composé de représentants des principales catégories d'acteurs du secteur[136]. Cet organe est consulté sur les grandes orientations de la politique de l'eau, sur les projets d'aménagement et de répartition des eaux ayant un caractère national ou régional, ainsi que sur l'élaboration de la législation ou de réglementation en matière d'eau.

B – Le réseau maritime

Le littoral congolais a une longueur d'environ 170 Km. Les deux seules baies abritées sont celles de Loango et de Pointe Noire où se concentrent les activités de la pêche artisanale.

Le plateau continental a une largeur moyenne de 60Km, couvrant ainsi une surface, déduction faite de la zone réservée aux activités d'extraction pétrolière (environ 1400km²), de l'ordre de 9300km². Jusqu'à 20 milles au large, la zone côtière se caractérise par une alternance de fonds meubles et de fonds durs exploités simultanément par la pêche artisanale et la pêche industrielle. Le plateau continental se prolonge par un talus de près de 120 Km de long, et d'environ 3 100 km² de superficie, dans une zone comprise dans l'intervalle de 200 à 1 000 m de profondeur[137].

Les eaux côtières et extracôtières de la République du Congo représentent une zone de transition importante entre les eaux plus chaudes et turbides du golfe de la Guinée et les eaux plus fraîches de l'Afrique australe, faisant de cette zone l'une des plus productives pour la pêche dans le monde. Les tortues de mer dépendent fortement des plages du pays pour se reproduire, et de nombreux cétacés y trouvent leur habitat naturel dans ses eaux côtières (dont les baleines à bosse pendant leur saison de migration et reproduction, une grande de cachalots et de dauphins à bosse de l'Atlantique en danger critique d'extinction). La Zone

---

[135], https://www.lexology.com/library/detail.aspx?g=81c6a1cb-529e-490b-90b2-b55c3daee832, Emery Mukendi Wafwana, La législation sur l'eau en République du Congo, consulté le 25 décembre 2020
[136] Article 5
[137] http://www.fao.org/3/v5997f/v5997f02.htm, consulté le 1er janvier 2021

Economique Exclusive du Congo (ZEE) contribue de manière significative à la sécurité alimentaire et à l'atténuation de la pauvreté des communautés côtières très dépendantes de la pêche, mais cette zone est très vulnérable à l'exploitation illégale, Non déclarée et Non réglementée (INN).

En effet, L'écosystème marin au Congo présente des signes de dégradation de plus en plus marqués, affectant la pêche. L'exploitation insuffisamment contrôlée des ressources pétrolières est la principale source de pollution, en particulier dans les zones adjacentes à Pointe-Noire (Fouta, Djéno, Mvassa, Loya). Ces pollutions ont des origines variées, dont : les décharges de la raffinerie et du terminal de Djeno; les fuites du pipeline de la raffinerie de pétrole; les boues de forages situées dans les 10 milles marins rejetées à la côte et pouvant contenir des émulsions d'huiles; l'absence de bacs de décantation; et, plus au large, le déballastage des pétroliers

Pour résoudre ce problème, WCS Congo, le Gouvernement de la République du Congo et des autres organisations partenaires, ont lancé un vaste programme de conservation du milieu marin qui vise le renforcement et le développement des Aires Marines Protégées (AMP) ainsi que l'amélioration de la gestion des ressources marines.

Par ailleurs, il peut être constaté que les eaux territoriales congolaises sont sérieusement menacées par la pollution multiforme mais surtout par la pollution résultant de l'exploitation pétrolière. Si la question de la sauvegarde de l'environnement marin est une nécessité naturelle, le problème de la lutte antipollution n'a été posé qu'à une date récente dans les pays industrialisés. Les pays en développement côtiers, longtemps non concernés par la protection de l'environnement marin, commencent, depuis quelques années, à s'intéresser à la défense de l'environnement.

Le Congo est menacé par différents types de pollution dans ses eaux marines surtout au Sud du Département du Kouilou.

Il s'agit de : la pollution par immersion de déchets dans les eaux marines, la pollution par les navires, la pollution d'origine tellurique, la pollution résultant de l'exploitation pétrolière dans les eaux.

Cependant, il faut souligner l'absence de réglementation sur la protection du milieu marin et la lutte contre la pollution marine dans la région du Kouilou. Face à cette pollution très préoccupante et très inquiétante pour les populations riveraines, et surtout pour les pêcheurs artisans qui sont obligés d'aller pêcher plus loin, les pouvoirs publics congolais adoptent une position plus attentiste qu'activiste. Ils assistent comme de simples « spectateurs » à la dégradation du milieu marin sans établir une réglementation efficace complète et véritablement contraignante à l'égard des pollueurs.

Il est inadmissible que la mer qui est un immense réservoir de ressources biologiques, continue d'être considérée à la fois comme la poubelle de l'humanité et son garde-manger.

L'ordonnance n° 22-70 du 14 juillet 1970, le seul texte sur la pollution des eaux de la mer par les hydrocarbures, ne consacre qu'un seul article en la matière. C'est l'article 3 qui prévoit que « tout capitaine d'un bâtiment congolais est tenu de se soumettre aux dispositions de la Convention Internationale de Londres de 1954 pour la prévention de la pollution des eaux de la mer par les hydrocarbures... »

À priori, d'aucuns diront que le fait que l'ordonnance de 1970 ne prévoit qu'un seul article sur les 43 articles qu'elle compte, dénote la non-préoccupation par l'État congolais des problèmes de pollution par les hydrocarbures dans la région côtière. Contrairement à cette conception, les dirigeants politiques, qui sont les vrais décideurs du point de vue de l'élaboration des textes, ont porté plus leur choix sur les revenus pétroliers, provenant de l'exploitation pétrolière faite par les sociétés privées étrangères, que sur la protection des eaux marines[138].

II – La protection des établissements humains

Elle vise la protection de l'environnement face à une urbanisation sans cesse croissante et qui produit des effets sur le cadre de vie.

A – La protection de l'environnement face à une urbanisation sans cesse croissante

Un établissement humain, une installation humaine, une localité, un peuplement humain, ou encore une zone peuplée est une entité territoriale de taille indéterminée ou non, incluant au moins un site d'habitation permanent ou temporaire d'une communauté. Selon le Programme des Nations Unies pour le

---

[138] Justin DANDILA, Lutte contre la pollution des eaux marines relevant de la juridiction congolaise, CESBC, Url : https://www.cesbc.org/developpement_durable/textes/Luttecontrelapollutiondeseauxmarines.pdf, consulté le 1er janvier 2021

Développement (PNUD), les établissements humains sont un facteur essentiel du développement durable.

L'urbanisation est l'une des tendances démographiques marquantes de notre temps : plus de la moitié de la population mondiale vit aujourd'hui en ville ou en zone urbaine, et on prévoit que la plus grande part de la croissance démographique urbaine d'ici à 2050 se produira dans des villes à faible revenu. Le Rapport GEM[139] examine l'influence des villes et de l'urbanisation sur l'éducation, et le poids de l'éducation dans les questions urbaines. Selon les experts, les choix que nous prenons en matière d'urbanisation jouent un rôle clé dans la durabilité de l'environnement. L'ONU estime que la population humaine augmentera de 2 à 9 milliards au cours des 38 ans à venir, et que les centres urbains absorberont la plupart de cette augmentation. Autrement dit, on s'attend à une augmentation d'un million de personnes par semaine en moyenne d'ici 2050. Les villes ressentiront une pression de plus en plus forte et les habitants des zones rurales (un milliard de personnes, d'après les prévisions) déménageront vers les villes. Les données indiquent que la population urbaine augmentera de 6,3 milliards en 2050, soit une augmentation de 2,8 milliards par rapport aux estimations actuelles.

Le Docteur Michail Fragkias de l'Université d'État de l'Arizona aux États-Unis explique qu'il est important de déterminer comment (et non s'il faut) urbaniser. Mais il fait remarquer que le modèle actuel de développement urbain met l'humanité en grand danger, notamment en raison de problèmes environnementaux[140].

Jacques Véron, quant à lui, estime que le monde s'urbanise. Il devient urbain. En 1950, un peu moins de 30 % des habitants de la planète vivaient dans des villes ; aujourd'hui c'est le cas d'un habitant sur deux et, selon les Nations Unies, les citadins représenteront plus de 70 % de la population mondiale en 2050. La "question urbaine" devient donc centrale pour toutes les sociétés, du nord comme du sud, et la relation entre population, urbanisation et développement prend une importance grandissante….

Il a été souvent avancé, à propos des pays en développement, que la croissance urbaine est d'autant plus rapide que la croissance démographique elle-même l'est. On peut, en réalité, lier urbanisation et croissance démographique de trois

---

[139] Rapport GEM 2020 - Inclusion et éducation, UNESCO - Le Rapport mondial de suivi sur l'éducation
[140] Rédaction Notre planète-info, La croissance démographique et l'urbanisation mettent les villes sous pression, 31mars 2012

manières différentes. On peut, en premier lieu, voir dans la croissance urbaine une conséquence inéluctable de la croissance démographique et expliquer la forte urbanisation des pays du sud par leurs rythmes de croissance démographique élevés. On peut, en deuxième lieu, voir dans une forte croissance urbaine une conséquence d'un faible niveau d'urbanisation, un rattrapage s'opérant alors. On peut, en troisième lieu, renverser le sens de la relation et chercher à expliquer la croissance démographique rapide par le niveau d'urbanisation, un pays dans lequel la part des citadins est réduite étant aussi un pays peu avancé dans la transition de sa fécondité. Une analyse menée sur des données des Nations Unies, par régions du monde, pour la période 2000-2005, fait apparaître un coefficient de détermination supérieur à 0,82 entre croissance urbaine et croissance démographique, ce qui accrédite largement l'hypothèse d'une intense urbanisation conséquence d'une croissance rapide de la population[141].

Le Congo n'échappe pas à cette réalité. Sa population est inégalement répartie. Pour des raisons évidentes, les deux grandes qui sont Brazzaville et Pointe-Noire connaissent une augmentation significative de leur population, avec l'exode rural notamment. La croissance démographique pose des sérieux problèmes aux établissements humains à travers l'urbanisation. Le PNUD estime qu'hormis ses implications sociologiques et sur la santé, l'urbanisation présente des impacts environnementaux particuliers : elle transforme des étendues de terrains naturels en surfaces imperméables qui augmentent la vitesse des flux d'eau, charriant des matériaux polluants vers les cours d'eau récepteurs, donnant lieu à une dégradation de la qualité de l'eau et à des problèmes de pollution locale.

Ainsi, le droit de chaque individu à disposer d'un logement décent reconnu en 1948 dans la Déclaration Universelle des Droits de l'Homme se trouve mis à mal. L'expérience à maintes fois montre que la mise en pratique de ce droit est difficile et nécessite des efforts continus de la part des gouvernements, des administrations régionales et locales, des industries de la construction et des matériaux de construction, du monde financier, sans oublier tous ceux qui ont besoin d'un abri, d'un abri adapte à l'homme, dans un milieu offrant de réelles possibilités économiques, sociales, culturelles et de loisir. Ce milieu doit, en outre, être en équilibre avec les ressources naturelles de cette planète[142].

---

[141] Jacques Véron, « Enjeux économiques, sociaux et environnementaux de l'urbanisation du monde », in *Mondes en développement* 2008/2 (n° 142), pages 39 à 52
[142] "United Nations. Economic Commission for Africa; Nations Unies. Commission Economique pour l'Afrique; Nations Unies. Commission Economique pour l'Afrique. Etablissements humains en Afrique : le rôle de l'habitat. Addis Abeba, 2015

En droit congolais, sont désignés comme établissements humains, toutes les agglomérations urbaines et rurales, quelle que soit leur taille ainsi que l'ensemble des infrastructures dont elles disposent pour assurer l'existence des habitants. Ainsi, pour assurer la protection de ces établissements, l'article 4 de la Loi No.003/91 du 23 Avril 1991 sur la protection de l'Environnement dispose : toute habitation, tout établissement administratif, artisanal, commercial et industriel doit être pourvu de lieux d'aisance salubres et convenables.

Lorsqu'une construction ou un arbre constitue un danger public, l'Administration doit procéder ou faire procéder à sa démolition ou à son abattage.

En outre, il est interdit de déverser directement ou indirectement dans les caniveaux et les égouts, les déchets de toute nature et dans le même sens, tout propriétaire ou habitant d'un logement est tenu de mettre en état de propreté les lieux, la devanture, la concession ou la clôture dont il a la charge[143].

B – Les effets de l'urbanisation sur la cadre de vie

Selon les données de l'ONU (1996), c'est juste après le passage au troisième millénaire que la ville impose sa suprématie démographique sur la planète : 47, 4% de personnes au monde étaient en effet des urbains en 2000 et ce pourcentage doit passer à 57,6 en 2015. L'urbain généralisé est une tendance qui s'observe à l'échelle planétaire, même si la ruralisation des villes par le flot des émigrés des campagnes peut marquer temporairement certains quartiers, anciens et nouveaux. A cet effet, l'urbanisation ne peut donc plus seulement être pensée par le seul concept d'« agglomération », apparu au XIX ^{e} siècle et mesuré avant tout par la densité du bâti. Cette urbanisation du monde, par ce franchissement associé d'une moyenne et d'un nouveau millénaire, attire l'attention non seulement sur les profonds changements des modes de vie et des paysages, mais aussi sur les effets que de telles concentrations d'humains vont nécessairement entraîner dans les modifications environnementales à l'échelle planétaire[144].

Les rapports unissant le droit de la construction et celui de l'urbanisme peuvent faire l'objet d'analyses diverses. L'approche parfois retenue a été de faire du droit de l'urbanisme une partie d'un droit de la construction beaucoup plus large puisqu'englobant aussi les règles relatives à l'édification des constructions. Les ouvrages traitant de la réglementation applicable au sol et de celle encadrant la réalisation des bâtiments sont d'ailleurs intitulés « droit de la construction »

---

[143] Articles 4 à 7

[144] Daniel Pinson, *Environnement et urbanisation*, L'Harmattan 2004, p. 32-51

alors que ceux abordant la seule réglementation du sol portent le titre de « droit de l'urbanisme. Cette conception repose sur l'évidence qu'il ne saurait y avoir mise en œuvre d'une construction sans existence et délimitation préalable d'un droit de construire sur le sol. Elle est ainsi parfaitement logique. Toutefois, une autre analyse est possible. Le droit de l'urbanisme et celui de la construction peuvent être considérés comme deux entités distinctes mais reliées par leur domaine d'application[145].

Au Congo, pays dont la croissance urbaine est remarquable, la question de l'urbanisation devient un phénomène d'une ampleur significative avec des implications négatives sur la mise en place d'une structure urbaine bien hiérarchisée et équilibrée. Le problème le plus apparent est l'habitat où une grande fraction de la population urbaine vit à la périphérie des villes, sur des terrains marécageux ou glissants, insalubres et sans équipements, dans des constructions improvisées. A cet effet, nous postulons qu'il est indéniable que cette croissance urbaine du fait qu'elle est essentiellement alimentée par l'immigration d'origine rurale, a favorisé l'expansion spatiale des villes c'est à dire l'arrivée massive de ces migrants repousse sans relâche les limites de la ville car, ces nouveaux résidents après un séjour variable, sont animés par leur tour par le désir légitime, de devenir propriétaire[146]. L'aménagement urbain et la gestion de l'offre et de la demande au sein de l'espace urbain est une question qui comporte en elle la protection des établissements humains avec un accent particulier sur les effets de cette urbanisation dans le cadre du niveau de vie de la population congolaise dans son ensemble.

En réalité, la maîtrise de la croissance urbaine jugée trop rapide est l'un des axes de la politique d'aménagement du territoire. Bien que l'urbanisation soit récente, le niveau de croissance dans la période post conflit 1999-2010 place le Congo dans le groupe de tête des pays africains francophones classés selon leur degré d'urbanisation (rapport UNFPA 20061[147]).
La croissance urbaine au Congo devient aujourd'hui un phénomène d'une ampleur significative avec des implications négatives sur la mise en place d'une structure urbaine bien hiérarchisée et équilibrée. Cet attrait exercé par les villes

---

[145] Jean-Bernard Auby, Rozen Noguellou, Hugues Périnet-Marquet, *Droit de l'urbanisme et de la construction*, 12ème Edition, LGJD, 2020, p4
[146] Jovial Koua Oba, *Modèles, tendances et conséquences de l'urbanisation au Congo-Brazzaville*, UERPOD 2017, p1
[147] Cette source indique 62% de la population du Congo se concentre entre Brazzaville et Pointe -noire

sur les ruraux a accru le chômage urbain et la mise en place d'un nouvel ensemble de relations qui font des villes des lieux où s'entremêlent les traditions et le modernisme. Conçues pour abriter une population relativement déterminée et sur des sites appropriés, ces villes offrent un nouveau visage et doivent faire face à de grand changement en matière d'occupation des sols. En effet, l'extension non maîtrisée des quartiers et des villes ne s'accompagne pas d'une augmentation de la capacité de production et de prestations de services de l'Etat. Au Congo, le déséquilibre entre les villes et les compagnes a atteint un niveau tel que le défi que les pouvoirs publics tentent de relever à travers quelques projets de développement rural est celui de rompe l'isolement physique et psychologique des ruraux et de revaloriser leurs conditions d'exigence et de reproduction tout en contribuant à réaménager l'espace national Le constat montre qu'au Congo les mouvements migratoires de la population vers la ville conservent une forte ampleur. L'exode rural qui préoccupe tant les pouvoirs publics, concerne des départements entiers et met en péril à moyen terme l'avenir économique de ces départements[148].

Ainsi, les droits individuels face aux politiques de population nécessitent une protection par le droit de l'environnement. L'urgence d'agir place ainsi l'intérêt collectif au détriment des droits individuels. Il est ainsi un devoir majeur pour l'Etat d'assurer la maîtrise de l'urbanisation et de l'explosion démographique pour assurer le bienêtre de ses populations. Pour ce faire, des textes ont été pris de façon à protéger l'environnement contre l'urbanisation et la démographie. Ainsi, en mars 2019, a vu le jour un nouveau code de l'urbanisme et de la construction destiné combler le vide juridique qui existait en la matière depuis près d'une trentaine d'années.

Adoptée par les deux chambres du parlement, la loi n°6-2019 du 5 mars 2019, portant code de l'urbanisme et de la construction vise, entre autres, à réguler un secteur en proie souvent à l'anarchie. Décrivant les règles générales de l'urbanisme et de la construction au Congo, cette loi composée de deux cent cinquante-neuf (259) articles régule le mode de vie au niveau de ce secteur.
En effet, le code est subdivisé en deux parties. La première est consacrée à l'urbanisme et la seconde à la construction.
S'agissant des règles générales d'urbanisme, le texte prévient que tous les aménagements, toutes les constructions et installations doivent être localisés en fonction des orientations générales contenues dans le schéma directeur de

---

[148] Jovial Koua Oba, *Op, Cit*, p15

l'urbanisme, le plan local d'urbanisme, le plan sommaire ainsi que le plan d'urbanisme de secteur.

Pour ce qui est des constructions, la loi interdit, sauf prescriptions spéciales : les constructions dans les zones exposées à des risques naturels possibles tels que l'inondation, l'érosion, l'éboulement, l'affaissement, les sables mouvants ou autres. Il est également prohibé les constructions dans les zones et les emprises soumises à des servitudes sur lesquelles il est interdit de bâtir, y compris les carrières de pierre et de sable ; les constructions dans les aires protégées, les zones de mise en défens, ainsi que les sites abritant le patrimoine archéologique[149].

III – La protection de la faune et la flore

Elle est, à la fois, un objectif de développement durable et une réponse à la déforestation.

A – Un objectif de développement durable

La faune correspond à l'ensemble des espèces animales vivant dans un même espace géographique à une période donnée. Initialement, toutes sortes d'animaux, d'oiseaux et d'insectes entrent dans la catégorie de la faune. En général, la notion ne comprend pas l'homme, bien que d'une certaine façon l'on puisse le considérer comme faisant partie du règne animal, en ce qu'il est classé physiologiquement comme un mammifère, notamment par Darwin.

La flore, quant à elle, désigne l'ensemble des espèces végétales présentes dans un espace géographique ou un écosystème déterminé (par opposition à la faune). Par extension de sens par analogie, le terme « flore » ou « microflore » désigne aussi l'ensemble des micro-organismes présents en un lieu donné. On parle de flore intestinale ou de flore cutanée pour les bactéries présentes dans l'intestin ou à la surface de la peau, par exemple. Le terme de flore est scientifiquement incorrect et fait référence à l'époque où les bactéries étaient classées dans le règne végétal. La communauté scientifique l'a ainsi rebaptisé microbiote qui

---

[149] https://fr.allafrica.com/stories/201905030319.html, consulter le 2 janvier 2021

évoque, sémantiquement, davantage des micro-organismes vivants (grec bios, « vie ») qu'un monde végétal suggéré par le mot flore[150].

La faune et la flore représentent la biodiversité qui désigne la variété des formes de vie sur la Terre. Ce terme est composé du préfixe bio (du grec βίος « vie ») et du mot « diversité ». Elle s'apprécie en considérant la diversité des écosystèmes, des espèces et des gènes dans l'espace et dans le temps, ainsi que les interactions au sein de ces niveaux d'organisation et entre eux. Lorsque la science cherche à évaluer la biodiversité d'un lieu particulier, les différents éléments des listes d'espèces, écosystèmes ou gènes sont pondérés en fonction de leur rareté.

Depuis le sommet de la Terre de Rio de Janeiro en 1992, la préservation de la biodiversité est considérée comme un des enjeux essentiels du développement durable. L'adoption de la Convention sur la diversité biologique (CDB) au cours de ce sommet engage les pays signataires à protéger et restaurer la diversité du vivant[151].

La protection de la faune et de la flore intègre le point 15 des Objectifs de Développement Durable (ODD) ayant pour ambition de répondre aux défis actuels en construisant un monde plus juste et durable. L'objectif n°15 est la protection de la faune et de la flore terrestres. En effet, la vie humaine dépend largement de la préservation de la biodiversité terrestre. L'activité humaine et les changements climatiques menacent pourtant son équilibre. Les forêts recouvrent environ 1/3 des terres émergées, soit 4 milliards d'hectares. Elles abritent 80% de toutes les espèces terrestres d'animaux, de plantes et d'insectes. Elles sont cruciales dans la lutte contre le changement climatique et représentent une source d'air majeure. En effet, les forêts en formation produisent un surplus d'oxygène important. De plus, environ 1,6 milliards de personnes dépendent des forêts pour assurer leur subsistance.

Les végétaux fournissent 80% de notre alimentation. Pourtant, depuis le début du siècle, 75% de la diversité génétique des plantes cultivées a été perdue. Nous dépendons donc d'un nombre de variétés végétales de plus en plus restreint. Cela résulte principalement du remplacement des variétés traditionnelles par des variétés commerciales uniformes. Chaque année, 13 millions d'hectares de forêts disparaissent, soit 15 millions de terrains de foot. De plus, 1/5 de la forêt amazonienne a déjà disparu et 40 à 55 % de sa superficie va disparaître d'ici 2050 d'après WWF.

---

[150] Giulia Enders, « Le charme discret de l'intestin : tout sur un organe mal-aimé », *Actes Sud*, 2015, p. 87
[151] La Convention sur la diversité biologique

Dans le but de renforcer la protection de son environnement, le Congo a adopté en 2008 une loi sur la faune et les aires protégées. Celle-ci réglemente les activités cynégétiques et vise à promouvoir le tourisme de vision et l'éco-tourisme. Ainsi, après avoir abritée sur son sol, du 27 au 30 octobre 2008, le sixième Forum mondial sur le Développement Durable, la République du Congo a perçu les enjeux de la conservation et s'est résolu à abroger la loi n° 48/83 du 21 avril 1983 définissant les Conditions de Conservation et d'Exploitation de la Faune Sauvage en République du Congo en promulguant la loi n° 37-2008 du 28 novembre 2008 sur la Faune et les Aires Protégées. Par cet acte, elle a compris la sagesse de Pythagore de SAMOS qui émet cette réflexion : « *Tant que l'Homme détruira sauvagement des êtres vivants inférieurs, il ne connaîtra ni prospérité, ni paix. Tant que les hommes massacreront les animaux, ils se tueront les uns les autres* ».

Ce document reprend les grands principes de la loi n° 48/83 du 21 avril 1983 et les dispositions notamment pénales qui sont directement applicables. S'il est important de noter qu'il a fallu environ trois décennies pour que la loi n° 48/83 du 21 avril 1983 définissant les Conditions de Conservation et d'Exploitation de la Faune Sauvage en République du Congo soit abrogée par la loi n° 37-2008 du 28 novembre 2008 sur la Faune et les Aires Protégées, il est tout aussi intéressant de savoir que cette dernière n'a pas encore de décret d'application.
C'est donc ici l'occasion de souligner qu'en attendant les textes d'application de la nouvelle loi, les textes réglementaires pris par application de la loi n° 48 précitée notamment: l'arrêté n° 3863 du 18 mai 1984 déterminant les animaux intégralement et partiellement protégés ; l'arrêté n° 32/82 du 18 novembre 1991 portant protection absolue de l'éléphant et l'acte 114/91 de la Conférence Nationale Souveraine portant interdiction de l'abattage des éléphants en République du Congo, continueront à s'appliquer jusqu'à la mise en place des textes de même nature.

B – Une réponse à la déforestation

La désertification résulte de la déforestation, des changements climatiques et de l'érosion des sols. Elle a pour conséquence la dégradation des conditions de vie (famines, maladies, difficultés d'accès à l'eau…), la destruction des écosystèmes et de la biodiversité mais aussi la détérioration des terres arables, qui deviennent inexploitables. Selon un rapport du Fonds International pour le Développement Agricole (IFAD), la désertification menace près de 40% des terres dans le monde, soit 5,2 milliards d'hectares. Les espèces animales terrestres sont également menacées. En effet, parmi toutes les espèces d'animaux connues, 8% sont déjà éteintes et près de 22% risquent de l'être dans un avenir proche. Par exemple, la population d'éléphants en Afrique était estimée à 1,3 millions en 1970 ; aujourd'hui, on en compte 350 000[152]. Les écosystèmes se trouvent donc menacés.

Devant la gravité de la situation, des règles internationales relatives à la protection de la faune et de la flore ont été érigées. Le droit de l'environnement protège les animaux et les végétaux. A ce titre, divers moyens ont été mis en place afin d'assurer la protection de leurs milieux naturels. C'est la Convention de Washington de 1973, qui énonce pour la première fois la nécessité de protéger la faune et la flore sauvage dont la survie et la variété est mise en danger. Encore appelée Convention sur le commerce international des espèces de faune et de flore sauvages menacées d'extinction (en anglais *Convention on International Trade of Endangered Species*, CITES), cette convention vise à garantir que le commerce international des espèces inscrites dans ses annexes, ainsi que des parties et produits qui en sont issus, ne nuit pas à la conservation de la biodiversité et repose sur une utilisation durable des espèces sauvages. À cette fin, elle fixe un cadre juridique et des procédures pour faire en sorte que les espèces sauvages faisant l'objet d'un commerce international ne soient pas surexploitées[153].

La convention de Rio place également la diversité biologique au rang des préoccupations majeures de l'homme. Cette conservation de la diversité biologique passe nécessairement par l'élaboration de dispositifs de protection de l'environnement, qu'il s'agisse des espèces animales ou végétales ou de leurs habitats naturels. Ce traité international juridiquement contraignant a trois principaux objectifs :

- la conservation de la diversité biologique ;
- l'utilisation durable de la diversité biologique ;
- le partage juste et équitable des avantages découlant de l'utilisation des ressources génétiques.

---

[152] ONU – Environnement : forêts 2017
[153] https://www.minilex.fr/a/les-r%c3%a8gles-internationales-relatives-%c3%a0-la-protection-de-la-faune-et-de-la-flore, consulté le 2 décembre 2020

Son but général est d'encourager des mesures qui conduiront à un avenir durable.

Il est clair que la conservation de la diversité biologique est une préoccupation commune de l'humanité. La Convention sur la diversité biologique vise tous les niveaux de la diversité biologique : les écosystèmes, les espèces et les ressources génétiques. Elle s'applique aussi aux biotechnologies, notamment dans le cadre du Protocole de Cartagena sur la prévention des risques biotechnologiques. En fait, elle vise tous les domaines possibles qui sont directement ou indirectement liés à la diversité biologique et à son rôle en matière de développement, allant de la science, la politique et l'enseignement à l'agriculture, au monde des affaires, à la culture et bien plus encore. A cet effet, le principe 7 de la Déclaration de Rio sur l'environnement dispose : « les Etats doivent coopérer dans un esprit de partenariat mondial en vue de conserver, de protéger et de rétablir la santé et l'intégrité de l'écosystème terrestre. Etant donné la diversité des rôles joués dans la dégradation de l'environnement mondial, les Etats ont des responsabilités communes mais différenciées. Les pays développés admettent la responsabilité qui leur incombe dans l'effort international en faveur du développement durable, compte tenu des pressions que leurs sociétés exercent sur l'environnement mondial et des techniques et des ressources financières dont ils disposent ».

Au Congo, la loi relative à la protection de l'environnement s'aligne dans cette logique. Son article 11 dispose « *pour la conservation et la gestion rationnelle de la faune et de la flore, les Ministres Chargés respectivement de l'Environnement et de l'Economie Forestière, établissent des aires protégées selon les procédures en vigueur* ». Pour la conservation de certaines espèces de faune et de flore d'intérêt particulier, les Ministres Chargés respectivement de l'Environnement et de l'Economie Forestière, dressent et révisent les listes des espèces à protéger en raison de leur rareté ou des menaces de leur extinction.

La loi portant protection de l'environnement a été complétée par un certain nombre de textes parmi lesquels la Loi n° 37-2008 sur la faune et les aires protégées. Cette loi fixe les principes fondamentaux et les conditions générales de conservation et de gestion durable de la faune, des habitats et écosystèmes dont elle dépend. Les populations, les collectivités territoriales, les opérateurs privés, les associations et organisations non gouvernementales contribuent à la gestion durable de la faune. Tous les moyens d'information et de formation appropriés seront utilisés à l'effet de généraliser l'éducation environnementale pour tous. Les mesures de conservation de la faune comprennent la création des aires protégées, le classement des animaux sauvages, l'interdiction de la circulation et de la détention des produits de la faune sauvage. La loi réglemente les activités cynégétiques et vise à promouvoir le tourisme de vision et l'éco-tourisme.

La conservation de la faune prévue au chapitre premier du titre II de cette loi concerne la protection des aires protégées, des parcs nationaux, des réserves naturelles. Des mesures spécifiques relatives aux aires protégées situées dans les zones frontalières du territoire national, sont prises de concert avec les autorités compétentes des pays limitrophes intéressés.

Aussi, pour tenir compte des objectifs de conservation durable, le droit congolais de l'environnement a prévu le classement des aires protégées. Le classement est l'acte par lequel l'Etat déclare l'intérêt particulier des biens publics ou privés déjà inventoriés[154].

En droit congolais, le classement permet d'évaluer l'intérêt patrimonial d'un bien en examinant un ensemble de critères historiques, artistiques, scientifiques et techniques. En effet, « les sites classés sont des lieux dont le caractère exceptionnel justifie une protection de niveau national : éléments remarquables, lieux dont on souhaite conserver les vestiges ou la mémoire pour les événements qui s'y sont déroulés... L'objectif est donc de conserver les caractéristiques d'un patrimoine en le préservant de toute atteinte à l'esprit des lieux. Il s'agit d'un mode de protection qui s'est étendu sur l'ensemble du patrimoine car au début, étaient classés des éléments remarquables, isolés et menacés de dégradation (rochers, cascades, fontaines, sources, grottes, arbres...), des châteaux et leurs parcs, par la suite, les protections ont progressivement porté sur de plus vastes étendues : massifs, forêts, îles[155].

Les animaux sauvages, pour leur part, bénéficie d'un régime de protection spécifique en ce qu'ils sont classés en trois catégorics ainsi qu'fi suit :

- les espèces intégralement protégées ;
- les espèces partiellement protégées ;
- les autres espèces.

Les conditions dans lesquelles ces espèces sont soumises au régime de chasse sont déterminées par voie réglementaire. C'est donc dire que le cadre législatif est renforcé par le cadre règlementaire dans ce domaine

---

[154] Article 11 de la loi du 26 juillet 2010 sur la porrection du patrimoine culturel et naturel au Congo

[155] http://www.developpement-durable.gouv.fr/Etapes-du-classement-d-un-site.html, consulté le 2 avril 2020

En outre, les listes sont établies et actualisées en fonction de l'état des espèces de faune *in situ* et dans le respect des textes en vigueur.

Aussi, la loi portant protection de la faune de la flore dispose, à son article 25 : « sauf dérogations spéciales accordées aux détenteurs de permis de chasse scientifique par l'administration des eaux et forêts, les espèces d'animaux intégralement protégées ne font pas l'objet et chasse ».

IV – La protection de l'atmosphère

Elle vise l'amélioration de la qualité de l'air à travers la réduction des effets négatifs sur l'atmosphère.

A – L'amélioration de la qualité de l'air

Pendant longtemps le problème de la pollution de l'air était considéré comme un phénomène essentiellement local ne nécessitant pas véritablement de réglementation internationale. Le premier texte dans ce domaine était la Déclaration de principes sur la lutte contre la pollution de l'air adoptée par le Conseil de l'Europe le 8 mars 1968. Toutefois, cette recommandation ne fait qu'énoncer les grandes lignes que devrait suivre toute action dans ce domaine : prévention, aux systèmes d'autorisation pour les installations fixes, planification du développement urbain et industrie[156]. La Déclaration de Stockholm de juin 1972 et le Plan d'action qui l'accompagne n'envisagent la pollution atmosphérique que dans l'ensemble de toutes les formes de pollution, sans lui consacrer de règles spécifique[157]. Ce n'est que vers le milieu des années 1970 avec la découverte des phénomènes de pollution atmosphérique transfrontière à longue distance et leurs conséquences sur des lacs, des forêts et des monuments historiques que le problème quitte la place modeste qui était la sienne parmi les préoccupations des gouvernements[158]. Enfin, telle Cendrillon, depuis le milieu des années 1980 le problème de la pollution de l'air prend de plus en plus la première place : une prise de conscience et une accélération sans précédent de l'action des différents gouvernements caractérisent la situation actuelle à cet égard.

---

[156] Comité des Ministres du Conseil de l'Europe, Résolution (68) 4.
[157] Principe 6 de la Déclaration et Recommandations 70 à 85 du Plan d'action concernant toutes les formes de pollution
[158] Voir A. Kiss, Du nouveau dans l'air : des « pluies acides » à la couche d'ozone, cet Annuaire, 1985, p. 813.

Dans l'ensemble, on peut faire une distinction entre trois directions dans l'évolution intervenue au cours des cinq dernières années. La plus ancienne qui tend à éliminer ou, du moins, à atténuer les pollutions transfrontalières, reste dans un cadre régional, bien que celui-ci soit extrêmement vaste comprenant l'Europe et les Etats-Unis. L'action entreprise pour éliminer les effets néfastes de certaines activités humaines sur la couche stratosphérique d'ozone est mondiale mais a une portée assez étroite, se limitant à certains produits. Enfin, bien qu'il soit lié à la précédente, le problème de la stabilisation du climat global de la planète, « découvert» il y a peu de temps par les non-spécialistes et par l'opinion publique, oblige à envisager des mesures dont les conséquences risquent de toucher, sinon de bouleverser, la vie économique et les habitudes d'une forte partie de l'humanité[159].

Ces trois aspects peuvent être considérés comme des éléments majeurs de la lutte pour la conservation non seulement de l'atmosphère mais désormais aussi du climat[160].

Il faut reconnaître que durant ces vingt dernières années, les sources de pollution atmosphérique ont changé de nature. Les rejets des sources fixes ont diminué, mais ceux des sources mobiles ont augmenté considérablement. Actuellement, 80% de la pollution atmosphérique en milieu urbain est due au trafic automobile.

Le problème de la qualité de l'air impose ainsi une approche globale du phénomène. Il implique de véritables choix de sociétés et des actions conjointes, en matière d'aménagement du territoire, d'urbanisme, de mode de déplacement… Ce changement est dû à la multitude des causes de pollution. En effet, le développement industriel cause des dégâts énormes dans l'atmosphère avec le rejet dans l'air de plusieurs produits toxiques. En ce sens, la protection de l'atmosphère devient une vaste entreprise de caractère multidimensionnel associant divers secteurs de l'activité économique. Les préoccupations suscitées par le changement climatique et la variabilité climatique, la pollution atmosphérique et l'appauvrissement de la couche d'ozone ont suscité de nouvelles demandes d'informations scientifiques, économiques et sociales en vue de réduire les incertitudes qui subsistent dans ces domaines. Il importe de

---

[159] Sur la situation actuelle voir le rapport du Programme des Nations Unies pour l'Environnement : *The state of the world environment,* Nairobi, 1987, n° U.N.E.P./G.C.14/6, p. 1-15.
[160] Kiss Alexandre Charles. « La protection de l'atmosphère : un exemple de mondialisation des problèmes ». In: *Annuaire français de droit international*, volume 34, 1988. pp. 701-708

mieux comprendre et prévoir les diverses propriétés de l'atmosphère et des écosystèmes touchés, ainsi que leurs effets sur la santé et leurs interactions avec les facteurs socio-économiques.

L'objectif principal consiste à améliorer la connaissance des processus qui influencent l'atmosphère de la Terre et sont influencés par elle à l'échelle mondiale, régionale et locale, y compris entre autres les processus physiques, chimiques, géologiques, biologiques, océaniques, hydrologiques, économiques et sociaux; à mettre en place les capacités nécessaires et renforcer la coopération internationale; et à mieux comprendre les conséquences économiques et sociales des changements atmosphériques et des mesures prises pour y remédier et en atténuer les effets.

A ce sujet, les Nations-Unies estiment que l'énergie joue un rôle essentiel dans le développement économique et social et dans l'amélioration de la qualité de la vie. Une grande partie de l'énergie mondiale est toutefois produite et consommée d'une manière qui ne serait pas viable à long terme si la technologie n'évoluait pas et si les quantités totales devaient augmenter considérablement. La nécessité de contrôler les émissions des gaz à effet de serre et autres gaz et substances dans l'atmosphère devra se fonder davantage sur l'efficacité en matière de production, de transport, de distribution et de consommation et sur le recours croissant à des systèmes énergétiques écologiquement rationnels, notamment aux sources d'énergie nouvelles et renouvelables. Toutes les sources d'énergie devront être utilisées de manière à respecter l'atmosphère, la santé humaine et l'environnement dans son ensemble[161].

B – La réduction des effets négatifs sur l'atmosphère

L'objectif fondamental de ce domaine d'activité est de réduire, à terme, les effets négatifs que le secteur énergétique produit sur l'atmosphère en encourageant l'adoption de politiques ou de programmes, selon qu'il convient visant à accroître le rôle des systèmes énergétiques écologiquement rationnels et économiquement rentables, en particulier ceux reposant sur des énergies nouvelles et renouvelables, grâce à une pollution moindre et à une plus grande efficacité au niveau de la production, du transport, de la distribution et l'utilisation de l'énergie. Cet objectif doit refléter plusieurs exigences - un souci d'équité et la nécessité d'assurer des approvisionnements énergétiques suffisants et d'accroître la consommation d'énergie dans les pays en développement - et tenir compte de la situation des pays qui sont largement tributaires des recettes

---

[161] https://www.un.org/french/events/rio92/agenda21/action9.htm, consulter le 2 janvier 2021

provenant de la production, de la transformation et de l'exportation, et/ou de la consommation de combustibles fossiles et de produits connexes à forte intensité énergétique, et/ou de l'utilisation de combustibles fossiles pour lesquels les pays peuvent très difficilement trouver des produits de substitution, et de la situation des pays hautement vulnérables face aux changements climatiques[162].

Brazzaville, capitale du Congo, est devenue l'une des villes d'Afrique centrale la plus polluée. La principale source de cette pollution sont les fumées rejetées par les voitures d'occasion massivement importées d'Europe et d'Asie qui roulent avec de l'essence frelatée. Les spécialistes craignent la multiplication des cancers des voies respiratoires. Déjà on déplore la recrudescence de nombreuses maladies respiratoires[163].

L'exploitation pétrolière *off-shore* et *on-shore* à Pointe Noire et dans ses environs contribue énormément à la pollution de la façade atlantique du Congo et de l'air principalement au niveau du terminal de *Djéno*, de la raffinerie, des sites d'extraction de la Pointe Indienne et de *Kondi* ainsi que leurs alentours. L'Organisation Mondiale de la Santé estime que « du fait de l'insalubrité dans laquelle sont plongées les villes et les villages du Congo, le tableau épidémiologique est dominé par les maladies dues à la dégradation de l'environnement notamment le paludisme qui représente la première cause de morbidité avec 54 % des motifs de consultation dans la population générale en 2002, les infections respiratoires aiguës (IRA) viennent au second rang des motifs de consultation chez les enfants de moins de 5 ans après le paludisme[164].

C'est donc de manière logique que le droit congolais de l'environnement organise la protection de l'atmosphère et de l'air. A cet effet, il est interdit dans toute habitation et tout établissement artisanal, agricole, commercial et industriel, d'émettre des polluants de toute nature notamment les fumées, poussières, buées, gaz toxiques ou corrosifs susceptibles de nuire à la santé et à l'environnement. Dans le même sens, Il est interdit d'utiliser des véhicules et tout autre engin qui émettent des fumées et des gaz toxiques susceptibles d'incommoder la population et de nuire à la santé et à l'environnement. La

---

[162] https://www.un.org/french/ga/special/sids/agenda21/action9.htm, consulté le 24 décembre 2020
[163] Alcède Moumbou et Jean-Valère Ngoubangoyi, « L'atmosphère de Brazzaville pollué par les voitures importées », VertigO - la revue électronique en sciences de l'environnement, Regards / Terrain, mis en ligne le 01 mai 2003, consulté le 03 janvier 2021, URL : http://journals.openedition.org/vertigo/4853 ; DOI : https://doi.org/10.4000/vertigo.4853
[164] https://www.who.int/countries/cog/areas/sante_environnement/fr/, consulté le 24 décembre 2020

production, l'importation et l'utilisation des substances qui appauvrissent la couche d'ozone, notamment les composés de chlore et de halons, sont réglementées conformément au protocole de Montréal y relatif[165].

La République du Congo s'est donc associée solennellement à la communauté internationale pour marquer son engagement solidaire en faveur de toutes les initiatives et actions visant à protéger la couche d'ozone et le climat. Elle poursuit et intensifie ses efforts dans la mise en œuvre de la convention de Vienne relative à la protection de la couche d'ozone et du protocole de Montréal, qui sont les deux instruments juridiques essentiels en la matière. Le Congo, à l'instar des autres pays en développement membres de la convention de Vienne et du Protocole de Montréal, est résolument engagé dans la mise en œuvre du plan de gestion d'élimination de toutes les substances appauvrissant la couche d'ozone, pour la période allant de 2013 à 2040. En effet, les questions climatiques s'imposent désormais à tous et engagent tout le monde à jamais dans la mise en œuvre du Protocole de Montréal et de la Convention de Vienne. C'est pourquoi, au regard de la multiplication des catastrophes naturelles à travers le monde, avec leur cohorte de dégâts sur les plans humain, matériel et environnemental d'une part, et de l'apparition du phénomène des réfugiés climatiques, imputables à la forte concentration des gaz à effets de serre dans l'atmosphère d'autre part, l'humanité entière est interpellée. Ainsi donc, le crédo des pays parties au protocole est : « le plus tôt on agit, mieux cela vaudra pour la protection à la fois, de la couche d'ozone et du climat planétaire[166] ».

V – La protection des sols

Cette protection implique celle des écosystèmes dans le but de réduire au mieux l'artificialisation des sols

A – Une protection des écosystèmes

Les sols ont longtemps été considérés comme une ressource inépuisable. Interface centrale des échanges entre atmosphère, hydrosphère et biosphère, réel épiderme de la Terre, le sol est pourtant une ressource précieuse et fragile. Ressource presque non renouvelable à l'échelle humaine puisque sa

---

[165] Articles 21, 22, 23 et 27 de la Loi sur la protection de l'environnement
[166] Congo, Ministère du tourisme et de l'environnement, Environnement : la protection de la couche d'Ozone s'impose, in *ADIAC-CONGO* du 11 mars 2018

régénération peut prendre plusieurs milliers d'années (1000 ans pour un cm de sol). Suite aux dernières décennies particulièrement destructrices pour les sols, les consciences s'éveillent sur la nécessité de protéger ce capital sol. Au contraire de l'eau et de l'air, la protection du sol est encore évasive sur le plan législatif, même si des initiatives émergent en faveur d'un urbanisme respectueux des sols et d'une agriculture responsable.

Le sol joue un rôle central de nos écosystèmes. Ses fonctions naturelles assurent la survie de tout être vivant, c'est pourquoi il est primordial de protéger les sols. C'est inexorable, l'activité humaine produit des dangers qui menacent les sols : érosion, pollution, appauvrissement des sols, imperméabilisation, acidification, salinisation... La FAO (Organisation des Nations Unies pour l'alimentation et l'agriculture) estime cette dégradation en conséquence des activités humaines à près de la moitié des sols du monde (cf. Article Mtaterre.fr).

Le sol est de plus en plus menacé par de multiples dégradations physiques, chimiques et biologiques. Les principales causes de dégradation des sols sont anthropiques : agriculture intensive, déforestation, surpâturage, pollution industrielle, irrigation... Et cette dégradation risque de s'aggraver si rien n'évolue dans les pratiques agricoles et environnementales. Avec la réduction et l'appauvrissement des surfaces destinées à produire des aliments, la prospective alimentaire devient un défi majeur des prochaines décennies[167].

Il est donc clair que la conservation des sols, une préoccupation majeure à l'échelle mondiale. Tous les continents sont concernés : érosion, compaction, pluies acides, pesticides, métaux lourds, salinisation constituent des facteurs de dégradation des sols, sans parler de la disparition des sols suite à leur artificialisation. Les effets de l'érosion s'aggravent dans diverses régions du monde. Non seulement des parcelles et des bassins versants amont sont dégradés, mais cela peut avoir à l'aval des conséquences catastrophiques sur l'atterrissement (c'est-à-dire le dépôt) des sédiments, menant au comblement des exutoires et à des inondations de plus en plus fréquentes. Des effets indésirables se produisent sur la qualité de l'eau avec les diverses pollutions chimiques (nitrates, phosphates, pesticides) et physiques (suspensions solides).

Les sols sont non seulement soumis à des dégradations physiques et chimiques mais également à des pollutions d'origines variées : pollutions liées aux retombées atmosphériques (pluies acides), en particulier de substances issues de

---

[167] O2D Environnement, *Préservation des sols : un enjeu fort d'urbanisme durable*, O2D Environnement, octobre 2017, p7

la combustion des énergies fossiles, à la fertilisation agricole et aux modes de culture (excès d'engrais, pesticides), sans parler des pollutions accidentelles ou clandestines (enfouissement de déchets toxiques, décharges sauvages).

La problématique de la dégradation des sols au Congo mérite une attention particulière. En effet, il existe trois types de dégradation des sols à savoir : la dégradation chimique, la dégradation physique et la dégradation biologique. Ces dégradations conduisent à une perte de fertilité du sol. Ce phénomène qui est la conséquence du système de production, affecte toutes les terres cultivées du Congo. L'érosion hydrique est liée à la mise à nu des sols suite aux activités anthropiques (urbanisation, agriculture, brûlis des végétaux, travaux de génie civil, les travaux miniers, ...).

Au Congo, suivant l'état de dégradation du couvert végétal et le degré de productivité des terres, on peut distinguer :

- Les sols fortement dégradés : On les retrouve dans les zones à forte activité agricole comme la vallée du Niari, le Plateau des Cataractes et les Plateaux Batéké (Nzila, 1986 et 1992 ; Djondo, 1994) et dans les zones urbaines ou périurbaines où les sols sont fortement sollicités pour les travaux de génie civil ou de production légumière (Ouakanou, 2002).

- Les sols moyennement dégradés : Ils sont rencontrés dans les rebords de la vallée du Niari, dans les environs de Kindamba (Pool), Mouyondzi et M'fouati (Bouenza). Ces zones sont caractérisées par une topographie accidentée et des sols très stables du fait de leur richesse en ions floculants (calcium et magnésium).

- Les sols faiblement dégradés : Ils occupent les cordons littoraux anciens et récents dans la zone sableuse littorale et fluvio-lacustre dans le département du Kouilou[168].

En milieu rural l'agriculture constitue l'activité prépondérante. Or, les sols du Congo sont mis en valeur par des pratiques agricoles traditionnelles qui épuisent énormément les sols. Les principaux grands groupes de populations du monde rural congolais pratiquent une agriculture extensive basée sur l'itinérante et le

---

[168] République du Congo- Convention des Nations-Unies sur la lutte contre la désertification, *Programme d'action national de lutte contre la désertification*, Rapport de mars 2006, p22

brûlis. Plus de la moitié de la population vit de cette agriculture appauvrissante et qui ne se réfère qu'au couple défrichement/brûlis pour fertiliser les sols. Parallèlement à cette agriculture coexiste avec l'élevage et la chasse.

Les problèmes socio-économiques que connaît le Congo actuellement, sont essentiellement liés à l'accroissement de la population depuis la moitié du 20ème siècle, à l'intensité de l'activité anthropique et aux mutations économiques non maîtrisées. Les principales sources des revenus agricoles sont le manioc, les produits cultures maraîchères, les produits fruitiers et forestiers ligneux et non ligneux. Le manioc s'affirme comme la base alimentaire : il accède alors au titre de culture de rente dans de nombreuses régions du Congo.

Afin de mieux protéger les sols congolais, un certain nombre de dispositions juridique ont été prises soit dans le cadre légal, soit réglementaire. A cet effet, l'article 34 de la loi sur l'environnement dispose : « *sans préjudice de l'application des dispositions législatives et réglementaires en vigueur, la production, l'importation, la vente et l'utilisation des pesticides agricoles ou produits assimilés sont soumises à autorisation du Ministre Chargé de l'Environnement* ». Pour protéger les sols contre l'utilisation des produits chimiques dans l'agriculture, il est prévu que lorsqu'un engrais ou un pesticide s'avère nuisible ou dangereux pour l'environnement, l'homme, les animaux ou les végétaux, le Ministre Chargé de l'Environnement peut procéder d'office à des restrictions concernant la production, l'importation, l'utilisation ou le commerce d'un tel engrais ou pesticide.

Par ailleurs, il faut noter que la pression de l'urbanisation est une cause majeure de la dégradation des sols. En effet, le développement urbain constitue une menace pour le sol qui est considéré comme une ressource non renouvelable. L'extension urbaine ou la mise en place de grandes infrastructures de transport ou industrielles, regroupées sous l'appellation « artificialisation », stérilisent de façon irréversible les sols. Si les documents de planification intègrent aujourd'hui des informations concernant la richesse du patrimoine naturel ou la qualité des eaux, en revanche ils ne prennent que très rarement en compte (sauf dans le cas de terroirs à forte valeur ajoutée) la « qualité » des sols.

B – La lutte contre l'artificialisation des sols

L'artificialisation des sols se fait principalement au dépend de terres agricoles (Chéry et al., 2004) et dans une moindre mesure, de forêts ou d'espaces naturels ou semi naturels. L'artificialisation annule le potentiel agricole des sols et affecte fortement leur biodiversité. À cela s'ajoutent, la perte de fonction de régulation des eaux météoriques, et la perte des fonctions d'épuration-filtration. Le développement des surfaces artificialisées réduit l'espace de vie de nombreuses espèces édaphiques et isole celles-ci en fragmentant le paysage. Si tous les sols ne sont pas économiquement intéressants, d'un point de vue agricole, ils peuvent se révéler d'une grande importance dans le maintien d'écosystèmes, la gestion des écoulements ou leur capacité d'épuration[169].

C'est pourquoi les politiques d'aménagement du territoire, en particulier dans les zones périurbaines, devraient tenir compte, lors de l'élaboration des documents d'urbanisme, de l'aptitude des sols à remplir certaines fonctions économiques ou écologiques. A ce sujet, la loi sur la protection l'environnement au Congo dans son article 37 dispose « *les travaux, ouvrages et aménagements susceptibles de nuire à la conservation des sols et d'engendrer l'érosion, notamment la perte des terres arables, la pollution du sol et du sous-sol, sont soumis à autorisation préalable du Ministre Chargé de l'Environnement. Tout coupable de la pollution des sols doit payer les dommages qui en résultent* ».

Sur ce point, l'objectif du droit congolais de l'environnement est donc de stopper l'artificialisation des sols. L'agriculture périurbaine souffre de l'artificialisation des sols qui a entre autres, pour causes, la pratique de l'agriculture sur brûlis. Les agriculteurs brûlent la savane pour plusieurs raisons : travaux champêtres, chasse… Ces pratiques contribuent fortement à la dégradation du sol et de tout le paysage. Mais il faut tout de suite préciser que ces pratiques tendent à disparaître avec l'entrée en vigueur du code forestier interdisant l'abattage des arbres et la culture sur brûlis. En effet, pour ce qui est des feux de brousse et les incendies de forêts, l'article 138 du code forestier dispose que : « *quiconque aura, par imprudence, négligence, inattention ou inobservation des règlements pris en application de la présente loi, causé un incendie dans le domaine forestier permanent, sera puni d'une amende de 20.000 à 200.000 FCFA, d'un emprisonnement d'un an maximum ou d'une de ces deux peines seulement* ». L'article 140 du même code stipule que « *quiconque aura déboisé ou entrepris de déboiser, par quelque moyen que ce soit, une parcelle de forêt en violation des dispositions de l'article 31 ci-dessus*

---

[169] B. Laroche, J. Thorette et J.-Cl. Lacassin, « L'artificialisation des sols: pressions urbaines et inventaire des sols, » in *Etude et Gestion des Sols*, Volume 13, 3, 2006 - pages 223 à 235

ou des règlements pris en application de la présente loi, sera puni d'une amende de 100.000 à 500.000 FCFA et/ou d'un emprisonnement d'un à six mois ».

TROISIEME PARTIE :

LE REGIME JURIDIQUE DE PROTECTION DE L'ENVIRONNEMENT AU CONGO

Après son indépendance intervenue en 1960, le Congo s'est doté d'un cadre normatif et institutionnel de protection de l'environnement. Ce dispositif né du mimétisme juridique a été inspiré du système français. Le Congo a ainsi mis en place un cadre national de protection de l'environnement tout en intégrant le cadre juridique international.

Titre I – Le cadre national de protection de l'environnement au Congo

Le cadre juridique national renvoie à l'étude du cadre législatif et réglementaire d'une part, et du cadre institutionnel de l'autre. Il convient aussi de voir l'impact réel de ce cadre dans la protection de l'environnement.

I – Le cadre législatif et réglementaire

Ce cadre est à examiner à travers les différents textes officiels (lois et décrets, arrêtés …).

A – La Loi n°003/91 du 23 avril 1991 sur la protection de l'Environnement

C'est l'instrument juridique le plus efficace pour la protection de l'environnement en République du Congo. Son champ d'application s'étend à toutes les ressources naturelles, au patrimoine naturel, culturel et historique. Cette loi a pour objet, dans le ressort territorial des espaces aérien et terrestre et des eaux sous juridiction congolaise de renforcer la législation existante portant essentiellement sur la protection et la préservation de la faune et de la flore sauvages, des ressources marines et fluviales, l'exploitation des installations dangereuses, insalubres ou incommodes, l'aménagement et l'urbanisme.

D'autre part, elle permet de gérer, maintenir, restaurer et protéger ou conserver les ressources naturelles, le patrimoine culturel, naturel et historique. Ce texte a donc le mérite de traiter à la fois le patrimoine naturel et culturel de manière explicite. Il aborde plusieurs aspects du droit de l'urbanisme en traitant de la protection des établissements humains. Aux termes de son l'article 3 « *sont désignés comme établissements humains aux termes de la présente loi, toutes les agglomérations urbaines et rurales, quelle que soit leur taille ainsi que l'ensemble des infrastructures dont elles disposent pour assurer l'existence des habitants* ».

Au-delà de la protection du patrimoine naturel, il tient compte de l'environnement humain dans son ensemble en traitant de la protection de la faune et de la flore, de l'atmosphère, de l'eau et des sols. Cette loi incite à l'observation des mesures de protection du patrimoine naturel dans les chantiers de toute nature.

A titre d'exemple, nous citerons la réalisation du projet concernant l'aménagement et le revêtement de la route transfrontalière Sangmélima-Ouesso, qui relie sur environ 575 km la capitale provinciale congolaise de Ouesso à la ville camerounaise de Sangmélima, ville déjà reliée à la capitale Yaoundé par une route bitumée. Pour la réalisation de ce projet, il a été tenu compte des dispositions du code de l'environnement qui exigent une étude d'impact environnemental et social. De cette étude, il ressort qu'aux alentours de la route vivent des communautés du groupe ethnique pygmée Baka, qui compte au total de 30.000 à 40.000 individus parlant la langue Ubangian et vivant aux confins du Cameroun, du Centrafrique, du Gabon et du Congo. En vertu de la Directive Opérationnelle de la Banque Africaine de Développement (BAD) concernant les peuples autochtones, qui les définit comme des groupes à l'identité sociale et culturelle distincte de celle de la société dominante (les Bantous), cette présence de Pygmées dans les forêts traversées par la route nécessite l'élaboration et la mise en œuvre, dans le cadre de ce projet, d'un plan de développement spécifique à ces populations autochtones, que leur identité socio-culturelle minoritaire contribue à rendre «vulnérables» et à « désavantager » dans le processus de développement[170].

Ainsi, le code de l'environnement, à travers l'exigence préalable de la réalisation d'une étude d'impact contribue à la protection du savoir et savoir-faire des peuples autochtones.

Cette loi comprend 15 titres et 91 articles traitant notamment de la protection des établissements humains, de la faune et de la flore, de l'atmosphère, de la protection de l'eau, des sols, des établissements environnementaux, des déchets urbains industriels et chimiques et des nuisances sonores. Il définit les infractions tout en y apportant des sanctions. Par ailleurs, il institue un fonds pour la protection de l'environnement destiné aux interventions en cas de catastrophes naturelles et aux activités visant la protection, l'assainissement ou la promotion de l'environnement. Ce code permet de gérer, maintenir, restaurer et

---

[170] BAD-FAD, Résumé analytique de l'étude d'impact environnemental et social du projet de réalisation de la route SANGMÉLIMA-OUESSO, mai 2013, p4

protéger ou conserver les ressources naturelles, le patrimoine forestier, naturel et historique dans le cadre d'une gestion et d'un développement durables. C'est l'esprit de l'article 11 de ce code lorsqu'il dispose : « *pour la conservation et la gestion rationnelle de la faune et de la flore, les Ministres Chargés respectivement de l'Environnement et de l'Economie Forestière, établissent des aires protégées selon les procédures en vigueur* ».

A ce propos, il faut noter qu'au Congo les aires protégées couvrent 13% du territoire national et permettent de préserver les espèces fauniques et florales contre les activités illicites comme le braconnage et la décimation d'essences forestières. Leur intérêt est de plus en plus avéré alors qu'on parle de la gestion durable des espèces. Le Congo compte 17 aires protégées s'étendant sur une superficie de 4.353.500 hectares. Elles jouent un rôle proéminent en matière de conservation et de préservation des écosystèmes forestiers

Par ailleurs, pour ce qui est des éventuelles violations des normes relatives à la protection de l'environnement énumérées par ce texte, il est prévu que les infractions aux dispositions de la loi sont constatées par les agents habilités de l'administration chargée de l'environnement, les agents et officiers de police judiciaire, en collaboration selon les cas, avec ceux de l'économie forestière, de la santé, des mines et énergie, de l'hydraulique, des transports et aviation civile, des travaux publics et construction, ainsi que par les collectivités locales.

B – La Loi N°8-2010 du 26 juillet 2010 portant protection du patrimoine national culturel et naturel au Congo

Cette loi est la première du genre qui pose le cadre légal de la protection du patrimoine culturel et naturel au Congo. Elle institue et protège le patrimoine national culturel et naturel sur toute l'étendue du territoire national. Avec ce texte, le Congo dispose d'un outil juridique de protection, de promotion et de valorisation de son patrimoine naturel. Elle définit le patrimoine national naturel et fait, pour la première fois et fait du patrimoine national naturel est un héritage commun pour la nation congolaise. Sa protection, sa sauvegarde et sa valorisation sont assurées par l'Etat[171].

Aux fins de la présente loi, on entend par patrimoine national naturel, l'ensemble des formations physiques, géologiques et biologiques qui existent indépendamment de la création humaine et ayant un intérêt du point de vue de la beauté naturelle, de la science et de la conservation, tels que les forêts, les

---

[171] Article premier

fleuves, les chutes. Son article 4 définit les biens constitutifs du patrimoine naturel qui sont :

- les monuments naturels constitués par les formations physiques et biologiques ou par des groupes de telles formations qui ont une valeur esthétique ou scientifique;

- les formations géologiques et physiographiques et les zones strictement délimitées constituant l'habitat d'espèces animales et végétales menacées, qui ont une valeur du point de vue de la science ou de la conservation ;

- les sites naturels ou zones naturelles strictement délimitées, qui ont une valeur du point de vue de la science, de la conservation ou de la beauté naturelle.

La loi N°8-2010 du 26 juillet 2010 portant protection du patrimoine national culturel et naturel au Congo vise donc une gestion efficiente de l'environnement dans un contexte de grandes dégradations des écosystèmes. La gestion efficiente de l'environnement dont il est question ici est une contribution au développement durable. Le développement durable est une notion qui vise l'amélioration de la condition humaine. C'est un développement qui se veut durable et pour l'être, il doit concilier l'efficacité économique, l'équité sociale et la préservation de l'environnement.

Dans ce sens, l'enjeu de gérer l'environnement de manière efficiente vise à mettre en œuvre des actions régulières pour réduire le gaspillage, limiter les nuisances et les pollutions et économiser les ressources ; ce qui conduit à dire que la gestion efficiente de l'environnement suppose une protection saine et responsable des ressources naturelles pour maintenir la vie sur la planète. Cette protection pour être saine et responsable nécessite l'implication de tous les acteurs (privés, publics) et un changement des habitudes dans l'utilisation des ressources environnementales. Ainsi, on est tenté d'affirmer que la gestion efficiente de l'environnement fait partie du vaste programme de l'Agenda 21, adopté par 173 chefs d'Etat lors du sommet de la Terre de Rio en 1992[172].

Compte tenu du fait que l'environnement se dégrade chaque jour, soit du fait de l'homme, soit de la nature, cette loi vise une protection et une gestion saines du patrimoine naturel. Il implique d'adopter un comportement éco-responsable.

---

[172] Ulrich Kevin Kianguebeni, *La protection du patrimoine culturel au Congo, Op, Cit*, p307

Ce texte a le mérite de poser, de manière claire, les mesures de protection du patrimoine naturel. Ainsi, Sont interdits la destruction, le démembrement, la dénaturation, l'exportation et le transfert de propriété illicites de tout ou partie des biens constitutifs du patrimoine national culturel et naturel. L'Etat peut, dans un souci de sauvegarde et de protection, exercer sur ces biens, différentes procédures : revendication, acquisition, expropriation pour cause d'utilité publique, inscription à l'inventaire, classement[173]. Aussi, il est prévu l'inscription à inventaire et le classement.

L'inscription à l'inventaire du patrimoine national consiste en l'enregistrement des biens culturels et naturels (meubles ou immeubles) appartenant à l'Etat, aux collectivités locales, aux associations ou à des personnes physiques ou morales qui, sans justifier d'une nécessité de classement immédiat, présentent un intérêt du point de vue de l'histoire, de l'art, de la science et de la technique pour exiger la préservation. L'inscription à l'inventaire est prononcée par un arrêté du ministre en charge de la culture. L'acte d'inscription à l'inventaire doit être notifié par l'autorité compétente au propriétaire, au détenteur ou à l'occupant du bien[174].

Le classement, quant à lui, est l'acte par lequel l'Etat déclare l'intérêt particulier des biens publics ou privés déjà inventoriés. Peut être proposé pour le classement, tout bien meuble ou immeuble répondant aux critères définis aux articles 2, 3 et 4 de la présente loi. La procédure de classement peut être engagée soit sur l'initiative de l'Etat, soit sur la demande du propriétaire, du détenteur ou de l'occupant du bien, personne physique ou morale, après avis de la commission nationale du patrimoine national culturel et naturel.

Enfin ce texte fixe les sanctions en cas de contraventions, les auteurs qui agissent en violation des dispositions prévues par cette loi sont punis d'une amende allant de 15.000 à 20.000 francs CFA. Ainsi, sont considérés comme délits : tout déplacement non autorisé d'objet du patrimoine national culturel et naturel ; le placement d'affiches, panneaux publicitaires ou autres corps étrangers dans les sites et les monuments inventoriés ainsi que dans leur champ de visibilité ; l'affectation nouvelle sans autorisation ; le placement d'affiches, panneaux publicitaires ou autres corps étrangers dans les sites et les monuments

---

[173] Articles 6 et 7
[174] Articles 8 et 9

inventoriés ainsi que dans leur champ de visibilité ; l'affectation nouvelle sans autorisation[175].

C – La Loi n° 37-2008 sur la faune et les aires protégées

Cette loi fixe les principes fondamentaux et les conditions générales de conservation et de gestion durable de la faune, des habitats et des écosystèmes dont elle dépend ». Elle définit les différents types d'Aires Protégées du Congo (article 6) et en rappelle les règles de gestion propre (articles 12 à 16). Les aires protégées du Congo se déclinent en 6 principaux types : les parcs nationaux, les réserves naturelles intégrales, les réserves de faune, les réserves communautaires, les réserves spéciales ou sanctuaire de faune et les zones d'intérêt cynégétiques.

Cette loi fixe également :

- les conditions de création des aires protégées et les règles d'utilisation des ressources naturelles relatives aux différents types d'aires protégées ;
- les principes de gestion, de gouvernance et de planification des aires protégées ;
- les règles de circulation et de détention de produits issus de la faune sauvage les règles liées aux activités cynégétiques, au tourisme de vision et à l'écotourisme ;
- les taxes et redevances s'appliquant dans les aires protégées ;
- le fonctionnement de l'administration de la faune et des aires protégées, assujettie au ministère des Eaux et Forêts ;
- le statut des agents habilités à faire appliquer la loi dans les aires protégées les modalités de sanction, transaction, saisie en cas d'infraction.

En d'autres termes, cette loi, après avoir fixé les principes fondamentaux, définie les conditions générales de conservation et de gestion durable de la faune, des habitats et écosystèmes dont elle dépend. Les populations, les collectivités territoriales, les opérateurs privés, les associations et organisations non gouvernementales contribuent à la gestion durable de la faune. Tous les moyens d'information et de formation appropriés seront utilisés à l'effet de généraliser l'éducation environnementale pour tous. Les mesures de conservation de la faune comprennent la création des aires protégées, le classement des animaux sauvages, l'interdiction de la circulation et de la

---

[175]Articles 67 à 69 de la présente loi

détention des produits de la faune sauvage. La loi réglemente les activités cynégétiques et vise à promouvoir le tourisme de vision et l'éco-tourisme.

Ainsi, dans le but de susciter et de renforcer l'intérêt des citoyens pour la faune, la création d'associations spécialisées est encouragée aux niveaux national, départemental et local. Ces associations sont des organes consultatifs pour l'élaboration de la politique de gestion de la faune. Pour permettre à la population de prendre conscience de l'importance de la faune et de l'inciter à contribuer à sa pérennisation, des cours d'éducation environnementale sont dispensés à tous les niveaux d'enseignement public et privé[176].

Avec cette loi, le Congo s'est engagé dans un processus de classement des aires protégées et des réserves naturelles. Ainsi, le pays a procédé en 2017 à la création de dix-sept aires protégées dans le cadre de la politique de développement durable qui souhaite faire de 13% de son territoire national un patrimoine protégé et préservé pour les générations futures. La création d'aires protégées est fondée sur une philosophie dont le but initial est d'éviter toute intervention humaine dans certaines zones à caractère pittoresque et de grande beauté naturelle. En termes de beauté, la nature a gâté le bassin du Congo en le dotant de la plus grande forêt tropicale humide de la planète après l'Amazonie.

Au Congo les aires protégées couvrent 13% du territoire national et permettent de préserver les espèces fauniques et florales contre les activités illicites comme le braconnage et la décimation d'essences forestières. Leur intérêt est de plus en plus avéré alors qu'on parle de la gestion durable des espèces. Les aires protégées apportent une contribution importante en termes de valorisation économique à travers l'écotourisme cynégétique qui permet d'accroître la part du secteur forestier dans les recettes publiques.

Ces aires protégées s'étendant sur une superficie de 4.353.500 hectares. Elles jouent un rôle proéminent en matière de conservation et de préservation des écosystèmes forestiers[177]. On y trouve des parcs nationaux (Odzala-Kokoua, Nouabalé-Ndoki, Conkouati Douli et Ntokou Pikounda), des réserves de faune (Léfini, Mont Fouari, Nyanga-Nord et Tsoulou) et de forêt (Patte d'oie), une zone d'intérêt cynégétique (Yengo-Mouali), une réserve communautaire (Lac-Télé), des domaines de chasse (Mont Mavounmbou, Nyanga Sud), une réserve de la biosphère (Dimonika), des sanctuaires de faune (réserve naturelle des gorilles Lesio-Louna, le sanctuaire des gorilles Lossi, Tchimpounga).

---

[176] Article 4
[177] Germaine Mapanga, Congo : Dix-sept aires protégées de plus, https://lesechos-congobrazza.com, consulté le 26 décembre 2020

Situé entre les départements de la Cuvette-ouest et de la Sangha, le parc national d'Odzala-Kokoua couvre une superficie de 1.354.600 hectares. C'est le point de brassage de nombreuses espèces fauniques qui y sont attirées par la présence des salines. Ce parc est aussi réputé par la présence très remarquée des gorilles écumant le sanctuaire de Lossi.

Le parc national Nouabalé-Ndoki se trouve entre les départements de la Sangha et de la Likouala, tout en appartenant au Tri national de la Sangha avec deux autres parcs nationaux voisins du Cameroun et de la République centrafricaine (RCA).

Le Tri national de la Sangha fait partie des sites retenus sur la prestigieuse liste du patrimoine mondial, dressée par l'Organisation des Nations unies pour l'éducation, la science et la culture (UNESCO)[178].

Les aires protégées participent beaucoup dans la lutte contre les activités forestières illicites comme le braconnage et l'abattage sauvage des arbres. Les patrouilles régulières des éco-gardes dans les parcs nationaux permettent de dissuader les braconniers, dont l'activité illégale se concentre en dehors des concessions protégées. Une avancée majeure du droit congolais de l'environnement.

Il convient de préciser que les textes d'application relatifs à cette loi sont en cours de validation.

Cette loi relativement récente est le point central du cadre légal de la gestion des aires protégées au Congo, mais n'est ainsi pas encore pourvue de l'arsenal de textes exécutifs (décrets) qui permettront de l'appliquer sur le terrain.

D – La Loi n°16-2000 du 20 novembre 2000 portant code forestier

Au cours de ces dernières années, on a assisté à l'émergence de nouvelles préoccupations quant à la gestion des forêts, préoccupations liées aux changements climatiques, à la lutte contre l'exploitation illégale, à la conservation de la biodiversité, au développement des énergies renouvelables, à l'intégration de la foresterie au développement local ainsi qu'à l'évolution des techniques et du dialogue international sur les forêts.

---

[178] Christian Brice Elion, *Congo : dix-sept aires protégées pour une gestion durable des espèces*, ADIAC 4 Janvier 2017

Ainsi, l'aménagement durable et la certification des concessions forestières sont devenus une priorité majeure dans l'exploitation des ressources forestières au Congo, partagée par toutes les parties prenantes, aussi bien le secteur public, le secteur privé, la société civile que par les communautés locales et les populations autochtones. En outre, les processus APV[179] et REDD+[180] au Congo confirment encore la volonté du pays d'impliquer davantage l'ensemble des acteurs concernés dans l'évolution de la filière forêt-bois congolaise. Dans cette même dynamique, le Congo a également signé une lettre d'intention avec l'Initiative pour la Forêt de l'Afrique Centrale (CAFI) en septembre 2019.

C'est dans ce contexte que la révision de la nouvelle loi forestière a été initiée dès 2013, et a depuis lors fait l'objet de nombreuses relectures afin de prendre en compte certaines thématiques émergentes telles que la transformation locale plus poussée du bois, l'amélioration de la gouvernance et de la transparence, la lutte contre la déforestation, une meilleure prise en compte des communautés locales, l'approvisionnement du marché local en bois ou encore une meilleure utilisation et une augmentation en volume des ressources forestières par l'introduction d'un régime de partage de production, tout en visant une optimisation des recettes forestières[181].

Institué par la Loi n°16-2000 du 20 novembre 2000, ce code est le principal outil de protection des forêts congolaises. Il se fixe ainsi les objectifs suivants :

- instituer un cadre juridique approprié pour assurer la gestion durable des forêts sur la base d'un aménagement rationnel des ressources ;
- définir le domaine forestier national et déterminer les critères et les normes d'organisation et de gestion concertée et participative, concilier l'exploitation des produits forestiers avec les exigences de la conservation du patrimoine forestier et de la diversité biologique en vue d'un développement durable[182].

D'une façon générale, cette nouvelle loi forestière, par rapport à l'ancienne loi, précise certains concepts, et en introduit de nouveaux, notamment sur la certification, la vérification de la légalité, la prise en compte des communautés

---

[179] Accord de partenariat volontaire

[180] Ces processus comprennent des négociations bilatérales entre l'UE et le pays exportateur de bois, et des négociations nationales au sein des groupements d'acteurs et entre ceux-ci, dans le pays exportateur de bois.

[181] https://www.fair-and-precious.org/fr/news/214/republique-du-congo-le-nouveau-code-forestier-promulgue, consulté le 26 décembre 2020

[182] Article premier du code forestier du 20 novembre 2000

riveraines, la déforestation et le reboisement, la lutte contre le changement climatique, les crédits carbones, etc.

En République du Congo, les ressources naturelles, en particulier les forêts, constituent la propriété de l'Etat, conformément à la Constitution du 2015. Toutefois, l'Etat confie aux opérateurs privés le droit de conduire des activités d'exploitation forestière. En outre, la législation forestière distingue le domaine forestier de l'Etat du domaine forestier des personnes privées. En pratique, le rôle de l'Etat porte principalement sur la définition de la politique forestière, sur la gestion et la conservation des forêts[183].

Le Code forestier congolais distingue quatre (4) titres d'exploitation pouvant être attribués à des sociétés privées à des fins d'exploitation forestière : les conventions de transformation industrielle, les conventions d'aménagement et de transformation, les permis de coupe des bois de plantations et les permis spéciaux[184].

Ces titres d'exploitation confèrent à leurs titulaires le droit de prélever des quantités limitatives des produits forestiers. Ils ne peuvent être attribués qu'aux sociétés de droit congolais. Les sociétés privées étrangères qui souhaitent mener des activités forestières au Congo-Brazzaville doivent donc constituer des filiales de droit congolais. En outre, les entreprises forestières à capitaux étrangers sont tenues d'ouvrir leur capital social aux citoyens congolais[185].

Ainsi, la gestion durable des forêts associe deux sens majeurs : le premier est le sens « durable » qui correspond désormais à la concrétisation de la volonté politique des État dans la gestion de leurs forêts. Le second est le sens « gestion » qui traduit effectivement le passage de l'action passive à l'action active à travers des investissements dans les initiatives et projets de conservation de la nature, de l'environnement et de la forêt.

Le code forestier congolais a donc le mérite de définir des mesures phares ayant un impact sur la filière forêt-bois. Parmi ces mesures on peut citer :

- L'introduction du principe de régime de partage de production (articles 102 et suivants), c'est-à-dire l'obligation pour les entreprises de livrer des quantités physiques de grumes à l'État. Cette disposition, qui suscite

---

[183] Emery Mukendi Wafwana &Associates, La législation forestière en République du Congo, in Lexology, Url : http://www.lexology.com/library/detail.aspx?g=b221171f-cc7f-4af0-908d-d92b5a43f5ee, consulté le 22 août 2014

[184] Article 65 du code forestier congolais.

[185] Article 66 du même code.

beaucoup d'interrogations, sera définie au travers d'une loi qui déterminera les modalités de ce régime, à l'issue d'une étude qui devrait être lancée dès l'adoption de ce projet de loi par le Parlement.

- L'obligation pour les entreprises forestières de « certifier la gestion de leurs concessions aménagées ou la légalité des produits qui y sont exploités et transformés » (article 72). La loi mentionne également la possibilité d'une reconnaissance de la certification pour la vérification de la légalité (article 65) et la mise en place d'un système national de certification forestière (article 70).

- L'introduction de l'aménagement simplifié pour les unités forestières d'aménagement de superficie moyenne (article 77).

- L'obligation de transformer essentiellement les produits forestiers sur le territoire national, induisant une interdiction d'exporter les grumes, à l'exception des « grumes des espèces de bois lourd et dur dont l'usinage fait appel à une technologie spécifique » (article 97) ;

- L'introduction de la convention de valorisation de bois de plantation (article 118).

- L'introduction de deux nouvelles taxes : la taxe d'occupation et la taxe de résidus (articles 110 et suivants).

Cette loi succède à la Loi n°16-2000 du 20 novembre 2000 portant sur le Code forestier, modifiée par la loi n°14-2009 du 30 décembre 2009[186].
Grâce donc à ce code, on assiste à une interdiction d'abattage sinon au déboisement règlementé des forêts qui constituent à la fois le patrimoine naturel et culturel.

E – La loi n° 13-2003 du 10 avril 2003 portant code de l'eau

Ce code relève de la loi n° 13-2003 du 10 avril 2003. Adopté en 2003, il est le principal document de la stratégie nationale. Il comprend les dispositions suivantes :

---

[186]https://www.fair-and-precious.org/fr/news/214/republique-du-congo-le-nouveau-code-forestier-promulgue, consulté le 26 décembre 2020

- Recentrage du rôle de l'Etat sur la définition de la politique de développement, la planification et la régulation sectorielle ;

- Délégation du service public de l'eau à une ou plusieurs personnes morales de droit privé, sous forme de concession d'affermage ou de régie;

- Mise en place d'un organe de régulation pour le suivi et le contrôle des activités des délégataires ;

- Institution d'un fonds national de développement du secteur de l'eau.

Il détermine la politique nationale de l'eau et a pour objet de :

- D'assurer une utilisation rationnelle de la ressource en eau afin de répondre aux besoins en eau des usagers sur l'ensemble du territoire de la République dans des conditions de quantité et de prix satisfaisantes ;

- Prévenir les effets nuisibles de l'eau et lutter contre la pollution de l'eau.

Le Code est complété par des textes législatifs portant notamment sur le transfert de compétences de l'Etat aux collectivités locales et sur la détermination du patrimoine des collectivités. Ainsi, au titre de son article 2, le Code de l'eau « *a pour objet la mise en œuvre d'une politique nationale de l'eau visant à : assurer une utilisation rationnelle de la ressource en eau afin de répondre aux besoins en eau des usagers sur l'ensemble du territoire de la République dans des conditions de quantité et de prix satisfaisants ; de prévenir les effets nuisibles de l'eau ; de lutter contre la pollution de l'eau* ». Le Code de l'eau couvre donc principalement les régimes juridiques de l'eau potable en milieux urbain et rural et de l'eau comme facteur de risque.

De manière spécifique, la réglementation relative à la navigation sur les eaux est élaborée par le ministère en charge de l'eau de concert avec les ministères chargés des transports et de l'aménagement du territoire ; la réglementation relative à l'utilisation de l'eau à des fins agricoles et pour l'abreuvement du cheptel est élaborée par le ministère en charge de l'eau de concert avec les ministères chargés de l'agriculture et de l'élevage, ainsi que de l'aménagement du territoire; celle relative à la conservation des eaux pour le développement des ressources halieutiques est élaborée par le ministère en charge de l'eau de concert avec les ministères chargé de la pêche et de l'aménagement du territoire; et la réglementation relative à l'utilisation de l'eau à des fins énergétiques l'est par le ministère en charge de l'eau de concert avec les ministères chargés de l'électricité et de l'aménagement du territoire[187].

Dans les faits, le code de l'eau pose des obligations environnementales à son article 10 qui dispose : « *la préservation de l'équilibre des écosystèmes est prise en compte dans l'utilisation du domaine public hydraulique* ». *L'exploitation des ressources en eau est effectuée de manière à éviter tous dommages à l'environnement naturel. Les entreprises exerçant les activités de travaux et de prestations de services dans le secteur de l'eau doivent en particulier respecter la réglementation sur les installations classées et veiller de façon générale à l'application des dispositions concernant la protection de l'environnement* ».

En outre, la lutte contre la pollution de l'eau apparaît comme un axe majeur de la politique nationale de l'eau. Toute exploitation de l'eau potable est ainsi soumise au respect des normes de qualité. Pour assurer la protection de l'eau destinée à la consommation humaine, le Code de l'eau prévoit l'établissement des périmètres de protection immédiat, rapproché et éloigné. Ceux-ci peuvent être instaurés autour des sites souterrains de captage d'eau, des sites superficiels de captage, des canaux à ciel ouvert, des dérivations d'eau et de certaines parties des cours d'eau. Il peut être notamment institué un périmètre de protection immédiat autour des réservoirs enterrés ou semi-enterrés des stations de traitement ou de pompage d'eau destinée à la consommation humaine[188].

Pour ce qui est de la lutte contre les inondations, il est dit que l'Etat est responsable de la réalisation ct de l'entretien sur le réseau hydrographique des ouvrages de régulation, de bonification, de calibrage, d'endiguement et d'écrêtement des crues en vue d'assurer la protection de l'économie national ainsi que celle des personnes ct de leurs biens contre les risques de dégâts causés par les eaux.
L'Etat peut déléguer ces missions à des opérateurs privés.
L'article 38 de ce code précise, à cet effet, que: « *pour lutter contre les inondations et atténuer leurs effets néfastes, les services du ministère charge de l'eau sont autorisés à procéder, moyennant indemnisation, s'il y a lieu à la modification ou à la démolition de tout ouvrage susceptible de faire obstacle à*

---

[187] Sancy Lenoble Matschinga, *La législation sur l'eau en République du Congo*, EMWA, juin 2014, p1-2
[188] Articles 27 à 31 du Code de l'eau

l'écoulement des eaux ; à la construction de digues ou de tout ouvrage de protection ».

Aussi, la lutte contre la pollution de l'eau apparaît comme un axe majeur de la politique nationale de l'eau. Toute exploitation de l'eau potable est ainsi soumise au respect des normes de qualité. Pour assurer la protection de l'eau destinée à la consommation humaine, le Code de l'eau prévoit l'établissement des périmètres de protection immédiat, rapproché et éloigné. Ceux-ci peuvent être instaurés autour des sites souterrains de captage d'eau, des sites superficiels de captage, des canaux à ciel ouvert, des dérivations d'eau et de certaines parties des cours d'eau. Il peut être notamment institué un périmètre de protection immédiat autour des réservoirs enterrés ou semi-enterrés des stations de traitement ou de pompage d'eau destinée à la consommation humaine[189].

Pour ce qui est dispositions pénales, les infractions prévues dans le présent code sont constatées par procès-verbaux émanant des officiers de police judiciaire ou des agents visés aux articles 15 et 55. Elles sont poursuivies par le ministère public devant le tribunal compétent du lieu de l'infraction. En cas de récidive, il est fait application, selon le cas, des articles 58 ou 485 du Code pénal.

F – La Loi n°4-2005 du 11 avril 2005 sur le code minier

Le droit minier, généralement résumé dans un « code minier », est défini comme l'ensemble des règles régissant l'exploitation du sous-sol. La codification du droit minier, tend à étudier l'articulation du droit minier et du droit de l'environnement et la manière de faire évoluer le droit minier dans le sens d'une meilleure information et participation du public et d'une évaluation environnementale renforcée L'objet du rapport porte sur la réforme du droit minier notamment sur les questions de propriété du sous-sol, de responsabilité de l'exploitant ou de procédures de mise en concurrence.

Arnaud Gossement estime que cette codification renforce l'évaluation environnementale des projets au moyen du recours plus fréquent à l'étude d'impact et ce, dès l'instruction d'un permis exclusif de recherches. L'intégration de la notion d'« *évaluation environnementale stratégique* » en droit interne est proposée. Il va plus loin en affirmant que la prise de la décision elle-même doit être modifiée. Notamment, la protection de l'environnement, la

---

[189] Articles 27 à 31 du Code de l'eau

prévention des risques écologiques et sanitaires doivent être plus expressément et systématiquement inscrits au nombre des critères d'attribution des titres miniers et des autorisations de travaux miniers[190].

Le secteur minier en République du Congo est essentiellement régi par la loi n° 4-2005 du 11 avril 2005 portant Code minier. Ce code traite essentiellement du droit minier qui se définit comme l'ensemble ses règles régissant l'exploitation du sous-sol. Il est envisagé selon trois grandes conceptions :

- le droit du propriétaire du sol selon lequel le propriétaire de la surface est propriétaire du tréfonds. Ce dernier est l'accessoire du premier. C'est le système en vigueur aux États-Unis, mais il connaît de nombreuses atteintes.

- Le droit de l'inventeur : la mine appartient à celui qui la découvre. C'est le système prussien de 1865, repris, pour une large partie, par le système français qui a lui-même inspiré le droit minier congolais.
- Le droit de l'État qui implique le régime de la domanialité publique selon lequel les gisements sont la propriété de l'État et font partie de son domaine.

La recherche et l'exploitation de ces richesses nationales font l'objet de contrats passés avec l'État ; c'est à lui d'en attribuer l'usage et d'en fixer les conditions d'exploitation. C'est le système français[191] qui a largement inspiré le système congolais en la matière. En effet, le droit minier congolais prévoit que : « *les substances minérales visées aux articles 3 et 4, contenues dans le sol et le sous-sol de la République du Congo, y compris dans les parties du territoire national couvertes par les eaux territoriales et maritimes, constituent le patrimoine minier national* ».

D'autre part, le droit minier exige que la réhabilitation de la surface des sols ou autres espaces attenants aux mines ou gisements, dont l'intégrité a été atteinte, de manière substantielle, du fait des travaux de recherches ou d'exploitation des mines et des carrières soit assurée par le titulaire du titre minier. Il convient de rappeler que le patrimoine minier se situe à l'interface du milieu naturel et de l'espace organisé par l'homme. Les mines font partie intégrante du patrimoine

---

[190] Arnaud Gossement, *Droit minier et droit de l'environnement*, Rapport, 2011, p6
[191]Michel Celccaldi, *Le pétrole – Aspect juridique*, DEA des Sciences Juridiques de la Mer, Université de Nantes, p2.

archéologique[192]. Ainsi dans l'hypothèse où un site dispose de gisement minier, ce code pose des conditions de son exploitation pour ne en pas en altérer l'authenticité et l'intégrité. Une contribution à la protection du patrimoine naturel par le code minier introduite en 2005.

Il est important de préciser que le Code minier permet de mener des travaux d'exploration à condition que l'entreprise possède un permis exclusif de recherches, une autorisation de prospections préalables (en mer) ou une autorisation de recherches de gîtes géothermiques. Il permet d'exploiter une mine à condition d'obtenir une concession, et ce, même en l'absence de l'autorisation du propriétaire du sol. Dans ce même sens, afin de mieux encadrer les exploitations minières, ce code institue des permis de recherches minières délivrés par décret pris en Conseil des Ministres sur le rapport du Ministre chargé des mines. Le permis de recherches minières confère à son titulaire, dans les limites de son périmètre et indéfiniment en profondeur, le droit exclusif de prospection et de recherches de substances pour lesquelles il est délivré. Le permis porte sur une surface ne pouvant excéder 2.000 km carrés pour les formations sédimentaires et 1.000 km carrés pour les autres formations. Si le permis empiète sur une surface interdite ou couverte par un titre antérieur de recherches ou d'exploitation, pour les mêmes substances minérales, la surface est réduite d'autant[193].

Outre, le permis de recherches minières, ce code instaure des titres miniers qui génèrent des droits à leurs propriétaires. A ce propos, l'article 15 dispose « les *titres miniers pour les substances minérales ou fossiles visées à l'article 3 ci-dessus comprennent : l'autorisation de prospection, le permis de recherches, l'autorisation d'exploitation artisanale, l'autorisation d'exploitation industrielle, le permis d'exploitation, les autorisations de détention, de circulation et de transformation des substances minérales précieuses* ». Ces titres miniers confèrent des droits à leurs titulaires tels que prévus dans la présente loi et les différents textes en vigueur.

L'octroi des titres miniers crée, au profit des titulaires, des droits immobiliers non susceptibles d'hypothèque. Les droits miniers, même au profit des propriétaires de la surface, constituent des droits distincts de la propriété de la surface.

---

[192] Denis Morin, La protection des anciennes mines en France. Contribution à la protection du patrimoine culturel et naturel, in *Législation et jurisprudences* - CPEPESC - ERMINA 15/10/2011, p4
[193] Articles 26 et 27

En matière de mines, le titre minier attribue un droit mais ne donne pas pour autant autorisation d'exploiter. Cette autorisation est délivrée sous forme d'arrêtés préfectoraux d'ouverture des travaux, après que les services se sont assurés que l'exploitant entend respecter les biens (en particulier ceux d'autrui dans le cas de potentiels dégâts de surface) et des personnes (en particulier des mineurs, dans le cadre du Règlement général des industries extractives - RGIE). Toute modification importante de l'exploitation doit ainsi faire l'objet d'autorisation. Les ingénieurs du Service des mines sont chargés d'effectuer ce travail d'enquête (police des mines). Ils assurent également l'inspection du travail. Plus concrètement, L'autorisation de prospection des substances minérales ou fossiles est délivrée par arrêté du Ministre chargé des mines. L'autorisation de prospection confère à son titulaire, concurremment avec les autres titulaires d'autorisations de prospection simultanément valables pour les mêmes substances et dans les mêmes zones, le droit d'entreprendre les travaux de prospection[194].

Pour ce qui est des infractions, l'article 174 du code minier dispose « en cas de violation à la présente loi ou des règlements pris pour son application, les agents assermentés, les officiers de police judiciaire et les agents d'autres services compétents doivent, en cas d'urgence ou de flagrant délit, arrêter le ou les auteurs de ces infractions et les conduire au parquet compétent avec, y a lieu, les objets saisis. Ainsi, est puni d'une peine d'emprisonnement de trois mois à cinq ans et d'une amende de 2.000.000 à 10.000.000 FCFA ou de l'une de ces deux peines, quiconque :

- ouvre des travaux de recherches ou d'exploitation des mines ou des carrières sans justifier de titres miniers y relatifs et de l'autorisation prévue à l'article 135 ci-dessus ;

- procède à des travaux de recherches ou d'exploitation d'une mine ou d'une carrière sans se conformer aux mesures prescrites par l'autorité administrative des mines dans les conditions prévues aux articles 132 et 134 de la présente loi ;

---

[194] Articles 18, 19

- ne déclare pas, dans les délais, la fin des travaux ou l'arrêt de toutes les installations, ainsi que les mesures envisagées comme il est dit à l'article 136 ;

- enfreint celles des obligations prévues par les décrets pris en application de l'article 142, qui ont pour objet d'assurer la sécurité ou l'hygiène du personnel occupé dans les mines ou les carrières, la sécurité et la salubrité publique ;

- s'oppose à la réalisation des mesures prescrites en application de l'article 137 et refuse d'obtempérer aux réquisitions prévues par les articles 136 et 139.

G – La Loi n° 48/83 du 21 avril 1983 définissant les Conditions de la Conservation et de l'Exploitation de fa Faune Sauvage

L'impact de la faune sauvage sur l'environnement est considérable et revêt des formes très diverses. De plus, l'homme, en transformant les milieux naturels, a indirectement modifié certains des liens existants entre les animaux et leur environnement. Ces liens sont multiples. Ils sont constitués essentiellement par les chaînes alimentaires, qui associent les animaux soit aux végétaux dans le cas des déprédateurs (herbivores, fructivores, granivores), soit à d'autres animaux dans le cas des prédateurs, et qui déterminent un équilibre des populations dans leur habitat[195].

Selon James Kirchner (géologue à l'université de Berkeley) et Anne Weil (anthropologue à l'université de Duke), les extinctions causées par l'homme vont faire diminuer la biodiversité pour des millions d'années à venir[196]. Selon les mêmes sources, l'homme a déjà fait disparaître 151 espèces de vertébrés supérieurs au cours des 400 dernières années. En principe les experts estiment qu'il ne disparaît au cours des âges géologiques qu'une espèce de vertébré tous les 50 à 100 ans. Or au cours des quatre derniers siècles, la vitesse d'extinction a atteint la moyenne d'une espèce tous les 2,7 ans, soit une vitesse 20 fois supérieure à celle des rythmes d'extinction passés6. Selon les données publiées

---

[195] Jean Dorst, *Impact de la faune sauvage sur l'environnement,* Rev. sci. tech. Off. int. Epiz., 1991, 10 (3), 557-576

[196] Cité par Yann Prisner-Levyne *La protection de la faune sauvage terrestre en droit international public*, Thèse de Droit international public, Université Paris I, 2017, 446 pages.

par l'Union Internationale pour la Conservation de la Nature (UICN) en 2008, 16 928 espèces étaient menacées d'extinction dans le monde soit 38% des 44 838 espèces récences par la liste[197].

Pour faire face à ce fléau, le droit congolais de l'environnement a renforcé sa législation avec la loi n° 48/83 du 21 avril 1983 définissant les Conditions de la Conservation et de l'Exploitation de fa Faune Sauvage. A ce titre, l'ensemble des animaux sauvages susceptibles de provoquer un intérêt touristique ou susceptibles d'être exploités pour leur viande, leur peau, leurs plumes ou leurs trophées, appartiennent à l'Etat et sont régis par les dispositions de la présente loi. Cette loi fait de la protection de la faune sauvage un enjeu national. Dans cette logique, ce code prévoit deux formes d'exploitation de la faune sauvage : le tourisme de vision, la chasse.

Est considéré comme tourisme de vision au sens de la présente loi, toute action à observer à pieds ou en véhicule la faune sauvage ou guider des expéditions en vue de sa chasse. Dans le même sens, « est qualifié acte de chasse tout acte de nature tendant à capturer ou tuer pour s'approprier ou non tout ou partie de son trophée ou de sa dépouille, un animal sauvage vivant en liberté appartenant à l'une des catégories désignées à l'article 2 ».

Par ailleurs, « est qualifiée capture tout acte de toute nature tendant à priver de la liberté un animal sauvage désigné à l'article 2 ou à récolter hors de leur lieu d'éclosion des œufs d'oiseaux ou des reptiles[198] ».

Le renforcement de la protection de la faune sauvage s'illustre aussi par une délégation importante de pouvoirs à l'administration des eaux et forêts qui est chargée de faire respecter les dispositions de la présente loi. En effet, il lui est accordé le pouvoir de délivrer les permis et licences d'exploitation dans les conditions prévues par le droit. Ainsi, pour l'ensemble de tous les permis et licences la chasse est interdite dans les réserves telles que définies au décret d'application sauf les cas d'exception prévus dans l'acte les créant. La chasse est également interdite dans les périmètres urbains et ne peut s'exercer sur les terrains concédés qu'avec le consentement des ayants droits.

Cependant, l'administration des eaux et forêts peut, pour des raisons d'ordre public, refuser la délivrance d'un permis ou d'une licence :

---

[197] Michel Durousseau, « Biodiversité et Evolution du Droit de la Protection de la Nature : Réflexion Prospective, le Constat : La biodiversité est en Crise », *RJE*, Edition Spéciale : 2008, pp34-36
[198] Articles 4, 5, 6

- A tout individu majeur qui n'est point personnellement inscrit au rôle des contributions ;
- A tout individu qui, par une condamnation judiciaire a été privé de l'un ou de plusieurs droits énumérés à l'article 42 du code pénal ;
- A toute personne condamnée à un emprisonnement de plus de six mois pour rébellion ou violence envers les agents de l'autorité publique ;
- A toute personne condamnée pour délit d'association illicite ou de malfaiteurs, de fabrication et de distribution d'armes, de poudre et autres munitions de guerre, de menaces verbales avec ordre ou sous condition ;
- A ceux qui ont été condamnés pour vagabondage, vol, escroquerie ou abus de confiance.

Le permis de chasse ou la licence pourrait également être refusé : à ceux qui n'ont pas exécuté les condamnations prononcées contre eux pour l'un des délits ci-dessus spécifiés ; à tout condamné en état d'interdiction de séjour ; aux alcooliques dangereux pour autrui ; aux mineurs[199].

Ainsi sont fixées et déterminées les conditions de délivrance des permis de chasse.

Ces conditions entraînent un certain nombre de conséquences immédiates. Ainsi, hormis les serpents venimeux dont l'abattage en tout temps et en tout lieu est autorisé, aucun animal sauvage n'est déclaré nuisible sauf exception créée par décret. Si certains animaux sauvages protégés constituent un danger ou causent des dommages aux cultures ou aux biens des citoyens, ils seront après enquête et évaluation des dommages, éliminés ou éloignés des battues ou des chasses de destruction dans les conditions fixées par arrêté.

De manière générale, la protection de la faune sauvage est assurée grâce aux zones classées, à la limitation du nombre d'animaux autorisées à la chasse et l'interdiction de certains moyen et formes de chasse notamment (la chasse de nuit, la chasse au moyen du feu, la chasse avec des armes et munitions de guerre, la chasse avec des armes rayées d'un calibre inférieur de 6,5 millimètres de tous animaux sauvages autres que les oiseaux, rongeurs, damans, petits singes et carnivores non protégés), la chasse à l'éléphant avec des armes rayées ou lisses d'un calibre non autorisé et reconnu par la présente loi, la chasse avec des armes à feu susceptibles de tirer plus d'une cartouche ou balle sous une pression de la détente…

---

[199] Articles 8, 9, 10

Pour préserver la tranquillité de la faune sauvage notamment aux époques de rut, de mise basse ou de nidification, pourront également être décidées par arrêté des périodes annuelles de fermetures de la chasse pour tout ou partie du territoire national.

Aussi, ce code prévoit une classification des infractions aux articles 48 et suivants. Ainsi, les infractions de la présente loi sont classées en deux catégories : les délits et les contraventions. Sont considérées comme délits au sens de la présente loi les infractions ci-après :

- toute chasse illicite d'animaux intégralement ou partiellement protégés ;
- l'utilisation d'un permis scientifique à des fins commerciales ;
- l'exercice du métier de guide de chasse sans licence ;
- la capture d'animaux sauvages et la détention de leurs produits sans permis scientifique ou licence ;
- la chasse des crocodiles et varans sans licence de chasse aux crocodiles et varans ;
- le commerce des pointes d'ivoire et de peaux de crocodiles et varans sans patente.
- la chasse ou l'abattage d'un éléphant avec une arme rayée dont le calibre est inférieur à la limite reconnue par la loi ;
- l'incinération de la végétation, le défrichement, le piégeage ou toute autre activité non autorisée dans une réserve quelle qu'elle soit;
- la chasse dans une réserve ou dans un parc national[200].

D'autre part, sont considérées comme contravention au sens de la présente loi, les infractions ci-après :

- le défaut de déclaration d'abattage dans un délai de quinze jours sauf cas de force majeure, des abattages d'animaux sauvages soumis au paiement d'une taxe ;
- la chasse en dehors du territoire de validité du permis ;
- la chasse sans autorisation dans les terrains concédés ;
- la chasse d'animaux partiellement protégés avec des moyens traditionnels ;
- le pâturage ou le passage du bétail dans les zones classées ;
- le dénichage des œufs;

---

[200] Article 49

- l'extraction ou le prélèvement de tout produit ou échantillon inclus dans les limites d'une aire classée.

Aux termes de ce texte, les infractions aux dispositions de la présente loi et de ses textes d'application sont constatées par procès-verbal par les agents de l'administration des eaux et forêts ou autres services habilités prévus à l'article 48 de la loi 004/74 du 4 janvier 1974. Dans le cadre de l'application de la présente loi les officiers de police judiciaire évoluant dans les postes de sécurité publique peuvent contrôler tous les produits de chasse et, en cas d'infraction, dresser procès-verbal dont l'original est adressé aux responsables des Eaux et Forêts pour des poursuites.

L'administration des Eaux et Forêts et des forces de l'ordre sont chargées d'opérer le recouvrement des amendes, restitutions et dommages et intérêts résultant des jugements et arrêts rendus pour délits et contravention prévus par la présente loi. La contrainte par corps sera de droit prononcée pour le recouvrement, des sommes dues par suite d'amendes, frais et restitutions.

Les agents des eaux et forêts recherchent et saisissent tous les produits de la chasse détenus vendus ou mis en circulation illicitement ainsi que tous les moyens de chasse illicites utilisés. Ils peuvent pénétrer dans les magasins, les boutiques, les restaurants et les dépôts pour y exercer leur surveillance.

Ils peuvent arrêter tous les véhicules et embarcations et procéder à leur visite.

Ils circulent librement dans les aéroports, les gares, les trains les quais et les navires. Ils peuvent pénétrer dans les maisons et enclos en présence de deux témoins[201].

H – La Loi n° 17-2000 portant régime de la propriété foncière

Selon la FAO, le régime foncier est le rapport, défini par la loi ou la coutume, qui existe entre des individus ou des groupes relativement aux terres. (Par souci de simplicité, le terme « terre », tel qu'utilisé ici, inclut aussi les autres ressources naturelles comme l'eau et les arbres.) C'est une institution, c'est-à-dire un ensemble de règles élaborées par une société pour régir le comportement de ses membres. Ces règles définissent la répartition des droits de propriété sur les terres, les modalités d'attribution des droits d'utilisation, de contrôle et de transfert des terres ainsi que les responsabilités et limitations correspondantes. Plus simplement, le régime foncier détermine qui peut utiliser quelles ressources pendant combien de temps et dans quelles conditions.

---

[201] Articles 50 à 53

Le régime foncier est un élément important des structures sociales, politiques et économiques. Il est multidimensionnel puisqu'il fait entrer en jeu des facteurs sociaux, techniques, économiques, institutionnels, juridiques et politiques qui sont souvent négligés mais doivent être pris en considération. Les rapports régis par le régime foncier sont parfois clairement définis, et leur respect peut être assuré par un tribunal officiel ou les structures coutumières d'une société, mais il arrive aussi qu'ils soient relativement mal définis et entachés d'ambiguïtés que certains peuvent chercher à exploiter. Ainsi, le régime foncier est constitué d'un ensemble d'intérêts qui se recoupent, notamment :

- Des intérêts prépondérants : lorsqu'une puissance souveraine (p. ex. une nation ou une collectivité) jouit du pouvoir d'attribuer des terres, de les exproprier, etc.).

- Des intérêts se chevauchant : lorsque plusieurs parties jouissent de droits différents sur la même parcelle de terre (une partie peut détenir des droits d'affermage, une autre un droit de passage, etc.).

- Des intérêts complémentaires : lorsque différentes parties partagent le même intérêt relativement à la même parcelle de terre (p. ex. lorsque des membres d'une même communauté possèdent en commun des droits sur les pâturages, etc.).

- Des intérêts concurrents : lorsque différentes parties revendiquent les mêmes intérêts relativement à la même parcelle (p. ex. lorsque deux parties revendiquent indépendamment le droit à l'utilisation exclusive d'une parcelle de terre agricole. Une telle situation peut être à l'origine de conflits fonciers.). [202].

Au Congo, la Loi n° 17-2000 portant régime de la propriété foncière abroge la Loi n° 52-83 portant Code domanial et foncier en République populaire du Congo. Ce Code domanial et foncier abrogé portait le statut juridique du sol. Basé sur les principes socialistes, il affirmait la propriété du peuple représenté par l'Etat sur la terre. L'Etat possédait la pleine et libre disposition du sol, du sous-sol et des ressources naturelles. Avec cette loi, la propriété privée n'existait que sur les mises en valeur du sol et sur les investissements. Au bout d'une

---

[202] http://www.fao.org/3/Y4307F/y4307f05.htm, consulté le 30 décembre 2020

certaine période, l'absence de mise en valeur justifiait un retour au domaine. Etaient aussi abolis les droits fonciers coutumiers.

Désormais, avec la loi n° 17-2000 portant régime de la propriété foncière, le foncier est caractérisé, non seulement, par la pluralité des acteurs, mais aussi par la diversité du droit applicable, selon qu'il s'agisse d'une gestion foncière coutumière ou d'une gestion foncière administrative.
La présente loi fixe la procédure de l'immatriculation de la propriété foncière. Cette procédure consiste dans l'établissement et l'enregistrement d'un titre de propriété appelé titre foncier. Par ailleurs, en ce qui concerne toute terre non immatriculée (vacante et sans maître, à moins que ne soit rapportée la preuve du contraire), elle prévoit la constatation et régime des droits coutumiers par une commission dont la composition est fixée par décret. On peut souvent caractériser les régimes fonciers comme suit :

- Régime privé : l'attribution de droits à une partie privée pouvant être un particulier, un couple marié, un groupe d'individus ou une entité constituée, comme une société commerciale ou une organisation à but non lucratif. Par exemple, au sein d'une collectivité, différentes familles peuvent jouir de droits exclusifs sur des parcelles résidentielles, des parcelles agricoles et certains arbres. D'autres membres de cette même collectivité peuvent être privés du droit d'utiliser ces ressources sans le consentement des détenteurs des droits.

- Régime communautaire : un droit communautaire peut exister au sein d'un groupe lorsque chaque membre de celui-ci a le droit d'utiliser de façon indépendante les biens détenus par la communauté, par exemple pour faire paître son bétail dans un pâturage collectif.

- Régime d'accès libre : aucun droit spécifique n'est attribué à personne, et personne ne peut être exclu. Un exemple typique est celui des étendues marines, l'accès à la haute mer étant généralement libre à tous ; cela peut s'appliquer également aux pâturages, aux forêts, etc., quand les ressources sont à la libre disposition de tous. (Une différence importante entre la liberté d'accès et un régime communautaire est que, dans ce dernier cas, les personnes n'appartenant pas à la communauté concernée ne sont pas autorisées à utiliser les terres mises en commun.)

- Régime public : les droits de propriété sont attribués à une entité du secteur public. Par exemple, dans certains pays, les terres forestières peuvent être régies par l'État, qu'il s'agisse du gouvernement central ou d'un niveau décentralisé de celui-ci[203].

Cette immatriculation donne à l'immeuble un nouveau point de départ et le débarrasse, par l'effet de la purge, de tous les droits réels et de toutes les charges foncières antérieures à l'immatriculation et qui ne sont pas révélés en temps utile.

L'immatriculation d'un immeuble procure de multiples avantages pour le requérant car le droit de propriété est consacré d'une manière définitive et irrévocable. Elle permet de canaliser les travaux réalisés sur les fonds de terre par leurs propriétaires. Toute personne qui, de bonne foi ou en cas de négligence, n'a pas régularisé sa situation est punie d'une pénalité de retard égale à 25% des droits et frais présumés. Dans le même sens, toute personne qui, au mépris des dispositions de la présente loi n'a pas de mauvaise foi, régularise sa situation est punie d'une amende de 50 000 FCFA l'an sans préjudice du paiement du principal et se la pénalité de retard[204].

I – La loi n° 28-2016 du 12 octobre 2016 portant code des hydrocarbures

Cette loi met en exergue les mesures relatives à la discipline, la sécurité et la protection de l'environnement dans les activités de recherche, d'exploration, de stockage et de transport des hydrocarbures. Fort de ses deux cent quinze articles et dix titres, elle vient parachever la réforme du droit des hydrocarbures au Congo opérée par la loi n°24-94 du 23 août 1994. Une réforme importante dans le domaine judiciaire et du monde des affaires puisqu'elle doit permettre l'exécution des contrats pétroliers. Plusieurs éléments nouveaux, en effet, sont introduits dans ce texte tel que souhaité par les chercheurs et les praticiens du secteur des hydrocarbures.

Dans les faits, ce code des objectifs qui révèlent être plus approfondis que ceux contenu dans la loi n°24-94 du 23 août 1994. Ainsi donc le code des hydrocarbures se distingue du précédent sur trois grands objectifs majeurs :

---

[203] *Ibid.*
[204] Articles 105 et 106

- une définition plus précise du contenu local dans le secteur des hydrocarbures en République du Congo;

- une évolution de la notion de contenu local dans le secteur des hydrocarbures;

- une innovation du contenu local

Sur le premier objectif, la loi n° 28-2016 du 12 octobre 2016 définit le contenu local comme étant l'ensemble des activités axées sur le développement des capacités locales, l'utilisation des ressources humaines et matérielles locales, la formation et le développement des compétences locales, le transfert de technologie, l'utilisation des biens et services locaux et la création de valeurs additionnelles à l'économie locale mesurables.

Sur le second, il faut noter que la notion de contenu local est relativement récente dans le secteur extractif, au Congo. En effet, vers les années 1980, seul l'aspect des ressources humaines était pris en compte. Il s'agissait, en d'autres termes, de la « *congolisation* » des emplois au travers de la loi n° 22-88 du 17 septembre 1988 portant création de l'Office National de l'Emploi et de la Main-d'Œuvre (ONEMO). Il serait injuste de ne pas reconnaître que le contenu local, tel que nous le connaissons aujourd'hui, est parti de la volonté des sociétés évoluant dans le secteur des industries extractives et, particulièrement, dans le secteur pétrolier. En effet, il s'agissait, pour ces dernières, de se mettre en conformité avec leurs politiques internes mais également permettre le développement des PME-PMI. Il convient de noter, ici, que l'ancien code des hydrocarbures (loi n° 24-94 du 23 août 1994 portant code des hydrocarbures) ne prévoyait pas clairement les obligations de contenu local ainsi que des mécanismes de contrôle de l'application de la politique de contenu local. Les dispositions relatives au contenu local étaient donc renvoyées dans les différents contrats pétroliers. Cependant, il faut reconnaître que la situation socio-économique des pays producteurs des ressources naturelles a évolué. Ce qui a conduit à la rédaction du nouveau code des hydrocarbures en République du Congo.

Sur le troisième et dernier objectif, la loi n° 28-2016 du 12 octobre 2016 apporte des grandes innovations dans le secteur des hydrocarbures en matière de contenu local. Les articles 139 à 147 de ce code renforcent le dispositif réglementaire sur le contenu local. Les dispositions de ces articles sont conformes avec celles du projet de loi relatif à la promotion du secteur privé national. C'est cette dernière loi et ses textes d'application qui définissent de façon plus précise l'appui apporté par l'Etat aux sociétés privées nationales pour accéder aux marchés et contrats pétroliers[205].

A cet effet, le code minier dispose à son article premier : « la présente loi définit les régimes juridique, fiscal, douanier et de change applicables en République du Congo aux activités amont du secteur des hydrocarbures ainsi que les droits et obligations des contracteurs intervenant dans ce domaine, les règles de police et d'hygiène, de santé, de sécurité et d'environnement et de renforcement du contenu local auxquelles ils doivent se conformer ». Il rend obligatoire, en même temps, l'autorisation préalable de toute prospection et des titres miniers.

D'autre part, l'Etat peut entreprendre seul toute activité amont. Il peut également confier l'exercice de toute activité amont à la société nationale ou à une ou plusieurs personnes morales en partenariat avec la société nationale, dans les conditions prévues à l'article 23 de la présente loi. En conséquence, nul ne peut entreprendre une activité amont sur le territoire de la République du Congo s'il n'y a été préalablement autorisé par l'Etat dans le cadre soit d'une autorisation de prospection, soit d'un titre minier[206].

Il ressort de l'article 9 de ce code que les titres miniers sont attribués exclusivement à la société nationale. La société nationale, titulaire d'un titre minier, détient avec des tiers, personnes morales, des intérêts participatifs dans le contrat pétrolier y relatif. La société nationale et les sociétés qui détiennent un intérêt participatif dans le contrat pétrolier sont membres du contracteur.

Pour ce qui est des infractions et des sanctions, il est prévu que lorsqu'un contracteur ne satisfait pas aux engagements souscrits ou lorsqu'il cesse de remplir les conditions et obligations résultant de la présente loi et ses textes d'application, le retrait ou la suspension de l'autorisation de prospection, du permis d'exploration ou du permis d'exploitation peut être prononcé par arrêté du Ministre chargé des hydrocarbures pour les autorisations de prospection et par décret en Conseil des ministres, sur rapport du Ministre chargé des hydrocarbures, pour les permis d'exploration ou permis d'exploitation[207]. Aussi,

---

[205] Ali Litho, Le Contenu Local dans le nouveau Code des hydrocarbures, Atelier de formation sur la gouvernance de la chaîne de valeur dans le secteur extractif : renforcement des capacités institutionnelles et humaines, 15-19 mai 2017, Auditorium du Ministère des affaires étrangères, Brazzaville, République du Congo
[206] Articles 7 et 8
[207] Article 199

quiconque aura réalisé des opérations pétrolières sur le territoire de la République du Congo sans être titulaire d'une autorisation de prospection, d'un titre minier ou sans détenir des intérêts participatifs dans un contrat pétrolier sera puni d'une peine de trois mois à cinq ans d'emprisonnement et d'une amende de 100.000.000 à 3.000.000.000 FCFA, ou de l'une de ces deux peines seulement. Sera puni d'une amende de 100.000.000 à 2.000.000.000 FCFA, tout contracteur qui aura réalisé des opérations d'exploration ou d'exploitation pétrolières en République du Congo en dehors des périmètres d'exploration ou d'exploitation afférents à un titre minier[208].

La conséquence majeure sur la protection de l'environnement est posée à l'article 204 qui dispose : « *quiconque se serait abstenu de réaliser les études environnementales et sociales selon la législation et la réglementation relatives à la protection de l'environnement ou à respecter les instructions relatives à la conduite des opérations pétrolières en application des dispositions de la présente loi et ses textes d'application, sera puni des mêmes peines que celles prévues à l'article 203 ci-dessus* ». Dans le même sens, quiconque aura réalisé des opérations d'exploration ou d'exploitation pétrolières en République du Congo sans avoir préalablement fait une déclaration de travaux et obtenu les autorisations requises encourt une amende de 50.000.000 à 1.000.000.000 FCFA[209].

Enfin, il faut noter qu'à côté de ces lois et codes, il existe des décrets qui ont été pris soit pour compléter, soit pour préciser les dispositions législatives. On peut citer, entre autres :

- **Le Décret n° 2009-415 du 20 novembre 2009 fixant le champ d'application, le contenu et les procédures de l'étude d'impact sur l'environnement et social** qui rend obligatoire une étude d'impact sur l'environnement, à annexer au dossier technique de demande d'autorisation pour la réalisation de tout projets d'ouvrage, travaux ou aménagements spécifiés dans la liste en annexe. De manière générale, ce texte fixe le champ d'application, le contenu et les procédures de l'étude d'impact sur l'environnement et social. Toute activité publique ou privée susceptible d'avoir des impacts significatifs directs ou indirects sur l'environnement est soumise à l'avis préalable du ministre en charge de

---

[208] Article 101
[209] Article 205

l'environnement, établi sur la base du rapport de l'étude ou de la notice d'impact sur l'environnement.

En effet, avec ce décret, la réalisation des évaluations environnementales des projets est une pratique qui prend de plus en plus d'ampleur d'année en année en conformité avec la législation nationale en vigueur et les politiques de sauvegardes environnementales et sociales des partenaires techniques et financiers. Malgré les difficultés et les contraintes signalées, la tendance est à l'amélioration et les défis à relever sont surmontables pourvu que les principaux acteurs (étatiques, privés, ONG et Associations) s'y engagent.

Le décret fixe la procédure à suivre pour l'effectuation de ces études et arrête, à l'annexe II, une liste indicative des critères à prendre en considération dans les études d'impact.

Pour ce qui est de son champ d'application, son article 7 dispose : les activités publiques ou privées susceptibles d'avoir des impacts significatifs directs ou indirects sur l'environnement sont soumises à l'avis préalable du ministère en charge de l'environnement. Cet avis est établi sur la base du rapport de l'étude ou de la notice d'impact sur l'environnement.

Ce décret classe les projets en trois catégories qui ont des exigences différentes vis-à-vis de l'évaluation environnementale. Il fixe le champ d'application, le contenu et les procédures de l'étude d'impact sur l'environnement et social. Toute activité publique ou privée susceptible d'avoir des impacts significatifs directs ou indirects sur l'environnement est soumise à l'avis préalable du ministre en charge de l'environnement, établi sur la base du rapport de l'étude ou de la notice d'impact sur l'environnement. Ce décret fait une catégorisation des activités soumises à l'étude d'impact environnemental. Dans la Catégorie A on classe les activités à impact élevé, qui sont soumises à une étude d'impact sur l'environnement.

Dans la Catégorie B on a les activités à impact moyen, qui sont soumises à une notice d'impact sur l'environnement. Dans la Catégorie C on groupe les activités à impact faible, non soumises ni à une étude ni à une notice d'impact sur l'environnement. Cette catégorie comprend d'une part les projets entrepris à des fins domestiques ou artisanales et qui ne touchent pas les milieux sensibles ou qui n'ont pas de rejets dans l'environnement, et d'autre part les projets qui sont mis en œuvre en réaction à une situation d'urgence décrétée par les autorités nationales et qu'il est indispensable de réaliser.

- **Le Décret n°2002-437 du 31 décembre 2002 fixant les conditions de gestion et d'utilisation des forêts.** La forêt congolaise est une ressource qui subit beaucoup d'interventions des acteurs dont les activités relèvent de différents ministères. A cet effet, les pouvoirs publics ont réglementé ces interventions selon leur domaine de compétence par une série de textes juridiques dont le décret n°2002-437 du 31 décembre 2002 fixant les conditions de gestion et d'utilisation des forêts. Si l'analyse du cadre juridique de gestion forestière permet d'identifier un certain nombre d'atouts, des faiblesses importantes peuvent aussi être relevées. Aux termes de l'article 21 de ce texte, l'administration des eaux et forêts, sur la base d'enquêtes de terrain : les forêts de protection, de conservation, récréatives, expérimentales et les périmètres de reboisement.

Ce décret prévoit aussi des plans d'aménagement forestier pour une planification rationnelle de la gestion d'un massif forestier ou idéalement de parcelles homogènes ou cohérentes (dite « unité de gestion » pour le FSC) du point de vue biogéographique. L'aménagement est un outil stratégique qui n'a pas de modèle universel et qui doit être périodiquement mis à jour. Il est appliqué au cas par cas, selon le contexte et l'histoire du massif. Il est clair que ce décret vient préciser et compléter le code forestier. Depuis son entrée en vigueur, toutes les concessions ont des plans d'aménagement déposés auprès de l'administration forestière. Ces plans sont effectivement mis en œuvre et disposent ou s'acheminent vers une certification de légalité ou de gestion durable des forêts. A travers ce texte, le gouvernement rappelle solennellement à tous les opérateurs économiques que l'aménagement est une condition sine qua non pour l'obtention d'une concession forestière.

L'absence de plan d'aménagement ou sa non mise en œuvre sur le terrain signifie que le concessionnaire rompt de facto les clauses contractuelles de l'accord de concession. Grâce à lui, le Congo favorise le développement d'un système national de certification adossé à un standard international reconnu, afin que les entreprises puissent disposer d'une alternative en matière de certification ou opter pour une double certification. Ainsi, la formation d'un vivier d'auditeurs nationaux maîtrisant les standards du système national de certification permet de faire baisser les coûts des audits pour les entreprises de dimension intermédiaire[210].

---

[210] République du Congo, *Politique forestière 2014 – 2025*, p35

- **Le Décret n°86/775 du 7 juin 1986 rendant les EIE obligatoires**

L'évaluation environnementale est un processus visant à intégrer l'environnement dans l'élaboration d'un projet, ou d'un document de planification, et ce dès les phases amont de réflexions. Elle sert à éclairer tout à la fois le porteur de projet et l'administration sur les suites à donner au projet au regard des enjeux environnementaux et ceux relatifs à la santé humaine du territoire concerné, ainsi qu'à informer et garantir la participation du public. Elle doit rendre compte des effets potentiels ou avérés sur l'environnement du projet, du plan ou du programme et permet d'analyser et de justifier les choix retenus au regard des enjeux identifiés sur le territoire concerné. L'évaluation environnementale doit être réalisée le plus en amont possible, notamment, en cas de pluralité d'autorisations ou de décisions, dès la première autorisation ou décision, et porter sur la globalité du projet et de ses impacts. L'évaluation environnementale s'inscrit ainsi dans la mise en œuvre des principes de prévention, d'intégration, de précaution et de participation du public. C'est dans cette logique qu'entre en vigueur le Décret n°86/775 du 7 juin 1986 rendant les EIE obligatoires au Congo.

Ce décret rend obligatoire une étude d'impact sur l'environnement, à annexer au dossier technique de demande d'autorisation pour la réalisation de tout projets d'ouvrage, travaux ou aménagements spécifiés dans la liste en annexe (I). Le décret fixe la procédure à suivre pour l'effectuation de ces études et arrête, à l'annexe II, une liste indicative des critères à prendre en considération dans les études d'impact. Il dispose à son article premier : « La réalisation de tout projet d'aménagement, d'ouvrage, d'équipement ou d'implantation d'unité industrielle, agricole et commerciale sur le territoire national doit être précédée d'une étude d'impact sur l'environnement annexée au dossier technique de demande d'autorisation. Cette étude doit être réalisée par une agence ou une institution agréée. Le contenu de l'étude d'impact doit être en relation avec l'importance des projets et leurs incidences prévisibles sur l'environnement ». Dans le même sens, il précise que l'étude d'impact se fait dans le respect de la réglementation existante sans allongement des délais d'instruction normaux et sans alourdissement des procédures. Elle doit apparaître comme un volet intégral des études techniques et financières permettant d'éclairer les décisions en intégrant les préoccupations d'environnement dans les projets.

II – Le cadre institutionnel national

Le cadre institutionnel national comprend les institutions congolaises chargées de protéger l'environnement et de mettre en œuvre les mesures de sa conservation. On peut ainsi citer :

A – Ministère du Développement Durable, de l'Économie Forestière et de L'Environnement

Ce ministère avait été mis en place par décret n° 2009-396 du 13 octobre 2009 qui en fixe les attributions.

Au titre de l'article premier de ce décret, le ministre du développement durable, de l'économie forestière et de l'environnement exécute la politique de la nation telle que définie par le Président de la République dans les domaines du développement durable, de l'économie forestière et de l'environnement.

A ce titre, il est chargé, notamment, de :

- mettre en œuvre la politique de développement du secteur relevant de sa compétence et initier et/ou réaliser des études et des projets relatifs au développement durable ;
- initier et/ou réaliser des études et des projets relatifs au développement du secteur forestier et initier et/ou réaliser des études et des projets relatifs au développement du secteur de l'environnement ;
- veiller à l'application de la politique nationale en matière d'environnement, veiller à la protection et à la conservation du patrimoine naturel ;
- évaluer et contrôler l'application de la réglementation en matière de ressources forestières, hydrographiques, fauniques et de préservation de l'environnement et entretenir des relations de coopération avec les organismes nationaux, régionaux et internationaux spécialisés dans le domaine de sa compétence.

Le ministre du développement durable, de l'économie forestière et de l'environnement, pour l'exercice de ses attributions, a autorité sur l'ensemble des services de son ministère et exerce la tutelle sur les organismes qui relèvent de sa compétence tels que déterminés par les textes relatifs à l'organisation du ministère du développement durable, de l'économie forestière et de l'environnement.

A partir de 2017, le département « environnement » a été détaché de ce ministère pour être transféré au ministère du tourisme.

Ainsi, le ministère de l'Economie Forestière et du Développement Durable s'est fixé les objectifs fondamentaux suivants :

- La poursuite des travaux d'aménagement des forêts, afin qu'à l'horizon 2016, année d'achèvement du Plan National de Développement, toutes les concessions forestières disposent des plans d'aménagement.
- L'augmentation de la production des produits forestiers notamment la production des grumiers ;
- La création de près de mille emplois ;
- La réhabilitation et la construction des nouvelles infrastructures de base ;
- L'amélioration de l'habitat et des conditions de vie en milieu rural ;
- La poursuite du développement des activités alternatives dans les concessions forestières, les zones tampons et périphériques des aires protégées.

Pour ce qui de la protection de la forêt, depuis 2000, le Congo met en œuvre une politique forestière dont l'aménagement durable et la certification crédible de toutes les concessions forestières constituent le pivot. Actuellement 29 concessions forestières couvrant 10.176.995 hectares, soit 76,4 % de la superficie attribuée à l'exploitation forestière sont sous aménagement et 9% d'entre elles, d'une superficie de 4.057.985 hectares disposent déjà d'un plan d'aménagement.

L'effort qui y est engagé a déjà permis la certification par le FSC[211] de quatre concessions forestières couvrant 2.478.943 hectares, parmi les 9 disposant d'un plan d'aménagement. La politique forestière et faunique congolaise vise en priorité la réduction de la pauvreté et de faire de la filière forêt et bois, un secteur de croissance. Elle tient également compte des nouvelles perspectives qu'offre la coopération sous régionale, régionale et internationale pour la gestion des ressources forestières d'Afrique Centrale notamment à travers le Partenariat pour les Forêts du Bassin du Congo (PFBC).

---

[211] Le Forest Stewardship Council est un label environnemental, dont le but est d'assurer que la production de bois ou d'un produit à base de bois respecte les procédures garantissant la gestion durable des forêts

B – Le ministère du tourisme et de l'environnement

Ce ministère voit le jour en octobre 2017 à la faveur d'un remaniement ministériel suite auquel le département « environnement » intègre celui du tourisme. A partir de là, la politique nationale en matière de l'environnement est dévolue à ce ministère. Il détermine, met en place et dirige la politique nationale en matière d'environnement. A cet effet, le ministère a repris l'élaboration de la Stratégie Nationale de Développement Durable (SNDD) lancé en 2013. L'ambition est d'établir les bases d'une croissance soutenue basée sur une exploitation rationnelle des ressources naturelles dont regorge le pays parallèlement à une diversification de l'économie et une amélioration continue de la gouvernance dans ses différentes dimensions. Conçue dans une vision partagée du développement et respectant les fondements garantissant la durabilité environnementale, l'optimalité économique et la viabilité sociale, la SNDD du Congo tient compte des atouts et potentialités naturels, du contexte politique, économique et sociodémographique ainsi que des grands défis auxquels le pays fait face.

Ainsi, la SNDD traite des grandes questions de développement à travers les quatre axes stratégiques suivants :

- Axe stratégique 1 : Gérer rationnellement les ressources naturelles ;
- Axe stratégique 2 : Améliorer durablement la gouvernance ;
- Axe stratégique 3 : Développer et moderniser durablement les infrastructures et les services sociaux de base ;
- Axe stratégique 4 : Diversifier durablement l'économie.

Enfin, les questions de mobilisation des ressources et de partenariats ainsi que de suivi et évaluation sont abordées avant le plan d'actions détaillé par axe stratégique annexé en tant que partie intégrante du document SNDD-Congo.

Parallèlement, en janvier 2017, des scientifiques ont dévoilé de nouvelles découvertes prouvant que les Tourbières[212] de la Cuvette Centrale du Congo forment la zone de forêt de marécages tourbeux la plus large sous les tropiques. Les estimations relatives aux réserves de carbone organique du sol au Congo et en République Démocratique du Congo ont ainsi énormément augmentées.

---

[212] La tourbe est un type de sol des zones humides, constituée de matières végétales partiellement décomposées et est riche en carbone. Nous estimons qu'une réserve d'environ 30 milliards de tonnes de carbone est contenue dans les tourbières que nous avons découvertes, soit l'équivalent de trois ans d'émissions mondiales liées aux énergies fossiles

La dégradation de ces réserves de carbone de tourbières pourrait avoir de graves impacts sur le climat. Or, la majorité de la zone est peuplée de concessions de pétrole et de gaz (à des fins d'exploration et/ ou d'extraction), avec des zones plus petites également couvertes de concessions forestières et de concessions destinées au développement de palmiers à huile ou à des fins agricoles. Il existe un risque associé à la dégradation de la forêt, liée notamment au développement routier et aux récoltes de bois utilisé comme combustible. Compte tenu du carbone renfermé dans les tourbières, leur protection est devenue une priorité mondiale. Suite à notre découverte, la République du Congo et la République démocratique du Congo (RDC) ont toutes les deux signé la Déclaration de Brazzaville, un accord qui vise à protéger et à préserver cet écosystème précieux.

Ainsi, l'action de ce ministère se retrouve renforcée notamment avec la signature d'un accord historique pour protéger la plus grande tourbière tropicale du monde. A Brazzaville, le 23 mars 2018, dans une démarche sans précédent pour protéger la région de la Cuvette Centrale dans le bassin du Congo, les plus grandes tourbières tropicales du monde, contre l'utilisation non réglementée des terres et empêcher son drainage et sa dégradation, la République démocratique du Congo (RDC), la République du Congo et l'Indonésie ont signé conjointement la déclaration de Brazzaville qui promeut une meilleure gestion et conservation de ce stock de carbone d'importance mondiale L'enjeu de la protection de ces tourbières est important: l'équivalent de trois ans d'émissions mondiales de gaz à effet de serre sont stockés dans le bassin du Congo, émissions qui pourraient être libérées si les tourbières sont dégradées ou les zones humides naturelles drainées. L'accord a souligné l'importance d'une bonne utilisation des terres et d'une bonne planification des infrastructures qui tiennent compte de la nature des tourbières[213].

Par ailleurs, Brazzaville a accueilli en date du 25 avril 2018, le Premier Sommet des Chefs d'Etat et de Gouvernement de la Commission Climat du Bassin du Congo et de son principal instrument financier, le Fonds Bleu pour le Bassin du Congo. Il vise la collecte des ressources destinées à financer des programmes et projets dans les domaines de l'économie bleue, l'économie verte et la lutte contre les changements climatiques y compris celle contre la pauvreté. Le Fonds bleu pour le Bassin du Congo est un fonds international de développement qui

---

[213] https://www.unenvironment.org/news-and-stories/press-release/historic-agreement-signed-protect-worlds-largest-tropical-peatland, consulté le 22 novembre 2020

vise à permettre aux États de la sous-région du Bassin du Congo de passer d'une économie liée à l'exploitation des forêts à une économie s'appuyant davantage sur les ressources issues de la gestion des eaux, et notamment de celle des fleuves. L'accord portant création de ce fonds a été signé par douze pays de cette sous-région le 9 mars 2017 à Oyo en République du Congo[214]. Le Bassin du Congo constitue le second réservoir de carbone au monde[215] après celui du Bassin d'Amazonie, et la préservation des forêts de cette région représente un enjeu primordial pour la réduction des effets du réchauffement climatique.

L'initiative du Fonds bleu pour le Bassin du Congo répond à de nombreuses exigences dont deux majeures pour cette sous-région d'Afrique : « préserver les forêts de cette zone du continent, deuxième réservoir de carbone du monde après celui du Bassin d'Amazonie, tout en garantissant un développement économique permettant aux populations de la région d'améliorer leur qualité de vie[216] »

Les ministères en charge de l'environnement disposent des directions générales et rattachées, des inspections générales et des directions département qui sont des organes techniques sur lesquels ils s'appuient pour l'accomplissement de ses différentes missions.

1 – La Direction Générale de l'Environnement (DGE)

De manière générale, la DGE est chargée d'assurer la mise en œuvre de la politique générale de protection de l'environnement, notamment la politique énergétique et climatique, la politique de gestion et de préservation des ressources et du patrimoine naturel. A ce titre, elle veille à la bonne exécution des missions de service public dans le domaine de l'environnement tout coordonnant, en concertation avec les associations, les partenaires économiques et sociaux, et avec l'appui de l'ensemble des ministères concernés, la préparation et la réalisation du programme de prévention et d'adaptation en matière environnementale.

La Direction générale de l'Environnement est donc l'organe coordonnateur chargé du suivi de la politique nationale en matière amélioration du cadre de vie,

---

[214] Déforestation : douze pays africains s'engagent à remplacer l'or vert par l'or bleu - France 24 », France 24, 10 mars 2017 (lire en ligne [archive], consulté le 14 mars 2017)

[215] Ambassade de la République du Congo à Washington, « Le Congo. Bassin du Congo » [archive], sur www.ambacongo-us.org (consulté le 6 décembre 2020)

[216] « Fonds bleu pour le Bassin du Congo : 12 pays africains engagés », La Tribune, 25 février 2017 (lire en ligne [archive], consulté le 6 décembre 2020)

d'éducation environnementale, de lutte contre les pollutions et nuisances diverses et d'aménagement paysager.

Institué par le Décret n°98-148 du 12 mai 1998 qui en fixe, en même temps, l'organisation, la DGE a pour attributions, entre autres, « veiller à une bonne application de la politique nationale en matière d'environnement » et « préparer les agréments des bureaux d'études chargés de réaliser les études d'impact ou autres études ». Pour ce faire, le Décret créé quatre directions dont une administrative et financières et trois techniques, chacune dotée d'un Secrétariat et de deux Services, chaque Service comprenant deux bureaux.

La DGE comprend des directions centrales parmi lesquels la Direction de la Prévention des Pollutions et de l'Environnement Urbain (DPPEU) chargée de nombreuses tâches. Les plus importantes sont :

- Identifier les sources de pollution et nuisances ;
- Etudier la nature des pollutions et nuisances et leurs effets sur les milieux naturels et humains ;
- Prendre les mesures nécessaires de lutte ;
- Etablir ou faire établir les normes de rejet des effluents ;
- Contrôler les installations classées ;
- Veiller au démantèlement des installations industrielles et à la réhabilitation des sites ;
- Assurer la gestion des déchets ;
- Assister les mairies pour la réalisation de projets [de gestion, traitement et recyclage des effluents et déchets ;
- Conseiller les opérateurs industriels en ce qui concerne la réalisation des projets ayant un impact sur l'environnement

Assez bizarrement, alors que le décret rendant obligatoire la réalisation des EIE prévoit (Article 6) que le dossier de l'étude d'impact soit adressé au Cabinet du Ministre chargé de l'environnement, que le décret portant organisation de la DGE prévoit (Titre I) qu'elle est chargée de préparer les agréments des bureaux d'études réalisant ces EIE et que les Directions Régionale sont chargées de suivre leur réalisation (Titre II, Chapitre VII), La DPPEU n'est chargée d'aucune tâche dans ce domaine. Il y a là une lacune dans l'organisation de la DGE, lacune qui se traduit bien dans le fonctionnement réel du MEFE/DGE puisque la DPPEU est en réalité le service qui contrôle la qualité des TDR des EIE et la qualité des études réalisées. Cette lacune, qui peut être une source de dysfonctionnement, résulte de l'antériorité du décret sur les EIE (1986) par rapport à celui portant sur l'organisation de la DGE (1998) et son absence de révision.

113 Pour ce qui est des autres directions, si tout ce qui touche au secteur de la biodiversité et de la conservation des eaux relève de la Direction Générale de l'Economie Forestière, la DECN aborde ces thématiques sous l'angle écosystémique[217].

2 – La Direction Générale de l'Économie Forestière

C'est une direction de création récente car elle ne date que 1996. Elle a été créée pour rendre plus efficace l'action du ministère de tutelle en matière de protection et de patrimoine naturel plus précisément des forêts tant au niveau national qu'international. Sa mission est d'assurer la mise en œuvre de la politique gouvernementale dans les domaines des sites naturels et des forêts.

Instituée par décret n°96-175 du 12 mai 1996, la Direction Générale de l'Économie Forestière est l'organe technique qui assiste le ministère dans l'exercice de ses attributions en matière de faune et de forêts. A ce titre, elle est chargée de :

- concevoir, proposer et faire appliquer la politique de développement du secteur forestier ;
- orienter, coordonner et contrôler les activités des directions centrales et régionales ;
- Promouvoir les études relatives au développement du secteur forestier ;
- Suivre et coordonner, au plan technique, les activités des services placés sous son autorité ;
- Concevoir et suivre, au plan technique, la mise en œuvre des plans, programmes et de projet en matière fa forêt, de faune et d'aires protégées.

La DGEF comprend un organe principal qui est la direction de la Faune et des Aires Protégées (DFAP). Elle a pour rôle de concevoir la réglementation adéquate découlant de la stratégie de conservation et d'assurer le contrôle de son application. Elle a donc pour objectif de proposer la politique du Gouvernement en matière de gestion durable de la faune et des aires protégées et veiller à son application. Dans le même sens, elle est chargée d'entretenir des relations de

---

[217] République du Congo, Etude socio-économique et environnementale du secteur forestier, Juin 2007, p24

coopération avec les organismes nationaux, régionaux et internationaux spécialisés dans le domaine de sa compétence[218].

L'action de cette direction centrale est renforcée par l'Agence Congolaise de la Faune et des Aires Protégées (ACFAP). Établissement public à caractère scientifique et technique, doté de la personnalité juridique et de l'autonomie administrative et financière, l'ACFAP a pour de mettre en œuvre la politique nationale en matière de gestion de la faune et des aires protégées et ses principales missions se déclinent comme suit :

- assurer la préservation des habitats et la conservation durable de la biodiversité;
- assurer la coordination nationale du réseau d'aires protégées et des unités de surveillance et de lutte anti-braconnage (USLAB);
- mettre en place un système de gestion de l'information sur la faune, les aires protégées et les unités de surveillance et de lutte anti braconnage (USLAB) ;
- développer les mécanismes de financement durable pour le réseau d'aires protégées et les USLAB;
- coordonner la coopération et les partenariats avec les institutions de même nature au niveau national et international ;
- promouvoir la valorisation économique des aires protégées à travers l'écotourisme, le tourisme cynégétique et les services environnementaux;
- promouvoir l'éducation environnementale;
- contribuer au développement durable et au bien-être des populations ;
- veiller au recrutement, à la formation et à la gestion du personnel[219].

3 – La Direction générale du Développement Durable (DGDD)

Instituée par le décret n° 2010-76 du 2 février 2010, la Direction du Développement Durable est l'organe technique qui assiste le ministre dans l'exercice de ses attributions dans le domaine du développement durable.
À ce titre, elle est chargée, notamment, d'élaborer la stratégie nationale du développement durable, de préparer les choix stratégiques du ministère en matière de développement durable , de coordonner la mise en œuvre et le suivi des politiques de développement durable, en concertation avec toutes les parties

---

[218] UICN, *Parcs et réserves du Congo. Évaluation de l'efficacité de la gestion des aires protégées*, UICN 2012, p21
[219] *Ibid.*

prenantes, de veiller à la mise en cohérence des politiques et stratégies nationales relatives au développement durable, à l'application de la gouvernance du développement durable et à l'intégration et à la mise en œuvre du développement durable dans l'ensemble des politiques de l'État. Cette direction participe à la recherche et à l'innovation en matière de développement durable tout en définissant, avec les partenaires, les indicateurs du développement durable. Elle assure la coordination de l'observation des indicateurs du développement durable et procède au renforcement des structures institutionnelles et les procédures assurant la pleine intégration des questions de développement durable à tous les niveaux de la prise de décision[220].

Elle est animée par un directeur général et comprend plusieurs directions centrales parmi lesquelles : la direction de l'écologie et des ressources naturelles, la direction des normes sectorielles et de l'harmonisation, la direction de la promotion des valeurs socioéconomiques, la direction administrative et financière.

Il s'agit d'une structure entièrement impliquée dans la gestion et la conservation des forêts du Bassin du Congo. Elle participe certains projets en collaboration avec les institutions nations et internationales.

Ainsi, en 2013, cette direction générale a participé à la mise en place du Comité de pilotage de la stratégie nationale de développement durable en partenariat avec le Programme des Nations unies pour le développement (PNUD). L'élaboration de cet outil de planification est faite par les cadres des différents départements ministériels, avec l'appui de l'Organisation internationale de la francophonie. Lors de son lancement, Michel Elenga, directeur général du développement durable, a déclaré que « *les rapports de contexte rédigés par les différents départements ministériels ainsi que les résultats du Forum national sur le développement durable, tenu en avril 2013, constituent la trame de notre stratégie* ». A ce propos, c'est à juste titre que Michel Elenga pense que « *L'engagement de notre pays[221] en faveur du développement durable doit lui permettre d'instaurer une nouvelle pratique des décisions gouvernementales, basées sur des nouvelles valeurs universelles telles que l'équité, la responsabilité, la transparence et la participation de tous les acteurs. Le rôle de tous sera fondamental dans la mise en œuvre du développement durable[222]* ».

---

[220] Article premier du décret n° 2010-76 du 2 février 2010
[221] Il parle de la République du Congo
[222] Lopelle Mboussa Gassia, *Développement durable : la stratégie nationale en cours de validation*, ADIAC du 15 Septembre 2014

De ce qui précède, on peut conclure que la Direction du Développement Durable œuvre pour l'approche participative dans la gestion des forêts du Bassin du Congo afin de mieux relever les défis liés au développement durable au Congo. Elle est la cheville ouvrière de la mise en place d'une stratégie nationale de développement durable au Congo, recommandée par le sommet de Johannesburg tenu en 2002.

Outre les directions générales, les directions départementales de l'environnement, du développement durable et l'économie forestière sont chargées de l'application et de la mise en œuvre de la politique définie par l'administration centrale sous l'autorité des préfets de région et de département. Elles ont, à leur tête, un directeur départemental et sont régies par des textes spécifiques. Les directeurs départementaux sont associés par l'administration centrale aux décisions à prendre et aux politiques à mener en matière de protection du patrimoine culturel dans les départements. Ils conduisent donc la politique culturelle de l'Etat de manière décentralisée et en assure la responsabilité de la gestion.

4 – L'Inspection Générale de l'Économie Forestière et de l'Environnement (IGEFE)

Dirigée par un inspecteur qui a rang de directeur général, cette structure a été mise en place par le décret n°2004-21 du 10 février 2004 portant attributions et organisation l'Inspection Générale de l'Économie Forestière et de l'Environnement.

Au titre de ce texte, l'Inspection Générale de l'Économie Forestière et de l'Environnement est chargée d'évaluer et contrôler l'application des politiques et de la réglementation en matière de forêt, d'évaluer et contrôler l'application de la réglementation en matière forestière, hydrographique, faunique et de préservation de l'environnement, d'effectuer le contrôle technique, administratif et juridique, financier et matériel des services et organismes sous tutelle, de procéder à l'évaluation de l'application de la politique de développement de la sylviculture, de l'agroforesterie et de la foresterie communautaire ainsi qu'à l'évaluation de l'application de la politique de valorisation des produits ligneux et non ligneux[223].

---

[223] Article 1 et 8 du n°2004-21 du 10 février 2004

153

De manière générale, cet organe est le « *gendarme* » chargé de surveiller et de contrôler et de surveiller l'action des organes de protection du patrimoine naturel notamment des forêts en République du Congo.

A cet effet, il procède à l'évaluation des programmes d'activités et des budgets des services centraux, départementaux ainsi que des structures sous tutelle tout en veillant à leur bon fonctionnement.

Par ailleurs, l'IGEFE a l'obligation de vérifier l'état d'exécution des cahiers de charge et des plans d'investissement des entreprises forestières, cynégétiques et des organismes sous tutelle.

Ainsi, elle a, sous sa tutelle, la direction l'inspection de la forêt, de la faune et des aires protégées.

5 – Le Centre national d'inventaire et d'aménagement des ressources forestières et fauniques (CNIARFF)

Crée par décret n°2002-435 du 31 décembre 2002, cet organe est un établissement public à caractère administratif doté de la personnalité juridique de l'autonomie financière. Il est placé sous la tutelle du ministère en charge de l'économie forestière[224].

Il a pour missions : de réaliser les programmes nationaux d'inventaire de ressources forestières et fauniques, de traiter, conserver et actualiser les données des inventaires sur la forêt, la faune et les aires protégées, d'élaborer et actualiser la cartographie forestière nationale, de proposer et suivre la révision éventuelle des plans d'aménagement des forêts et des aires protégées adoptés et mis en exécution, d'assister les services régionaux des eaux et forêts, les organismes publics et les entreprises privées des secteurs forestiers et de la faune, dans la réalisation des études et des travaux d'inventaire et d'aménagement des forêts et des aires protégées et suivre leur exécution[225].

Dans son organisation, il est assisté d'un comité de gestion et d'une direction. Le comité de gestion en tant qu'organe délibérant dispose des compétences qui portent sur les programmes d'activités, les budgets d'investissement et de fonctionnement, les rapports d'activités, l'aliénation des biens mobiliers et immobiliers... Ce comité se réunit une fois par an, en session ordinaire sur convocation de son président.

---

[224] Article 1er du décret n°2002-435 du 31 décembre 2002
[225] Article 2

Par ailleurs, il faut souligner l'existence d'organes de gestion et de mise en œuvre du processus de réduction des émissions de gaz à effet de serre liés à l'accroissement des stocks de carbone. Ces organes sont institués par le décret n°2015-260 du 26 février 2015 qui en fixe la création, l'organisation, les attributions et le fonctionnement. Le but est de mettre en œuvre le processus de réduction des émissions de gaz à effet de serre liées à la déforestation, à la dégradation des forêts, avec inclusion de la gestion forestière durable, de la conservation de la biodiversité et de l'accroissement des stocks de carbone. Il s'agit du comité national, des comités départementaux et de la coordination nationale.

6 – Le comité national REDD+

Le comité national REDD+ est un organe d'orientation et de décision du processus REDD+. Il a pour missions de décider de la vision et des options stratégiques du processus REDD+ et de définir les orientations et les directives en matière de processus REDD+. En outre, il est chargé d'arbitrer les conflits potentiels entre les parties prenantes nationales au processus REDD+ tout en disposant de la compétence d'approuver le plan de travail de la coordination nationale REDD. Ce comité est aussi chargé d'animer les débats REDD+ entre les parties prenantes nationales au processus REDD+ et d'assurer le suivi, le contrôle et l'évaluation de la mise en œuvre du processus REDD+. De ce fait, il lui appartient de fixer les modalités de la gestion et la redistribution des subventions et des ressources provenant du processus REDD+[226].

Dans sa composition, le comité national comprend des représentants de différents ministères liés de près ou de loin aux missions qui lui sont assignées. Il élabore et adopte son règlement intérieur avec pour obligation de se réunir au moins deux fois par an sur convocation de son président[227]. Le comité national REDD fait appel, à chacune de ses sessions, aux douze délégués des comités départementaux REDD avec la possibilité de faire appel à toute personne ressource[228].

---

[226] Article 4 du décret n°2015-260 du 26 février 2015 portant création, organisation, attributions et fonctionnement les organes de gestion de la mise en œuvre du processus de réduction des émissions de gaz à effet de serre liées à la déforestation, à la dégradation des forêts, avec inclusion de la gestion forestière durable, de la conservation de la biodiversité et de l'accroissement des stocks de carbone.
[227] Article 6 dudit décret
[228] Article 7 du décret

7 – Les comités départementaux

Les comités départementaux REDD sont des organes de facilitation de la mise en œuvre du processus REDD+ au niveau départemental. Ils ont pour missions de faciliter la mise en œuvre des décisions du comité national REDD et du processus REDD+ au niveau départemental et de formuler, à cet effet, des propositions au comité national REDD. Ils jouent le rôle d'arbitre dans les conflits potentiels entre les parties prenantes au processus REDD+ au niveau départemental[229]. Sous l'autorité du préfet de département, chaque comité départemental REDD comprend vingt-six membres délégués par les parties prenantes. Il élabore et adopte son règlement intérieur. Il se réunit au moins une fois par trimestre sur convocation de son président[230]. Le secrétariat du comité départemental REDD est assuré par le conseil départemental. Ce comité peut faire appel à toute personne ressource[231].

8 – La coordination nationale REDD

La coordination nationale REDD est l'organe de mise en œuvre du processus REDD+. Elle a pour missions de planifier la mise en œuvre des décisions du comité national REDD, d'attribuer la responsabilité de leur exécution aux structures compétentes des secteurs publics et/ou privés, d'assurer la gestion quotidienne du processus REDD+, de formuler des propositions au ministre chargé des forêts et assurer la mobilisation des experts nationaux et internationaux, d'élaborer et diffuser les rapports techniques et financiers du processus REDD+ et ses propres rapports d'activités[232].
La coordination nationale REDD est dirigée et animée par un coordonnateur national assisté d'une équipe technique composée d'experts. Ses membres sont recrutés par appel à candidatures parmi les cadres nationaux. La coordination nationale REDD est assistée par un personnel d'appui chargé d'animer le secrétariat, le service de documentation et le service de comptabilité[233].

---

[229] Article 8
[230] Article 10
[231] Article 12
[232] Article 13
[233] Article 15

Titre II – Le cadre international de protection de l'environnement au Congo

Il est à examiner au plan normatif et institutionnel

I – Le cadre normatif

En raison de tous ces enjeux planétaires, l'environnement fait l'objet d'un dispositif juridique international. Dans ce sens, le Congo a signé une série de conventions, accords, protocoles et mémorandums internationaux surtout sur la protection de l'environnement dont les plus importants sont :

A – La Convention concernant la protection du patrimoine mondial, culturel et naturel de 1972, ratifiée le 10 octobre 1987 par le Congo.
La caractéristique la plus originale de la Convention de 1972 est de réunir dans un même document les notions de protection de la nature et de préservation des biens culturels. La Convention reconnaît l'interaction entre l'être humain et la nature et le besoin fondamental de préserver l'équilibre entre les deux. Aux fins de la présente Convention sont considérés comme patrimoine naturel :

- les monuments naturels constitués par des formations physiques et biologiques ou par des groupes de telles formations qui ont une valeur universelle exceptionnelle du point de vue esthétique ou scientifique,

- les formations géologiques et physiographiques et les zones strictement délimitées constituant l'habitat d'espèces animale et végétale menacées, qui ont une valeur universelle exceptionnelle du point de vue de la science ou de la conservation,

- les sites naturels ou les zones naturelles strictement délimitées, qui ont une valeur universelle exceptionnelle du point de vue de la science, de la conservation ou de la beauté naturelle.

Chacun des États parties à la présente Convention reconnaît que l'obligation d'assurer l'identification, la protection, la conservation, la mise en valeur et la transmission aux générations futures du patrimoine culturel et naturel visé aux articles 1 et 2 et situé sur son territoire, lui incombe en premier chef. Il s'efforce d'agir à cet effet tant par son propre effort au maximum de ses ressources disponibles que, le cas échéant, au moyen de l'assistance et de la coopération internationales dont il pourra bénéficier, notamment sur les plans financier, artistique, scientifique et technique[234].

La Convention invite le Congo à assurer la protection de son patrimoine national dans les conditions efficaces. En vertu de cette Convention, le Congo se reconnaît l'obligation d'assurer l'identification, la protection, la conservation, la mise en valeur et la transmission aux générations futures du patrimoine naturel situé sur son territoire. Il agit grâce à ses ressources disponibles ou au moyen de l'assistance et de la coopération internationales dont il pourra bénéficier, notamment aux plans financier, artistique, scientifique et technique[235]. La particularité de cette mesure réside dans la possibilité pour le Congo d'assurer à la fois la protection de la nature et de préservation des biens culturels. La Convention reconnaît ainsi l'interaction entre l'être humain et la nature et le besoin fondamental de préserver l'équilibre entre les deux[236]. La principale conséquence de cette disposition est l'obligation pour le Congo d'assurer la protection de son patrimoine sur la base des mesures bien spécifiques, déterminées par la convention. Cette protection se manifeste par la mise en place de systèmes de coopération et d'assistance internationale visant à seconder les Etats Parties à la Convention dans les efforts de préservation et d'identification leur patrimoine. Cette mise en place laisse la latitude aux Etats parties à la convention de constituer des ensembles sous régionaux et régionaux afin de protéger leur patrimoine national et commun dans certains cas.

Par ailleurs, la convention de 1972 établit une liste du patrimoine mondial en vue de nommer, cataloguer et énumérer les biens dits culturels et naturels d'importance pour l'héritage commun de l'humanité sous certaines conditions notamment d'authenticité et d'intégrité du bien culturel concerné.

Cette Convention constitue un atout majeur pour le Congo dans sa politique de protection et de promotion du patrimoine naturel. Sa ratification en 1987 a offert un cadre juridique légal dans le processus d'inscription des sites et paysages naturels au patrimoine mondial que le pays a déjà amorcé avec la proposition de 5 sites sur la Liste indicative de l'UNESCO. Cette déclaration d'intérêt marque donc la volonté d'assurer une protection internationale des biens culturels et de bénéficier d'une reconnaissance internationale pouvant servir de vitrine à toute la culture congolaise. C'est sur cette base que le ministère de la culture, et le

---

[234] Article 4 de la Convention
[235] Préambule de la convention sur le patrimoine mondial de 1972
[236] http://whc.unesco.org/fr/convention/, consulté le 10 septembre 2014

ministère de l'environnement, ont réalisé quelques initiatives publiques dans le but de protéger le patrimoine congolais. On peut ainsi citer l'inscription au patrimoine mondial de l'UNESCO du Parc National de Nouabalé-Ndoki, situé dans le Nord-Ouest du bassin du Congo. Il est le premier site de la République du Congo à être intégrer dans la Liste du Patrimoine Mondial de l'UNESCO en juin 2012. Avec une superficie de 426.800 hectares, le Parc National Nouabalé Ndoki dispose de trois sites : Wali bay, Mbeli bay et Mondika.

B – La Convention de Ramsar sur les zones humides d'importance internationale, Ramsar 2 février 1971

Entrée en vigueur au Congo le 18 octobre 1998, cette Convention est la manifestation de volonté des Etats Parties à maintenir les caractéristiques écologiques de leurs zones humides d'importance internationale. Les Etats signataires ont voulu instaurer une utilisation durable, responsable et rationnelle de toutes les zones humides qui se trouvent sur leur territoire national. Dans ce sens, la Convention de Ramsar sert de cadre à l'action nationale de protection et de conservation d'une entité de l'environnement et des ressources. Elle renforce la législation nationale des Etats Parties en matière de protection et de conservation de l'environnement dans son ensemble. A l'instar de la Convention du patrimoine mondial, la Convention de Ramsar établit une liste de zones humides d'importance internationale. Par zone humide, la Convention entend celles qui constituent une ressource de grande valeur économique, scientifique, culturelle et récréative pour l'ensemble de la communauté. Ainsi, au sens de ladite Convention, « les zones humides sont des étendues de marais, de fagnes, de tourbières ou d'eaux naturelles ou artificielles, permanentes ou temporaires, où l'eau est stagnante ou courante, douce, saumâtre ou salée, y compris des étendues d'eau marine dont la profondeur à marée basse n'excède pas six mètre[237]. En adhérant à la Convention de Ramsar, chaque Etat membre est obligé, en vertu de l'Article 2.4, d'inscrire une zone humide au moins sur la liste des zones humides d'importance internationale. Les Parties contractantes, ou États membres, choisissent les sites qui sont inscrits au titre de la convention en se référant aux critères d'identification des zones humides d'importance internationale.

A ce jour, la Convention compte 160 parties contractantes pour une superficie totale de 186. 549,794 hectares et elle est entrée en vigueur au Congo le 18

---

[237] Article premier de la convention de Ramsar

octobre 1998. Sur la base de cette Convention, le Congo dispose de sept (7) sites sur la liste des zones humides d'importance internationale pour une superficie de 8, 454,259 hectares; ces sites sont donc régis par la Convention de Ramsar pour leur protection. Il s'agit :

- de Cayo- Loufoualeba et de Conkouati-Douli dans le Kouilou inscrit le 13 octobre 2007 ;
- des Grands affluents dans les départements des Plateaux, de la Cuvette, de la Sangha et la Likouala inscrits 13 octobre 2007 ;
- des Rapides du Congo-Djoué à Brazzaville inscrit le 03 avril 2007 ;
- de Libenga et de la Reserve communautaire du lac Télé dans le département de la Likouala inscrits le 18 juin 1998 ;
- de Sangha-Nouabalé- Ndoki dans les départements de la Sangha et de la Likouala inscrit 3 avril 2009. Ces sites sont à fois naturelles et culturelles en ce sens qu'ils constituent des paysages culturels.

C - La Convention sur le commerce international des espèces de la faune et de la flore menacées d'extinction (CITES) de juillet 1975.

Encore appelée Convention de Washington, CITES, réglemente le passage en frontières de quelque 35 000 espèces animales et végétales. Son objectif est de garantir que le commerce international des animaux et plantes inscrits dans ses annexes, vivants ou morts, ainsi que de leurs parties et de leurs produits dérivés ne nuise pas à la conservation de la biodiversité et repose sur une utilisation durable des espèces sauvages.

Comme le commerce des plantes et des animaux sauvages dépasse le cadre national, sa réglementation nécessite la coopération internationale pour préserver certaines espèces de la surexploitation. La CITES a été conçue dans cet esprit de coopération. Aujourd'hui, elle confère une protection (à des degrés divers) à plus de 37.000 espèces sauvages – qu'elles apparaissent dans le commerce sous forme de plantes ou d'animaux vivants, de manteaux de fourrure ou d'herbes séchées.

La CITES a été rédigée pour donner suite à une résolution adoptée en 1963 à une session de l'Assemblée générale de l'UICN (l'actuelle Union mondiale pour la nature). Le texte de la Convention a finalement été adopté lors d'une réunion de représentants de 80 pays tenue à Washington, Etats-Unis d'Amérique, le 3 mars 1973 ; le 1er juillet 1975, la Convention entrait en vigueur[238].

---

[238] https://cites.org/fra/disc/what.php, consulté le 26 décembre 2020

Ratifié le 31 janvier 1983 et entré en vigueur le 1ᵉʳ mai de la même année, ce texte a permis au Congo d'élaborer, entre autres, le plan national pour l'ivoire. En effet, Le Congo a été cité parmi les onze (11) pays identifiés comme étant ceux de « préoccupation secondaire » par les 63ᵉᵐᵉ, 64ᵉᵐᵉ et 65ᵉᵐᵉ réunions du Comité Permanent de la CITES et un vivier potentiel de braconnage d'éléphants de forêt et de trafic illicite d'ivoire.

Les pays susmentionnés sont par conséquent tenus, dans le cadre de la mise en œuvre effective de la Convention, de travailler en étroite collaboration avec le Secrétariat Exécutif de la CITES dans la mise en œuvre de dispositions urgentes et efficaces relatives au contrôle des activités liées au braconnage d'éléphants de forêt et au commerce illicite de l'ivoire. Parmi ces dispositions, figure l'élaboration d'un Plan d'Action National pour l'Ivoire (PANI). A l'évidence, bien que le Congo dispose d'une importante population d'éléphants de forêt, la forte demande d'ivoire et son prix élevé sur le marché font de cette espèce emblématique une cible privilégiée pour l'alimentation d'un réseau mafieux et complexe des produits de la faune sauvage dans le monde (Wittemyer et al. 2014 ; UNEP et al. 2013).

Ainsi, à l'horizon 2025, réduire de manière significative, le braconnage de l'éléphant de forêt et son corollaire le trafic illicite de l'ivoire, sur l'ensemble du territoire national. L'objectif global étant de professionnaliser la lutte anti braconnage et maîtriser le commerce illicite de l'ivoire à travers la promotion des partenariats et collaborations multi-acteurs[239].

D – La Convention de Vienne pour la protection de la couche d'ozone

La Convention de Vienne sur la protection de la couche d'ozone, telle qu'adoptée par 28 pays le 22 mars 1985 lors de la Conférence de plénipotentiaires sur la protection de la couche d'ozone, reconnaît la nécessité d'accroître la coopération internationale en vue de limiter les risques que les activités humaines pouvaient faire courir à la couche d'ozone. Cette convention ne contient aucun dispositif contraignant, mais prévoit que des protocoles spécifiques pourront lui être annexés. La Convention de Vienne entra en vigueur le 22 septembre 1988[240]. En

---

[239] Direction Générale de l'Economie Forestière (DGEF) et Agence Congolaise de la Faune et des Aires Protégées (ACFAP), Plan d'Action National pour l'Ivoire, 2020, p6
[240] Jean-Maurice ARBOUR, Sophie LAVALLÉE, Jochen SOHNLE et Hélène TRUDEAU, Droit international de l'environnement, Montréal, Yvon Blais, 2016, 1527 p. (ISBN 978-2-89730-224-5), p. 728

2009, elle est devenue la toute première convention à atteindre la ratification universelle[241].

Rappelant les dispositions pertinentes de la Déclaration de la Conférence des Nations Unies sur l'environnement, et en particulier le principe 21, où il est stipulé que, conformément à la Charte des Nations Unies et aux principes du droit international, "les Etats ont le droit souverain d'exploiter leurs propres ressources selon leur politique d'environnement et qu'ils ont le devoir de faire en sorte que les activités exercées dans les limites de leur juridiction ou sous leur contrôle ne causent pas de dommages à l'environnement dans d'autres Etats ou dans des régions ne relevant d'aucune juridiction nationale". En d'autres termes, la Convention de Vienne reconnaît à chaque Etat le droit d'exploiter ses ressources environnementales. En même temps, elle pose le principe d'une exploitation saine et durable de ces ressources. Ainsi, les Parties prennent des mesures appropriées conformément aux dispositions de la présente Convention et des protocoles en vigueur auxquels elles sont parties pour protéger la santé humaine et l'environnement contre les effets néfastes résultant ou susceptibles de résulter des activités humaines qui modifient ou sont susceptibles de modifier la couche d'ozone[242].

En 2017, les Nations-Unies ont choisi comme thème pour protéger l'environnement : « *Prendre soin de toute forme de vie sous le soleil* ». Ce thème engage les Etats-parties à se focaliser dorénavant non seulement sur la protection de la couche d'ozone, mais aussi à s'orienter vers le choix des technologies qui garantissent le développement durable, en vue d'atteindre un objectif global, à savoir : la préservation de la terre dans toute sa diversité biologique, ainsi que celle du climat. Au Congo, la protection de la couche d'Ozone s'impose. Cette politique de gestion durable de l'environnement, constitue, l'un des principaux axes de sa politique gouvernementale. En conséquence, la République du Congo qui s'associe à la communauté internationale pour marquer son engagement solidaire en faveur de toutes les initiatives et actions visant à protéger la couche d'ozone et le climat. Le pays poursuit et intensifie ses efforts dans la mise en œuvre de la convention de Vienne relative à la protection de la couche d'ozone et du protocole de Montréal, qui sont les deux instruments juridiques essentiels en la matière. Le gouvernement congolais s'attèle, à travers le ministère en charge de

---

[241] « Les Traités » sur Ozone Secretariat, 2019 (consulté le 10 décembre 2021)
[242] Article 2 de la Convention de Vienne

l'environnement, à développer les activités qui s'inscrivent dans son programme pays, et dans ses plans nationaux de gestion et d'élimination des substances qui appauvrissent la couche d'ozone. Ces plans se réalisent de manière participative, avec un accent particulier sur le renforcement des capacités des acteurs publics, privés et de la société civile. Le Congo, à l'instar des autres pays en développement membres de la convention de Vienne, est résolument engagé dans la mise en œuvre du plan de gestion d'élimination de toutes les substances appauvrissant la couche d'ozone, pour la période allant de 2013 à 2040.

En effet, les questions climatiques s'imposent désormais à tous et engagent tout le monde à jamais dans la mise en œuvre de la Convention de Vienne. C'est pourquoi, au regard de la multiplication des catastrophes naturelles à travers le monde, avec leur cohorte de dégâts sur les plans humain, matériel et environnemental d'une part, et de l'apparition du phénomène des réfugiés climatiques, imputables à la forte concentration des gaz à effets de serre dans l'atmosphère d'autre part, l'humanité entière est interpellée. Ainsi donc, le crédo est : « *le plus tôt on agit, mieux cela vaudra pour la protection à la fois, de la couche d'ozone et du climat planétaire* [243] ».

Rappelons que la République du Congo a ratifié la Convention de Vienne sur la protection de la couche d'ozone et le Protocole de Montréal le 16 octobre 1994 ; elle a également ratifié tous les quatre Amendements au Protocole de Montréal successivement, l'amendement de Londres le 16 octobre 1994, les amendements de Copenhague, de Montréal et de Beijing le 19 octobre 2001, traduisant ainsi la volonté du pays de se conformer aux exigences de la communauté internationale en vue de protéger la couche d'ozone et d'épargner la population et l'environnement des effets néfastes de l'appauvrissement de la couche d'ozone.

Après la ratification de la convention de Vienne et du protocole de Montréal, le pays a élaboré son programme de pays en 1995, un document contenant des données de base sur notre consommation des substances qui appauvrissent la couche, ainsi que les stratégies visant à réduire progressivement et à éliminer définitivement la consommation de ces substances.

En même temps, le bureau ozone Congo a été créé en 1996 avec pour vocation la sensibilisation et la formation de toutes les parties prenantes impliquées dans l'importation, la commercialisation et l'utilisation des substances qui appauvrissent la couche d'ozone. Les activités menées par le bureau ozone Congo, avec le financement du fonds multilatéral pour l'application du

---

[243] Déclaration du Ministre du Tourisme et de l'environnement.

protocole de Montréal et en partenariat avec les agences d'exécution, ont permis au Congo de respecter le calendrier de l'élimination des substances qui appauvrissent la couche d'ozone

Ainsi, plusieurs activités ont été menées par le bureau ozone Congo dans tous les départements du pays à savoir la formation des douaniers sur les techniques de contrôle des substances qui appauvrissent la couche d'ozone, la formation des techniciens du froid sur les bonnes pratiques dans l'entretien, la récupération et le recyclage des substances qui appauvrissent la couche d'ozone. Le Congo s'est donc doté d'une main d'œuvre (cadres et techniciens) formée sur la base de différents matériels fournis par le Fonds Multilatéral à travers les différentes agences d'exécution, en particulier le PNUE[244] pour les projets de renforcement des capacités, le PNUE et l'ONUDI[245] pour les projets d'investissement.

Actuellement, de grands efforts sont faits pour tourner notre consommation vers les substances alternatives comme les hydrocarbures qui n'ont aucun effet sur la couche d'ozone et sur le climat, et nous restons convaincus que le transfert de technologies reste un important moyen de participer pleinement à la protection de la couche d'ozone, à la maitrise de la gestion de l'environnement et au développement durable de nos différents pays[246].

E – La Convention-cadre des Nations unies sur les changements climatiques de 1994 (CCNUCC)

La CCNUCC est entrée en vigueur le 21 mars 1994. Aujourd'hui, l'adhésion à la Convention est quasi universelle. Les 197 pays qui l'ont ratifiée sont appelés Parties à la Convention. La CCNUCC est une « Convention de Rio », l'une des trois adoptées lors du « Sommet de la Terre de Rio » en 1992. Ses conventions sœurs sont la Convention sur la diversité biologique (CDB) et la Convention sur la lutte contre la désertification (CLD). Les trois sont intrinsèquement liés. C'est dans ce contexte que le Groupe Mixte de Liaison a été mis en place pour renforcer la coordination entre les trois Conventions de Rio, dans le but ultime de développer des synergies dans leurs activités sur les questions d'intérêt mutuel. Désormais, il intègre aussi la Convention de Ramsar sur les zones humides.

---

[244] Programme des Nations-Unies pour l'Environnement
[245] Organisation des Nations unies pour le développement industriel
[246] Déclaration de monsieur le directeur de cabinet du ministre du tourisme et de l'environnement a la vingt-cinquième réunion des Parties au protocole de Montréal relatif à des substances qui appauvrissent la couche d'ozone, Bangkok, 21 au 25 octobre 2013

Prévenir les activités humaines « dangereuses » pour le système climatique est l'objectif ultime de la CCNUCC.

L'objectif ultime de la Convention est de stabiliser les concentrations de gaz à effet de serre "à un niveau qui empêche toute perturbation anthropique dangereuse (induite par l'homme) du système climatique". Elle précise qu'« un tel niveau devrait être atteint dans un délai suffisant pour permettre aux écosystèmes de s'adapter naturellement au changement climatique, pour garantir que la production alimentaire ne soit pas menacée et pour permettre au développement économique de se poursuivre de manière durable ». L'idée est que, puisqu'ils sont la source de la plupart des émissions de gaz à effet de serre passées et actuelles, les pays industrialisés sont censés faire le maximum pour réduire les émissions sur leur territoire. Ils sont appelés pays de l'annexe I et font partie de l'Organisation de coopération et de développement économiques (OCDE). Ils comprennent 12 pays d'Europe centrale et orientale ayant des "économies en transition". Les pays de l'annexe I devaient, d'ici l'an 2000, ramener leurs émissions aux niveaux de 1990. Beaucoup d'entre eux ont pris des mesures énergiques pour y parvenir, et certains ont déjà réussi.

Ainsi, les pays industrialisés s'engagent, dans le cadre de la convention, à soutenir les activités de lutte contre le changement climatique dans les pays en développement en apportant un soutien financier aux actions de lutte contre le changement climatique, en plus de l'aide financière qu'ils fournissent déjà à ces pays. Un système de subventions et de prêts a été mis en place dans le cadre de la Convention et est géré par le Fonds pour l'environnement mondial. Les pays industrialisés acceptent également de partager leurs technologies avec les nations moins avancées[247].

Cette Convention a été ratifiée par le Congo le 25 juin 1996 à travers la Loi n° 26/96 du 25 juin 1996. Depuis cette date, le pays s'est reconnu l'obligation de faire application des dispositions majeures de cette Convention. Ainsi, en 2015, le pays a renforcé le cadre de réduction des émissions de GES[248] sans compromettre ses capacités de développement. Pour ce faire, des politiques alternatives à faible émissions de carbone et peu gourmandes en ressources

---

[247] UNCC, Qu'est-ce que la CCNUCC, la Convention-cadre des Nations unies sur les changements climatiques ? UNCC 2019 ; https://unfccc.int/fr/processus-et-reunions/la-convention/qu-est-ce-que-la-ccnucc-la-convention-cadre-des-nations-unies-sur-les-changements-climatiques, consulté le 27 décembre 2020

[248] Gaz à Effet de Serre

naturelles, entrant dans le cadre plus large de l' « économie verte », sont promues. La République du Congo se trouve actuellement dans une situation compliquée de type économie de rente avec des risques de fortes variations des ressources budgétaires basées sur la mono-ressource pétrolière.

Pour s'industrialiser sans mettre en danger son environnement naturel, le Congo a besoin de diversifier son économie et d'accéder à des technologies alternatives et innovantes. Les ressources et potentialités considérables dont dispose le pays en matière agricole, forestière, hydroélectrique, touristique, sont autant d'atouts pour le développement d'une économie peu carbonée et génératrice d'emplois. Les moyens mis en œuvre détermineront le niveau de verdissement du développement, qui s'inscrira quoiqu'il en soit dans un objectif de développement économique national.

Ainsi, une Stratégie Nationale et un Plan d'Action pour les Changements Climatiques et la Variabilité (SNPA / CCV, 2004) ont été développés. Bien que le pays n'émette qu'environ 1,1 tCO2 par habitant et par an, il subit déjà les effets du changement climatique. La vulnérabilité est aggravée par de multiples contraintes biophysiques nuisant au développement, ainsi que par la faiblesse de ses capacités d'adaptation. Cette politique tient compte des stratégies et plans existants de la République du Congo, notamment le Plan National de Développement, le Document de Stratégie pour la Croissance, l'Emploi et la Réduction de la Pauvreté, la Stratégie Nationale et Plan d'Action de mise en œuvre de la Convention Cadre des Nations Unies sur les Changements Climatiques et la Stratégie Nationale de Développement Durable[249].

C'est dans cette perspective qu'il convient de rappeler qu'en posant les actes de souveraineté visant respectivement la signature et la ratification de la Convention-Cadre des Nations Unies sur les Changements Climatiques, en juin 1992 et en juin 1996, y compris le Protocole de Kyoto y afférent, la République du Congo s'était engagée à circonscrire l'ensemble des activités anthropiques, responsables du réchauffement du climat. Tenant compte de ses engagements, le Congo a bénéficié de la part du mécanisme financier d'appui, mis en place à Rio au Brésil, des fonds pour rédiger sa communication nationale initiale, présentée en octobre 2001 à Marrakech au Maroc, lors de la septième session de la Conférence des Parties. Dans le cadre de ce premier travail, l'année 1994 avait été retenue comme année de référence. Le travail de base avait consisté à :

---

[249] République du Congo, Conférence des Parties 21- *Contribution nationale dans le cadre de la CCNUCC*, 21 septembre 2015, p2-3

- inventorier toutes les sources d'émissions des gaz à effet de serre, dont le dioxyde de carbone en est le principal;
- répertorier les zones de vulnérabilité, nécessitant les interventions en vue d'atténuer les conséquences;
- identifier les secteurs et les écosystèmes pour lesquels des mesures d'adaptation seraient indispensables à envisager

Pour ce faire, la politique volontariste de conservation et de gestion durables de ses écosystèmes forestiers a permis de favoriser l'adhésion des partenaires autour d'un vaste programme d'aménagement. Celui-ci a été couronné par la certification d'importantes superficies des Unités Forestières d'Aménagement situées dans la partie septentrionale du pays.
Le Partenariat pour les Forêts du Bassin du Congo, lancé en 2002 à Johannesburg, a suscité un réel intérêt de la part de la communauté internationale.
A ce titre, l'initiative a donné lieu à la création de nombreux mécanismes de soutien, notamment :

- le Fonds pour les Forêts du Bassin du Congo, mis en place par les Royaumes de Grande
- Bretagne et de Norvège ;
- le Fonds de Partenariat pour le carbone forestier de la Banque Mondiale.

A travers son rôle de poumon écologique et de régulateur du climat mondial, les forêts du Bassin du Congo constituent un patrimoine pour lequel une attention particulière devrait être donnée par la mobilisation de moyens financiers conséquents et durables[250].

Ainsi, en 2000, le département de l'environnement a procédé aux inventaires des gaz à effet de serre (GES), à l'analyse de ces émissions et des puits d'absorption des GES dans différents secteurs : énergie, agriculture et élevage, foresterie, industrie et déchets. Dans la même logique, il a été procédé au changement d'affectation des Terres et Foresterie pour dans les inventaires sectoriels

---

[250] République du Congo, Ministère du Développement durable, de l'économie forestière et de l'environnement- Fonds pour l'Environnement (FEM)-Programme des Nations-Unies pour le Développement (PNUD), *Seconde communication nationale de la République du Congo à la Convention-cadre des Nations Unies sur les changements climatiques (CCNUCC)*, Brazzaville, 2 septembre 2009, p4-5

d'émissions de gaz à effet de serre qui regroupe les émissions et les absorptions de ces gaz découlant directement des activités humaines liées à l'utilisation des terres, leurs changements d'affectation et à la forêt.

En effet, promouvoir la restauration des forêts et la gestion forestière durable fera davantage pour atténuer les changements climatiques que la simple réduction des émissions de gaz à effet de serre résultant de la déforestation et de la dégradation des forêts (REDD). Le changement d'affectation des terres entre dans le cadre de la politique REDD. La déforestation est un changement d'affectation des terres, et non pas la récolte de bois. Si une forêt exploitée peut se régénérer, l'effet de la récolte sur l'écosystème ne se traduira pas par une émission de carbone ; mais, si la forêt est convertie à une autre utilisation, le carbone sera libéré dans l'atmosphère. Le changement d'affectation des Terres et Foresterie a pour objectif la reconstitution et de la préservation des forêts.

On en arrive donc à la conclusion selon laquelle la sauvegarde des forêts favorise la lutte contre les changements climatiques. En effet, les arbres retiennent les "gaz à effet de serre". Les arbres, composantes dominantes de systèmes écologiques variés et complexes que sont les forêts, constituent l'un des réservoirs vivants le plus large de monoxyde de carbone, le "gaz à effet de serre" qui contribue le plus au réchauffement de la Terre et à l'évolution climatique de la planète. La préservation des forêts tropicales de l'Afrique et la plantation de nouveaux arbres pour remplacer ceux détruits par la déforestation sont de nature à contribuer à l'atténuation de l'ampleur de l'évolution climatique et de minimiser les conséquences des changements climatiques sur le plan local. Mais l'un des arguments les plus frappants en faveur de la protection des forêts est le rôle de la déforestation dans le réchauffement planétaire. D'après le Programme des Nations Unies pour l'environnement (PNUE), 20 à 25 % des émissions annuelles de dioxyde de carbone proviennent de la destruction des forêts par le feu à des fins agricoles[251].

F – La Convention internationale pour la lutte contre la sécheresse et/ou la désertification

La Convention des Nations-Unies sur la lutte contre la désertification (CLD, ou CNULCD) est la dernière des trois conventions de Rio à avoir été adoptée. Elle

---

[251] https://www.un.org/africarenewal/fr/magazine/january-2008/les-for%C3%AAts-de-l%E2%80%99afrique-%E2%80%98poumons-du-monde%E2%80%99, consulté le 27 décembre 2020

a été adoptée à Paris, deux ans après le Sommet de Rio, le 17 juin 1994, et est entrée en vigueur le 25 décembre 1996, 90 jours après réception de la cinquantième ratification. 197 pays en font partie[252]. Elle traite de la désertification définie comme « la dégradation des terres dans les zones arides, semi-arides et subhumides sèches par suite de divers facteurs, parmi lesquels les variations climatiques et les activités humaines » et des moyens de lutte adaptée: « mise en valeur intégrée des terres dans les zones arides, semi-arides et subhumides sèches, en vue d'un développement durable et qui visent à : prévenir et/ou réduire la dégradation des terres, remettre en état les terres partiellement dégradées, et restaurer les terres désertifiées ».

La Convention offre de nouveaux espoirs dans la lutte contre la désertification car le problème de la dégradation des terres dans les régions arides n'a cessé de s'aggraver au cours des vingt dernières années. La Convention propose une manière entièrement nouvelle de gérer les écosystèmes arides et -ce qui n'est pas moins important- les flux d'aide au développement.
En septembre 2007 à Madrid, la huitième Conférence des parties a adopté le Plan-cadre stratégique décennal destiné à renforcer la mise en œuvre de la Convention (la Stratégie). La Stratégie propose des objectifs opérationnels qui se déclinent à travers des axes tels que la sensibilisation de l'opinion publique, la mise en place de cadres politiques, ou la construction de capacités nouvelles en termes d'innovation scientifique et technologique.

Ainsi, la Convention a remodelé le dispositif de l'assistance internationale. Elle cherche à engager les pays et institutions donateurs et les pays bénéficiaires dans un nouveau partenariat. Dans le cas de l'Afrique, les rôles respectifs des donateurs et des bénéficiaires sont définis avec précision dans des accords de partenariat élaborés conjointement. L'objectif est de faire en sorte que les programmes de financement soient mieux coordonnés, que le financement soit fondé sur les besoins des pays touchés, que les donateurs puissent être assurés que leurs fonds seront utilisés à bon escient, et que les bénéficiaires tirent le meilleur parti des sommes placées à leur disposition.

Un accent particulier est placé sur un développement participatif avec la démarche verticale « ascendante », partant de la base, avec une forte participation locale dans la prise de décisions. Les collectivités et leurs dirigeants, ainsi que les organisations non gouvernementales, les experts et les

---

252

fonctionnaires coopèrent dorénavant étroitement pour définir les programmes d'action[253].

Ratifiée le 8 janvier 1999 par le Congo, cette Convention a permis l'élaboration et la mise place d'un Programme d'action national de lutte contre la désertification par la définition des actions prioritaires. Conformément à l'article 10 de la CCD, le Programme d'Action National de Lutte contre la Désertification a pour objectif général d'identifier les facteurs qui contribuent à la désertification et les mesures concrètes à prendre pour lutter contre celle-ci et atténuer les effets de la sécheresse. Le PAN précise le rôle relevant respectivement à l'Etat, aux collectivités locales et aux exploitants des terres, ainsi que les ressources disponibles. A cet effet, et en raison de l'incidence très grande des facteurs anthropiques sur la dégradation des terres notamment du fait de la pauvreté des populations, les objectifs spécifiques visés par le PAN du Congo sont les suivants:

- améliorer les connaissances sur la dégradation des terres (cartographie),
- développer et renforcer les capacités (système de suivi et évaluation),
- améliorer le cadre institutionnel et législatif de la lutte contre la dégradation des terres,
- améliorer les conditions de vie des populations,
- réhabiliter les zones touchées par la dégradation des terres.

Dans le cadre de la lutte contre la pauvreté rurale, le programme prévoit une amélioration des conditions de vie des populations par le développement des projets de lutte contre la pauvreté et la création des activités génératrice de revenus. S'agissant d'améliorer la résilience des moyens de subsistance face aux menaces et crises ayant des répercussions sur l'agriculture, la nutrition et la sécurité alimentaire, un projet intitulé « appui au renforcement de capacité en vue de la finalisation du Plan d'Action National de Lutte Contre la Dégradation des terres » a été initié en 2004 par la République du Congo et soumis au Fonds pour l'environnement mondial (FEM) pour financement. Il a pour objectif global : contribuer au renforcement de capacités en vue de l'élaboration du Plan d'Action National de lutte contre la dégradation des terres, pour une gestion durable. Les activités prévues dans ce cadre sont :

---

[253] UNDDD 2010-2020, La Décennie des Nations Unies pour les déserts (2010-2020) et la lutte contre la désertification,
https://www.un.org/fr/events/desertification_decade/convention.shtml,
consulté le 27 décembre 2020

- s'approprier et vulgariser les normes juridiques sur la lutte contre la dégradation des terres ;
- développer et renforcer les capacités humaines et institutionnelles ;
- améliorer les connaissances sur l'état des terres ;
- renforcement des capacités institutionnelles et des partenaires nationaux et internationaux pour la mobilisation des fonds ;
- développer des stratégies visant l'atténuation des facteurs contribuant à la dégradation des terres ;
- sensibiliser, éduquer et former toutes les parties prenantes nationales.

Dans le cadre de la gouvernance, l'organe national de coordination a été mis en place pour mettre en œuvre la convention sur la lutte contre la dégradation des terres. Cet organe dénommé Comité National de Lutte contre la dégradation est placé sous tutelle du Ministère en charge de l'environnement. Pour lutter contre la dégradation des terres, le PAN envisage d'assurer la participation de tous les acteurs ou toutes les ressources humaines (services techniques, société civile) à la conception, à la réalisation et au suivi des actions envisagées dans ce programme. Il y a donc nécessité d'un renforcement des capacités des intervenants au programme. A côté des ONG plusieurs établissements d'enseignement public et de recherche doivent participer au processus d'élaboration et d'exécution du PAN[254].

G – La Convention sur la diversité biologique de 1992

Traité international pour un avenir durable, la Convention sur la diversité biologique (CDB) est un traité international juridiquement contraignant qui a trois principaux objectifs : la conservation de la diversité biologique, l'utilisation durable de la diversité biologique et le partage juste et équitable des avantages découlant de l'utilisation des ressources génétiques.
Son but général est d'encourager des mesures qui conduiront à un avenir durable.
La conservation de la diversité biologique est une préoccupation commune de l'humanité. La Convention sur la diversité biologique vise tous les niveaux de la diversité biologique : les écosystèmes, les espèces et les ressources génétiques. Elle s'applique aussi aux biotechnologies, notamment dans le cadre du Protocole

---

[254] Republic of the Congo : *Programme d'action national de lutte contre la désertification*, Republic of the Congo: Programme d'action national de lutte contre la désertification, 2006, p13

de Cartagena sur la prévention des risques biotechnologiques. En fait, elle vise tous les domaines possibles qui sont directement ou indirectement liés à la diversité biologique et à son rôle en matière de développement, allant de la science, la politique et l'enseignement à l'agriculture, au monde des affaires, à la culture et bien plus encore.

L'organe directeur de la Convention sur la diversité biologique est la Conférence des Parties (COP). Cette instance supérieure est composée de tous les gouvernements qui ont ratifié le traité (les Parties) et se réunit tous les deux ans pour examiner les progrès accomplis, établir des priorités et décider de plans de travail.

Le Secrétariat de la Convention sur la diversité biologique est basé à Montréal, au Canada. Sa fonction principale est d'aider les gouvernements à mettre en œuvre la Convention et ses programmes de travail, d'organiser des réunions, de rédiger des documents et d'assurer une coordination avec d'autres organisations internationales, ainsi que de recueillir et diffuser des informations. Le Secrétaire exécutif est le chef du secrétariat. La Convention a été ouverte à la signature le 5 juin 1992 lors de la Conférence des Nations Unies sur l'environnement et le développement, souvent appelé le « Sommet de la Terre » de Rio. Elle compte, à ce jour, 196 Parties[255].

Au Congo, cette Convention a été ratifiée par la loi n°26/96 du 25 juin 1996. La protection de la biodiversité favorise la survie des êtres vivants en approvisionnant en nourritures, en médicaments, en énergie et en contribuant au développement socio-économique des communautés à travers l'émergence du tourisme. La République du Congo avec sa richesse écologique, s'est engagée dans le processus de protection de la biodiversité, en vue de conserver les gènes, les espèces et les écosystèmes nationaux et internationaux pour la gestion et l'utilisation durable des ressources biologiques. En ratifiant la Convention sur la biodiversité, le 30 octobre 1996, le Congo avec une déforestation estimée à 0,05%, n'est pas resté en marge des pays « très engagés » dans cette lutte sur la préservation de la biodiversité.

Sur la base de cette Convention, le gouvernement a également signé deux protocoles, à savoir celui du Cartagena sur la prévention des risques biotechnologiques, le 11 octobre 2006, et celui du Nagoya, le 14 mai 2015 sur

---

[255] UN, La Convention sur la diversité biologique, traité international pour un avenir durable, https://www.un.org/fr/observances/biological-diversity-day/convention, consulté le 27 décembre 2020

l'accès aux ressources génétiques et le partage juste et équitable des avantages découlant de leur utilisation. Ainsi, plusieurs initiatives ont été mises en œuvre par le Congo, à savoir la commission Climat du Bassin du Congo, le Fonds Bleu pour le Bassin du Congo et la conservation des tourbières des deux Congo avec une superficie de 126.440 Km^2. Ces tourbières séquestrent 30 milliards tonnes de carbone selon les études.

Pour protéger les mangroves de Pointe-Noire qui sont des zones de haute séquestration de carbone et permettent aux poissons de se reproduire, l'Etat a érigé des aires protégées. Toutes ces actions permettent de prendre des mesures efficaces et urgentes afin d'éradiquer l'érosion de la biodiversité.

Actuellement, le Congo conserve 5015 espèces végétales à l'herbier national pour, entre autres, des besoins tradi-thérapeutiques. Le PNUD, qui accompagne les actions du gouvernement, apporte son appui dans la protection des espèces menacées dans les aires protégées du Congo que cela soit au niveau de l'écosystème aquatique que forestier. Cela s'est traduit, entre autres, dans la réalisation du projet de conservation intégrée et transfrontalière de la biodiversité dans les bassins de la République du Congo, dit TRIDOM II[256]. En effet, le Fonds pour l'environnement mondial finance depuis 2008 le projet Trinational Dja-Odzala-Minkébé (TRIDOM), intitulé « Conservation de la biodiversité transfrontalière dans l'interzone du Cameroun, Congo et du Gabon[257] ».

L'objectif de développement à long terme (but) du projet est la conservation de la biodiversité d'importance mondiale que renferme le Bassin du Congo en intégrant les objectifs de conservation dans les plans de développement durable nationaux et régionaux de la TRIDOM. Pour contribuer à la réalisation de cet objectif à long terme, l'objectif spécifique, ou objectif du projet, est de préserver les fonctions et la connectivité écologiques de la TRIDOM et d'assurer la conservation à long terme de son système d'aires protégées à travers un aménagement intégré, durable et participatif dans l'interzone entre les aires protégées.

---

[256] Le projet TRIDOM (Trinationale Dja-Odzala-Minkébé) intitulé « Conservation de la biodiversité transfrontalière dans l'interzone de Dja-Odzala-Minkébé au Cameroun, Congo et Gabon » est d'une durée de sept ans. Il a été mis en œuvre par le Programme des Nations Unie pour le Développement (PNUD) et exécuté par « United Nations Office for Project Services » (UNOPS).

[257]https://www.aci.cg/congo-environnement-la-protection-de-la-biodiversite-source-dequilibre-mondiale/, consulté le 19 décembre 2020

A travers cet objectif spécifique, le projet favorise une matrice des types d'occupation des terres qui, une fois intégrée dans toute la zone, permettra de conserver la biodiversité d'importance mondiale grâce à une exploitation durable et de la préserver en gelant des terres à l'intérieur de la forêt de production[258].

H – La convention africaine sur la conservation de la nature et des ressources naturelles du 11 juillet 2003

Longtemps connue sous le nom de la convention d'Alger, ville qui l'avait vue naître en 1968, la Convention de Maputo sur la conservation de la nature et des ressources naturelles est la manifestation de la prise de conscience des chefs d'Etats africains de ce que les sols, les eaux, la flore et les ressources en faune constituent un capital d'importance vitale pour l'homme[259]. Cette Convention a été signée par le Congo le 15 septembre 1968 et ratifiée 04 avril 1981. Elle pose comme principe fondamental l'engagement des Etats contractants à prendre les mesures nécessaires pour assurer la conservation, l'utilisation et le développement des sols, des eaux, de la flore et des ressources en faune en se fondant sur des principes scientifiques et en prenant en considération les intérêts majeurs de la population[260]. Ce texte traite donc de la protection et de la conservation des écosystèmes et des ressources naturelles en Afrique. Il est sans doute l'un des rares textes internationaux sur le patrimoine naturel et culturel à prévoir la prise en compte des droits coutumiers dans les législations modernes de façon à harmoniser la conservation des écosystèmes. Pour mettre en place une protection régionale (au niveau africain) coordonnée et une coopération interétatique efficace, l'article 15 de la convention dispose : « *Chaque Etat contractant créera, s'il ne l'a déjà fait, une administration unique ayant dans ses attributions l'ensemble des matières traitées par la présente Convention ; en cas d'impossibilité, un système sera établi en vue de coordonner les activités en ces matières[261]* ». Cette Convention vise la conservation et l'utilisation rationnelle des ressources en sol, en eau, en flore et en faune. Le rôle des communautés locales y est spécifiquement souligné, leurs droits traditionnels devant être respectés et leur participation active au processus de planification et de gestion de ressources naturelles organisée par les Etats[262].

---

[258] Présentation du Projet TRIDOM par la Commission des Forêts d'Afrique Centrale
[259] Préambule du texte
[260] Article 2 de la convention de Maputo
[261] Article 15 de la Convention d'Alger
[262] Article 17 de la Convention de Maputo

I – La Charte Africaine des Droits de l'Homme et des Peuples du 27 juin 1981

Entrée en vigueur 21 octobre 1986 et ratifiée par le Congo le 09 décembre 1982, la Charte de 1981 instaure, en Afrique, une protection des droits de l'homme en opérant une indivisibilité entre les droits civils et politiques dont bénéficient les citoyens des Etats Parties et en accordant une indépendance à tous les droits de l'homme de manière générale. Ce texte opère, de ce fait, une égalité entre tous les droits de l'homme (civils, politiques, économiques, sociaux et culturels) tant dans leur conception que dans leur universalité. Dans ce sens, la jouissance des droits politiques et civils est garantie par la satisfaction des droits économiques, sociaux et culturels.

Cette Charte pose le cadre de référence dans l'élaboration d'une législation nationale sur la protection des droits de l'homme par les Etats-Parties. Par ailleurs, elle a le mérite d'avoir mis en place la Commission africaine des droits de l'homme qui est l'organe de l'Union Africaine chargé de surveiller la mise en œuvre de la Charte africaine des droits de l'homme et des peuples. Composée de 11 membres élus par la Conférence des chefs d'Etat et de gouvernement de l'Union africaine, la Commission a pour mission de promouvoir, de protéger et d'interpréter les dispositions de la Charte africaine des droits de l'homme et des peuples.

Son article 21 dispose : « les peuples ont la libre disposition de leurs richesses et de leurs ressources naturelles. Ce droit s'exerce dans l'intérêt exclusif des populations. En aucun cas, un peuple ne peut en être privé. En cas de spoliation, le peuple spolié a droit à la légitime récupération de ses biens ainsi qu'à une indemnisation adéquate. La libre disposition des richesses et des ressources naturelles s'exerce sans préjudice de l'obligation de promouvoir une coopération économique internationale fondée sur le respect mutuel, l'échange équitable, et les principes du droit international. Les Etats parties à la présente Charte s'engagent, tant individuellement que collectivement, à exercer le droit de libre disposition de leurs richesses et de leurs ressources naturelles, en vue de renforcer l'unité et la solidarité africaines. Les Etats, parties à la présente Charte, s'engagent à éliminer toutes les formes d'exploitation économique étrangère, notamment celle qui est pratiquée par des monopoles internationaux, afin de permettre à la population de chaque pays de bénéficier pleinement des avantages provenant de ses ressources nationales.

Le Congo a ratifié cette Charte en 1982 non seulement pour disposer d'un cadre juridique de protection des Droits de l'homme mais aussi pour renforcer et garantir la protection des ressources naturelles. L'article 24 de cette Charte dispose : « *tous les peuples ont droit à un environnement satisfaisant et global, propice à leur développement* ». Ce principe a inspiré la Constitution congolaise de 6 novembre 2015 en ce qu'elle se réfère aux principes fondamentaux proclamés et garantis qui y sont prévus. En effet, les articles 41 à 49 de cette Constitution prévoient une protection explicite de l'environnement. Il est affirmé que « *tout citoyen a droit à un environnement sain, satisfaisant et durable et a le devoir de le défendre. L'Etat veille à la protection et à la conservation de l'environnement. Les conditions de stockage, de manipulation, d'incinération et d'évacuation des déchets toxiques, polluants ou radioactifs, provenant des usines et autres unités industrielles ou artisanales installées sur le territoire national, sont fixées par la loi* ».

Toute pollution ou destruction résultant d'une activité économique, donne lieu à compensation. La loi détermine la nature des mesures compensatoires et les modalités de leur exécution. Le transit, l'importation, le stockage, l'enfouissement, le déversement dans les eaux continentales et les espaces maritimes sous juridiction nationale, l'épandage dans l'espace aérien des déchets toxiques, polluants, radioactifs ou de tout autre produit dangereux en provenance ou non de l'étranger, constituent des crimes punis par la loi. Tout acte, tout accord, toute convention, tout arrangement administratif ou tout autre fait, qui a pour conséquence de priver la Nation de tout ou partie de ses propres moyens d'existence, tirés de ses ressources naturelles ou de ses richesses, est considéré comme crime de pillage et puni par la loi ».

II – Le cadre institutionnel

Ce cadre concerne les institutions internationales qui œuvrent pour la protection du patrimoine naturel et de l'environnement au Congo. Il s'agit souvent d'organismes internationaux dont le Congo est membre et dispose du statut d'Etat Partie. Ces organismes peuvent être internationaux, régionaux ou sous-régionaux. Ils interviennent aussi bien dans la formation des ressources humaines à travers des ateliers, séminaires ou stages que dans la conception et la mise en œuvre des projets de protection des ressources naturelles.

A – Le Programme des Nations Unies pour l'Environnement (PNUE)

Créé en 1972, le Programme des Nations Unies pour l'environnement (PNUE) est l'entité du système des Nations Unies dédiée aux affaires environnementales. Chargée de l'ordre du jour dans ce domaine, elle veille en effet à la mise en œuvre cohérente du volet environnemental du développement durable au sein du système des Nations Unies, tout en plaidant efficacement la cause de l'environnement au niveau mondial. Le PNUE a pour mission de montrer la voie et d'encourager la coopération pour protéger l'environnement. Il se doit aussi d'être une source d'inspiration et d'informations pour les États et les populations, dont il cherche à améliorer la qualité de vie, sans toutefois compromettre celle des générations à venir.

En d'autres termes, le PNUE est la principale autorité environnementale mondiale qui définit le programme environnemental mondial, encourage la mise en œuvre cohérente de la dimension environnementale du développement durable au sein du système des Nations Unies et défend l'environnement mondial. Basée à Nairobi, au Kenya, cette institution travaille en sept grands domaines thématiques : les changements climatiques, les catastrophes et les conflits, la gestion des écosystèmes, la gouvernance environnementale, les produits chimiques et les déchets, l'efficacité des ressources et l'environnement à l'étude. Dans tout son travail, maintient son engagement global envers la durabilité[263].

Pour ce qui est spécifiquement du Congo, le PNUE intervient dans les domaines suivants :

- l'appui au processus de rédaction de la Politique Nationale de Gestion Durable des Ressources en Eau (PNGDRE) ;
- l'assistance juridique et technique dans la mise en place du cadre réglementaire environnemental ;
- le soutien aux zones protégées ;
- la mise en lumière de l'exploitation illégale des ressources naturelles des forêts du Bassin du Congo en collaboration avec le PNUD de Brazzaville[264].

Par ailleurs, le PNUE a joué un rôle très déterminant dans la mise en place du Fonds des Forêts du bassin du Congo (FFBC). En effet, 2007, le Gouvernement du Royaume-Uni, à travers le PNUE, a annoncé la disponibilité de la somme de 100 millions de dollars US comme contribution à la mise en place du Fonds pour les Forêts du Bassin du Congo afin de soutenir la conservation et la gestion

---

[263] UNEP, Rapport d'Assemblée des Nations Unies pour l'environnement du Programme des Nations Unies pour l'environnement, UNEP, Nairobi, 11–15 mars 2019, p7
[264] Programme des Nations Unies pour le développement qui coordonne toutes les activités du système des Nations Unies au Congo

durable des écosystèmes forestiers dudit bassin. Dans le souci de gagner du temps, une somme initiale de 16 millions de dollars US a été débloquée pour permettre le démarrage effectif du FFBC. La contribution du Royaume-Uni est destinée au financement du processus en cours, portant sur la promotion de la conservation et la gestion durable des écosystèmes forestiers de la sous-région et à la contribution de la réduction de la pauvreté, processus devant aboutir à la mise en œuvre du plan de convergence de la Commission des Forêts d'Afrique Centrale (COMIFAC), en collaboration avec le processus du Partenariat pour les Forêts du Bassin du Congo (PFBC[265]).

C'est donc dans le but d'accélérer la procédure de financement du Fonds des Forêts du bassin du Congo que le PNUE a mis en œuvre une structure de gouvernance provisoire. Cette initiative du PNUE est un véritable élément d'incitation car elle a servi de facteur catalyseur. En effet, à partir de là, le FFBC s'est enrichi de bien d'autres contributions additionnelles significatives de la part d'autres donateurs bilatéraux et multilatéraux. Ainsi, c'est matérialiser l'internationalisation du Fonds.

Enfin, il faut noter que de nombreux donateurs et partenaires sont actifs grâce aux efforts du PNUE dans l'élaboration et la mise en place les politiques environnementales et forestières d'une part ; et dans l'harmonisation et la mobilisation des ressources (financières et humaines), d'autre part.
Il est tout aussi important de noter que le PNUE veille à la perception de la gestion des fonds pour le Bassin du Congo. Pour y arriver, il a été mené des consultations avec tous les partenaires publics et privés (Gouvernements des PBC[266], institutions internationales, régionales, sous-régionales et nationales, société civile…) afin d'harmoniser les points de vue sur la perception de la gestion des fonds pour le Bassin du Congo.
Il apparaît évident que c'est grâce aux efforts et à l'appui du PNUE que l'on a pu harmoniser les conceptions avec pour conséquence la création de la Structure de Gouvernance du Fonds à la fois au niveau de la prise de décision et de la gestion. La déclaration de Tunis du 21 – 22 février 2008 mandate la Banque Africaine de Développement[267] de l'abriter en tant que gestionnaire, d'être le catalyseur, et d'être le coordinateur de nouveaux financements pour la

---

[265] PNUE, *Etude sur la mise en place du fonds des forêts du bassin du Congo. Structure de Gouvernance*, PNUE 2012, p6
[266] Pays du Bassin du Congo
[267] Banque Africaine de Développement

conservation et la gestion durable des écosystèmes forestiers du Bassin du Congo[268].

B – L'Organisation des Nations Unies pour l'Éducation, la Science et la Culture (UNESCO)

Selon le préambule de l'Accord de Siège signé le 18 mars 1997 entre l'UNESCO et le Gouvernement de la République du Congo, le Bureau de Brazzaville a pour mission de mettre en œuvre en République du Congo des programmes approuvés par la Conférence Générale de l'Unesco. Concernant le patrimoine naturel, le Bureau UNESCO de Brazzaville est chargé d'accompagner la mise en œuvre des conventions de 1972 sur le patrimoine mondial.

Il faut tout de suite noter que seule la Convention de 1972 dite convention du patrimoine mondial, culturel et naturel nous intéresse ici. Elle a été ratifiée par le Congo le 10 octobre 1987[269]. Encore appelée convention du patrimoine mondial, ce texte porte protection internationale du patrimoine culturel et naturel. Il fait remarquer que les patrimoines culturel et naturel sont de plus en plus menacés et cette menace est soit l'œuvre de l'homme, soit de l'évolution de la vie sociale et économique qui accélère les phénomènes de dégradation. La Convention invite le Congo à assurer la protection de son patrimoine national et international dans les conditions efficaces.

En vertu de cette Convention, le Congo se reconnaît l'obligation d'assurer l'identification, la protection, la conservation, la mise en valeur et la transmission aux générations futures du patrimoine culturel et naturel situé sur son territoire. Il agit grâce à ses ressources disponibles ou au moyen de l'assistance et de la coopération internationales dont il pourra bénéficier, notamment aux plans financier, artistique, scientifique et technique[270]. La particularité de cette mesure réside dans la possibilité pour le Congo d'assurer à la fois la protection de la nature et de préservation des biens culturels. La Convention reconnaît ainsi l'interaction entre l'être humain et la nature et le besoin fondamental de préserver l'équilibre entre les deux[271]. La principale conséquence de cette disposition est l'obligation pour le Congo d'assurer la

---

[268] PNUE, *Op., Cit.*, p14
[269] UNESCO, États parties. *Situation de la Ratification* http://whc.unesco.org/fr/etatsparties/, consulté le 13 juillet 2020
[270] Préambule de la convention sur le patrimoine mondial de 1972
[271] Dominique Louppe, Gilles Mille, Mémento du forestier tropical, Quae, 2 déc. 2015 – p189

protection de son patrimoine sur la base des mesures bien spécifiques, déterminées par la convention.

Ainsi, l'action du Centre du patrimoine mondial de l'UNESCO se manifeste par la mise en place de plusieurs programmes pour la conservation du patrimoine naturel du bassin du Congo coordonnés à l'Unité des projets spéciaux du Centre du patrimoine mondial. Les plus importants sont :

L'Initiative pour le patrimoine mondial forestier d'Afrique centrale (CAWHFI) est un Programme de Conservation de la biodiversité en zones de conflits armés et l'Initiative pour le patrimoine mondial forestier d'Afrique centrale (CAWHFI). À travers cette initiative, s'est formé un réseau transfrontalier d'aires protégées exceptionnelles et de sites du patrimoine mondial dont l'intégrité est maintenue et où le contrôle du braconnage et la régulation du commerce de la viande de brousse constituent un exemple et une source d'inspiration pour la gestion des écosystèmes forestiers d'Afrique centrale et d'ailleurs.

L'Initiative pour le Patrimoine Mondial Forestier d'Afrique Centrale a pour mission d'améliorer la gestion des sites forestiers du Cameroun, de la République centrafricaine, du Congo et du Gabon susceptibles d'être reconnus pour leur valeur universelle exceptionnelle et améliorer leur intégration au sein des paysages écologiques[272].

De manière générale, l'Initiative CAWHFI comprend trois composantes à savoir :
La composante CAWHFI cofinancée par la Fondation des Nations Unies qui vise à mettre en place des interventions sur l'amélioration de la gestion des paysages transfrontaliers du Tri-national de la Sangha, de *Gamba-Mayumba-Conkouati* et du Tri-national *Dja-Odzala-Minkébé*, en vue de réduire significativement le braconnage qui les affecte. Cette composante a connu la collaboration de plusieurs ONG de conservation, les services de gestion de la faune et des aires protégées des quatre États parties (Cameroun, République centrafricaine, Congo et Gabon), et la FAO. Les premières activités de terrain de cette composante ont démarré dans le courant de l'année 2004. Cofinancée à hauteur de 50% par la Fondation des Nations Unies, ce projet de 6,6 millions de

---

[272] CA.WH.FI, Central *Africa World Heritage Forest Initiative*, CA.WH.FI 2007, p79

dollars a obtenu l'autre moitié de ses financements dans la contribution directe des ONG de mise en œuvre de ce projet[273].

La composante CAWHFI financée par le Fonds Français pour l'Environnement Mondial. Celle-ci est la suite logique du processus mis en place pour la réalisation du projet. En effet, cette composante est la résultante de l'obligation d'une meilleure gestion de l'ensemble du paysage écologique, socio-économique et culturel local par les États du BFC. De cette obligation est née l'impérative collaboration entre le Centre du patrimoine mondial de l'UNESCO et le Fonds Français pour l'Environnement Mondial, avec en toile de fond le développement d'une conception qui prend en compte les préoccupations de gestion durable. Ainsi, une nouvelle composante, axée sur la sensibilisation et la responsabilisation des parties prenantes locales aux problématiques de gestion durable de la faune, a été développée en partenariat avec WCS et WWF[274].

La composante CAWHFI financée par la Commission Européenne. Cette troisième composante, financée par la Commission européenne, a permis de poursuivre les activités de CAWHFI en renforçant les initiatives en faveur de la conservation et du développement durable des espaces, des espèces et des peuples du bassin du Congo[275].

Cette composante vise en particulier protection internationale des aires protégées des forêts du Bassin du Congo à travers la Convention du patrimoine mondial. Ainsi donc, la mise en œuvre de cette composante a abouti à l'inscription du TNS[276] sur la Liste du patrimoine mondial en 2012 ; ce qui est l'aboutissement du processus de montage de la proposition d'inscription appuyé par l'UNESCO et WCS. Les gouvernements du Congo et du Gabon ont signé un accord pour la mise en place du Parc transfrontalier de Mayumba-Conkouati[277].

La mise en œuvre de la composante de l'Initiative pour le Patrimoine Mondial Forestier d'Afrique Centrale financée par la Commission européenne a été globalement satisfaisante. L'atteinte des objectifs a notamment pu être réalisée grâce à la collaboration réussie entre les partenaires techniques de cette composante et grâce au succès de la concertation entre les parties prenantes (autorités nationales et locales, secteur privé, populations locales). Il convient de

---

[273] *Ibid.*
[274] CA.WH.FI, *Op., Cit.*, p81
[275] Jean-Christophe Lefeuvre, La composante CAWHFI financée par la Commission Européenne, UNESCO 2008, p4
[276] Tri National Sangha
[277] Jean-Christophe Lefeuvre, *Op, Cit*, p5

noter la participation active des populations locales à la planification et à la mise en œuvre des activités liées à la conservation[278].

Le Programme de Conservation de la biodiversité en zones de conflits armés

Ce programmé a été initié par le Centre du patrimoine Mondial de l'UNESCO en 2000. Il vise à éviter la dégradation des sites de valeur universelle exceptionnelle en période de conflits armés. En réalité, il a été mis en place afin de préserver l'intégrité des 5 sites congolais[279] dans un pays en situation de conflit prolongé.

Il faut noter que ce programme ne concerne pas les forêts du Bassin du Congo dans l'espace géographique de la République du Congo car ces forêts sont situées au nord du pays, zone qui n'a jamais connu de conflits armés.

C – L'Union internationale pour la conservation de la nature (UICN)

Cette institution voit le jour le 5 octobre 1948, grâce à l'appui de Julian Huxley[280], après la conférence internationale de Fontainebleau de l'UNESCO[281] en France. C'est à l'UICN que l'on doit la première utilisation du concept « *sustainable development* » traduit à tort par développement durable[282]. Elle a vite révélé son importance au point de compter aujourd'hui 13.000 organisations membres et 10.000 experts en conservation, protection et sauvegarde du patrimoine naturel notamment forestier. Ce vaste réseau qui s'est très vite diversifié s'est donné pour mission d'influencer, d'encourager et d'aider les sociétés à conserver l'intégrité et la diversité de la nature et d'assurer que les ressources naturelles soient utilisées d'une manière équitable et durable.

---

[278] *Ibid.*

[279] République Démocratique du Congo différente de la République du Congo, objet de notre étude.

[280] Julian Huxley est un britannique né en 1887 et décédé en 1975. Biologiste, théoricien de l'eugénisme, il est connu pour ses ouvrages sur la science. Il a été le premier directeur de l'UNESCO et fondateur de l'ONG WWF

[281] Yannick Mahrane (dir.), « De la nature à la biosphère, L'invention politique de l'environnement global 1945-1972 », in *Cairn.info*, Revue d'histoire 2012, n°113, p130

[282] Jonathan Tardif, Écotourisme et développement durable, VertigO - la revue électronique en sciences de l'environnement [Online], Volume 4 Numéro 1 | mai 2003, posto online no dia 01 maio 2003, consultado o 16 abril 2019. URL : http://journals.openedition.org/vertigo/4575 ; DOI : 10.4000/vertigo.4575

L'UICN fait aujourd'hui autorité au niveau international sur l'état de la nature et des ressources naturelles dans le monde et sur les mesures pour les préserver. Nos experts se divisent en six Commissions, dédiées à la sauvegarde des espèces, au droit de l'environnement, aux aires protégées, aux politiques économiques et sociales, à la gestion des écosystèmes, et à l'éducation et la communication. C'est grâce à sa capacité de rassembler les diverses parties prenantes, d'apporter les dernières connaissances scientifiques et des recommandations objectives, et à son expertise sur le terrain, que l'UICN mène à bien sa mission d'informer et de valoriser les efforts de conservation dans le monde [283].

C'est une institution qui comporte en sein des États et des ONG de la société civile avec pour but principal de constituer une plateforme servant à fournir des outils nécessaires pour que le progrès humain, le développement économique et la conservation de la nature se réalisent en harmonie. En réalité, l'UICN a été mise en place pour concilier l'exploitation des ressources et le développement humain en faisant de cette interrelation la condition même de son existence.

Elle tire sa notoriété en ce qu'elle offre un cadre idéal de collaboration pour tous les partenaires (ONG, publics, privés, société civile…) afin d'apporter des réponses à la lutte contre la protection de l'environnement, la biodiversité, les changements climatiques afin de mettre en œuvre le développement durable. À ce titre, l'UICN, seule organisation environnementale ayant le statut officiel d'Observateur des Nations Unies, veille à ce que la conservation de la nature soit entendue au plus haut niveau de la gouvernance internationale.

Pour ce qui est des forêts du Bassin du Congo, l'UICN à contribuer à la mise en place de l'Observatoire régional pour la biodiversité et les aires protégées en Afrique centrale. En effet, le Programme pour la biodiversité et la gestion des aires protégées (BIOPAMA) a lancé l'Observatoire régional pour la biodiversité et les aires protégées en Afrique centrale à Brazzaville au Congo en 2014. L'Initiative BIOPAMA, financée par le Fonds ACP de l'Union européenne, vise à offrir une meilleure compréhension des tendances et des menaces qui pèsent sur les aires protégées en Afrique centrale, afin de soutenir les processus décisionnels et améliorer la gestion des aires protégées. Elle est mise en œuvre par l'Union internationale pour la conservation de la nature (UICN) et le Centre commun de recherche (CCR) de la Commission européenne, en collaboration avec l'Observatoire pour les forêts d'Afrique centrale (OFAC).

---

[283] UICN, Présentation de notre histoire, UICN 2018, Url : https://www.iucn.org/fr/a-propos-1, consulté le 22 avril 2018

L'Observatoire régional contribue à la collecte et au partage des informations et données pertinentes sur les aires protégées en Afrique centrale, et soutient les processus décisionnels des gouvernements de la région[284].

D'autre part, l'UICN coordonne le Programme régional pour l'environnement en Afrique Centrale (CARPE). Ce programme financé par l'Agence américaine pour le développement international est une initiative à long terme visant à s'atteler aux problématiques de déforestation, la gestion durable des forêts, la perte de la biodiversité et le changement climatique dans le Bassin du Congo. Le programme CARPE vise à améliorer la gestion des massifs forestiers dans le bassin et à renforcer les capacités des gouvernements et de la population locale afin de gérer ces ressources sur le plan local, national et régional[285].

Par ailleurs, le CARPE permet de mettre en œuvre des programmes complémentaires d'assistance technique financés par le Département d'État américain et l'USAID. Ils mettent l'accent sur le renforcement des capacités dans les domaines du changement climatique, de la réduction des émissions provenant de la déforestation et de la dégradation des forêts ainsi que la mesure du carbone forestier et sa surveillance[286]. En ce sens, le CARPE (Programme régional de l'Afrique centrale pour l'environnement) a accordé des micro-subventions à quatre ONG, pour financer leurs projets retenus, dans le cadre de la gestion durable de l'environnement. Ces micro- subventions ou *small grant* sont une façon pour le CARPE de contribuer au renforcement des capacités de la société civile, à travers le financement des micro-projets de développement et de gestion durable des ressources naturelles[287].

D – L'Organisation pour l'alimentation et l'agriculture (FAO)

L'Organisation pour l'alimentation et l'agriculture (FAO) est l'agence spécialisée des Nations Unies qui mène les efforts internationaux vers l'élimination de la faim. Son objectif est d'atteindre la sécurité alimentaire pour tous et d'assurer un accès régulier et suffisant à une nourriture de bonne qualité

---

[284]Aurélie Binot, *La conservation de la nature en Afrique centrale entre théorie et pratiques. Des espaces protégés à géométrie variable*, Thèse de géographie, Université Paris 1, p201
[285] UICN, *Analyse de situation de l'UICN concernant la faune terrestre et d'eau douce en Afrique centrale et de l'Ouest*, UICN 2015, p81
[286] Kenneth Angu, David Yanggen, *Conservation à l'échelle du Paysage dans le Bassin du Congo : Leçons tirées du Programme régional pour l'environnement en Afrique centrale* (CARPE), UICN 2010, p173
[287] Aurélie Binot, *Op, Cit*, p23

permettant à tous, de mener une vie saine et active. Avec plus de 194 pays membres, la FAO travaille dans plus de 130 pays à travers le monde. Nous croyons que nous avons tous un rôle à jouer dans l'éradication de la faim[288].

La FAO dispose d'une Bureau National à Brazzaville qui est chargé qui apporte son expertise dans les domaines suivants :

- la modernisation de la petite agriculture, de la production animale et de L'aquaculture, y compris L'amélioration de la production agricole et horticole, de L'élevage de volailles et de petits ruminants ainsi que la production bovine;
- le renforcement de L'appui au développement durable et à la lutte contre les effets du changement climatique, en mettant L'accent sur le Programme national de boisement et de reboisement, sur le renforcement des capacités de gestion des mangroves, sur les services de surveillance des forêts et sur le renforcement de la conservation de la biodiversité;
- la promotion des organisations de la société civile et des organisations de producteurs, en s'appuyant sur L'inclusion des communautés locales dans la gestion des coopératives locales, et sur des approches participatives de développement des filières maïs, manioc, pêches et aviculture[289].

La FAO s'est véritablement impliquée dans gestion durable des Forêts du Bassin du Congo pour un avenir durable. En effet, les actions de la FAO ces deux dernières décennies ont contribué à la gestion durable de la ressource forestière du Bassin du Congo. A cet effet, Dan Rugasira, Coordonnateur sous-régional pour l'Afrique centrale et Représentant de la FAO au Gabon et Sao Tomé et Principe, estime que les actions de la FAO dans la sous- région se sont déclinées en termes de :
- Soutien aux institutions sous régionales. Il s'est agi pour la FAO, d'apporter un appui à la création des institutions à caractère sous régional, dédier à la défense des intérêts des forêts du bassin du Congo et d'apporter un appui aux structures comme la CEFDHAC (organe de coordination des partenaires et de la société civile), l'UICN et le WWF. Par ailleurs, la FAO a contribué à la mise en place de la COMIFAC (organisation fiable et crédible), en réponse aux exigences de la conférence de Yaoundé, et à la nécessité et à l'urgence d'avoir une

---

[288] FAO, *Histoire de la FAO*, FAO 2016, Url : http://www.fao.org/about/fr/, consulté le 14 juillet 2018
[289] FAO, *Gestion durable des forêts tropicales en Afrique Centrale*. Recherche d'excellence, FAO 2004, p12

institution qui est chargée d'implémenter la déclaration de Yaoundé. Et les acteurs clés de la sous-région (États, partenaires, société civile) se reconnaissent en cette structure à qui ils apportent leur soutien multiforme.

- Soutien aux fondamentaux de la gestion des ressources forestières : la planification, la politique et de soutien juridique. La FAO a apporté un appui dans l'élaboration du plan de convergence de la COMIFAC, qui permet d'harmoniser les politiques des pays du bassin du Congo autour de la gestion durable des ressources forestières et de la participation communautaire dans le processus. Dans certains pays, la FAO a apporté un appui dans l'élaboration des politiques et des codes forestiers, notamment au Cameroun où le processus est en cours, en République centrafricaine, au Congo, en République démocratique du Congo et au Gabon. La FAO continue à soutenir la COMIFAC dans la conception du système de surveillance national, qui permet de fournir des données essentielles sur les ressources forestières nationales et qui constituent une base de planification forestière et d'élaboration des politiques, pour les pays impliqués dans le processus REDD+. Ce système prend en compte les exigences en matière de surveillance et de mesure, notification et vérification (MRV), en conformité avec les accords internationaux ainsi que ceux établis par la Convention-cadre des Nations Unies sur les changements climatiques.

- La sécurité alimentaire et la contribution des forêts. La FAO a développé un programme de valorisation des produits forestiers non ligneux (PFNL), à travers la création des petites entreprises pour sa collecte et sa commercialisation. Ce qui a permis à la forêt de contribuer à la sécurité alimentaire. Le succès de ce programme a fait l'objet du partage d'expérience avec les partenaires lors de la Conférence internationale sur les forêts pour la sécurité alimentaire et la nutrition tenu en Mai 2013[290].

D'autre part, il est important de souligner l'apport considérable de la FAO dans la surveillance des forêts du Bassin du Congo. En effet, en 2012, La FAO a annoncé le lancement d'un projet doté de près de 4 milliards de francs CFA pour

---

[290] FAO, *Gestion participative et développement des produits forestiers non ligneux*, FAO 2017, Rapport de mi-parcours sur la décennie 2015-2025, p22

améliorer les systèmes de surveillance nationaux des forêts dans dix pays du bassin du Congo en Afrique centrale.

Financé par le Fonds pour les forêts du bassin du Congo (FFBC), lancé par la Norvège et le Royaume-Uni via la Banque africaine de développement (BAD), le projet a précisément pour objectif de renforcer les capacités régionales et permettre aux pays de consolider leur coopération dans le secteur forestier, notamment en ce qui concerne leurs capacités à fournir des données et des informations fiables et transparentes sur les forêts.

Piloté conjointement par les deux organes concernés, (la FAO et la Commission des forêts d'Afrique centrale), ce projet bénéficie de l'appui technique de l'Institut national brésilien de recherche spatiale[291] (INPE).

Pour mieux jouer son rôle d'organe de surveillance, la FAO fournit aux pays son assistance technique en matière de technologies de télédétection afin d'évaluer le couvert forestier et les changements qu'il peut subir. Elle les aide aussi en matière d'évaluation du volume de carbone stocké dans les forêts de la région, dans le cadre du mécanisme onusien de financements de réduction des émissions dues à la déforestation et la dégradation REDD+[292]».

En mettant en œuvre ce projet, la FAO estime que « *Si le taux de déforestation dans le bassin du Congo est "relativement faible", les impacts du changement dans l'utilisation des terres, l'exploitation forestière non durable et minière constituent les principales menaces pesant sur ces forêts[293]* ». Ce qui justifie son intervention dans le domaine de la protection des écosystèmes forestiers du Bassin du Congo.

E – Le Fond Mondial pour la Nature (WWF)

C'est l'une des toutes premières organisations indépendantes de protection de l'environnement dans le monde, avec un réseau actif dans plus de 100 pays et fort du soutien de près de 6 millions de membres. Le WWF travaille activement, avec la FAO, auprès de l'ensemble des parties prenantes pour permettre le développement de la foresterie durable, via le mécanisme de REDD+ (Réduction des Émissions dues à la Déforestation et à la Dégradation des forêts), dans les pays du Bassin. Puisque le WWF et la FAO constatent l'absence de

---

[291] L'expérience brésilienne montre qu'un système national de surveillance de la forêt est l'élément-clé pour préparer le terrain à un soutien international substantiel visant à la protection des forêts et à la promotion de leur gestion durable

[292] Loic Ntoutoume, « Les forêts du bassin du Congo sur la surveillance de la FAO », in *ENVIRONNEMENT*, août 2012, url : http://gabonview.com/blog/category/enviro/, consulté le 14 juillet 2020

[293] FAO, *Op. Cit*, p17

progression du secteur de la foresterie durable dans le Bassin du Congo depuis quelques années, ils ont développé un projet permettant d'évaluer l'ensemble de la chaîne de valeur et d'identifier les freins qui empêchent la foresterie durable de sortir de cette situation de statu quo. Pour cela, ils mènent une analyse fine pour comprendre comment les gains sont générés et la façon dont ils se distribuent le long de la chaîne de valeur, ils recensent les goulots d'étranglements (faiblesses dans le processus qui pénalisent son développement) ainsi que les points de levier susceptibles de relancer le secteur de la foresterie durable.

Le WWF organise des ateliers de consultation des parties prenantes dans les pays concernés par la protection de la forêt permettent de faire ressortir plusieurs éléments clés comme le rôle central des institutions dont l'efficacité est déterminante pour assurer le développement du secteur de la foresterie durable.[294]

Les forêts du Bassin du Congo sont une cible prioritaire de conservation de WWF. À titre d'illustration ces forêts ont fait et font l'objet d'intenses discussions au niveau global, régional, et national. L'accord historique de Paris[295] prouve à quel point les États sont concernés par la gestion durable des écosystèmes forestiers. Point n'est besoin de rappeler l'impérative nécessité pour les États de contribuer à réduction des GES et de procéder au reboisement et l'afforestation. Dans ce contexte, et en vue de contribuer de façon significative à ces objectifs globaux, la vision de WWF pour les forêts se traduit par : « *l'intégrité des forêts les plus importantes dans le monde, y compris leurs bénéfices pour le bien-être des humains est améliorée et maintenue* ».

C'est dans ce contexte que l'organisation a mis en place, au niveau du bassin du Congo, un programme de forêts qui regroupe les 5 pays concernés à savoir le Cameroun, le Congo, la République Centrafricaine, la République Démocratique du Congo et le Gabon.

La mise en place de ce programme répond à une vision globale et consiste à apporter des solutions aux enjeux et défis du développement durable.

---

[294], Raoul Siemeni, *Les forêts du Bassin du Congo : une des cibles prioritaires de conservation de WWF*, WWF 2017, p11

[295] Lors de la COP21 à Paris, le 12 décembre 2015, les Parties à la CCNUCC sont parvenues à un accord historique pour lutter contre le changement climatique et pour accélérer et intensifier les actions et les investissements nécessaires à un avenir durable à faible intensité de carbone. L'Accord de Paris s'appuie sur la Convention et - pour la première fois - rassemble toutes les nations autour d'une cause commune pour entreprendre des efforts ambitieux afin de combattre le changement climatique et de s'adapter à ses conséquences.

Ainsi, le programme régional de WWF pour l'Afrique Centrale vise à construire des mécanismes durables pour préserver la biodiversité, la forêt et le carbone. Il s'agit d'aider à mettre en place d'ici à 2020, une stratégie claire et coordonnée est adoptée et mise en œuvre dans chacun des pays du bassin du Congo, afin d'atteindre un taux annuel de déforestation zéro dans le bassin du Congo. Aussi, ce programme se décline-t-il en cinq (5) principaux axes stratégiques qui sont : le Développement des politiques pour la conservation des forêts, la Gestion responsable des forêts et la certification forestière, le Renforcement de la Société Civile[296].

F – La Conférence sur les écosystèmes de forêts denses et humides d'Afrique centrale (CEFDHAC)

Reconnue par les Chefs d'État dans le Traité instituant la COMIFAC de 2005, la Conférence sur les Écosystèmes de Forêts denses et humides d'Afrique Centrale (CEFDHAC) est un processus multi-acteurs lancé en 1996 à Brazzaville au Congo pour promouvoir la conservation et l'utilisation durable des ressources forestières d'Afrique Centrale. Initialement appelée Processus de Brazzaville, la CEFDHAC est née de la volonté des membres et partenaires de l'UICN en Afrique Centrale de créer un forum de discussion et de concertation sur les grandes questions qui interpellent tous les acteurs concernés par les forêts d'Afrique Centrale. Elle a été créée à l'initiative des Ministres en charge des forêts, de la société civile et du secteur privé du Bassin du Congo.

La CEFDHAC regroupe, de ce fait, à travers les fora d'échanges et de discussions, tous les acteurs impliqués dans la gestion durable des écosystèmes forestiers. La CEFDHAC a pour mission de : "*sensibiliser et encourager les acteurs à conserver les écosystèmes forestiers de la sous-région et à utiliser de façon durable et équitable les ressources qu'ils recèlent*".[297].

Organisation sous-régionale regroupant les États, les organisations non gouvernementales nationales et sous-régionales, le secteur privé et les autres parties prenantes dans la gestion des forêts d'Afrique centrale, la CEFDHAC est la seule plateforme qui regroupe tous les acteurs des deux secteurs forêt-environnement. Cette institution sert donc de cadre de concertation et de coopération dans le but de matérialiser les décisions issues des échanges. De ce point de vue, la CEFDHAC est la manifestation de volonté de tous les partenaires à converger une vision unique : celle de veiller à la conservation

---

[296] Raoul Siemeni, *Op. Cit.*, p12
[297] *Ibid*

leurs écosystèmes forestiers et à l'utilisation durable et équitable des ressources qu'ils recèlent.

Elle se conçoit à la fois comme :

- un forum d'orientation à travers l'articulation de tous les groupes d'acteurs intervenant dans la région.
- Un forum dont l'ensemble des idées et des réflexions concourt à la prise de décision par des autorités politiques impliquées dans les questions environnementales et forestières en Afrique centrale.
- Un forum de concertation et d'échange d'expériences ouvert à tous les intervenants du secteur forestier en vue d'une gestion équitable et durable des écosystèmes forestiers d'Afrique centrale[298].

La vision de la CEFDHAC reconnue par l'article 18 du traité de la COMIFAC est : *un forum dynamique d'échanges favorisant la concertation multi-acteurs en vue de l'adhésion des parties prenantes au processus de gestion durable des écosystèmes des forêts d'Afrique Centrale*[299]. La CEFDHAC comprend un comité de pilotage qui réunit en son sein les présidents pays et des coordonnateurs des réseaux, présidé par un bureau dirigé par un président, un vice-président et un secrétaire. L'organisation travaille en réseau et a ainsi pu réaliser quelques actions majeures comme :
- la tenue de plusieurs fora sous régionaux et des rencontres du comité de pilotage
- L'élaboration de programmes de formation de référence et l'organisation de séminaires de formation sur plusieurs thématiques
- L'appui aux groupes nationaux de contact de la CEFDHAC dans la mise en œuvre de microprojets.
- Le développement d'une forte synergie dans la mise en œuvre des actions avec différents partenaires techniques et financiers.
- Le développement dans la sous-région d'initiatives de gestion des aires protégées transfrontalières[300].

---

[298] Parfait Oumba, *Op., Cit.*, p24
[299] *Ibid.*
[300] Parfait Oumba, Op., Cit., p31

G – La Commission des Forêts d'Afrique Centrale – COMIFAC

Cette organisation a été créée par un traité signé à Brazzaville, le 5 Février 2005, et dont la gestion est assurée par un secrétariat dirigé par un Secrétaire Exécutif dont la désignation est influencée par des considérations politiques[301]. Elle structure assure au niveau sous-régional la conservation, la gestion durable et concertée des écosystèmes forestiers. Elle fait partie des institutions à l'échèle planétaire qui œuvrent pour la promotion du droit des peuples à compter sur les ressources forestières pour soutenir leurs efforts de développement économique et social.

La Commission des forêts d'Afrique centrale (COMIFAC[302]) a été créée pour fournir une orientation politique et technique, une coordination, harmonisation et prise de décision dans la conservation et la gestion durable des écosystèmes forestiers et des savanes de la région. En effet, en février 2005, au cours du deuxième sommet des chefs d'État organisé à Brazzaville, la COMIFAC a adopté un plan pour une meilleure gestion et conservation des forêts d'Afrique centrale : le « Plan de convergence » qui définit des stratégies communes d'intervention pour les États et les partenaires au développement dans la conservation et la gestion durable des écosystèmes forestiers et des savanes d'Afrique centrale. Il est structuré autour de dix activités stratégiques qui sont les suivantes:

- L'harmonisation des politiques forestières et fiscales
- La connaissance des ressources ;
- Le développement des écosystèmes forestiers et reboisement ;
- La conservation de la diversité biologique ;
- Le développement durable des ressources forestières
- Le développement d'activités alternatives et réduction de la pauvreté
- Le renforcement des capacités, participation des parties prenantes, information, formation
- La recherche et développement
- L'élaboration de mécanismes de financement
- La coopération et les partenariats[303].

---

[301] PNUE, *Étude sur la mise en place du fonds des forêts du bassin du Congo. Structure de Gouvernance*, PNUE 2012, p10

[302] Mise en place en mars 1999, la COMIFAC est une plateforme de travail pour dix pays d'Afrique centrale (Burundi, Cameroun, République du Congo, Gabon, Guinée équatoriale, République centrafricaine, République démocratique du Congo, Rwanda, Sao Tomé-et-Principe, Tchad).

[303] COMIFAC, *Plan de gestion et de conservation des forêts d'Afrique centrale*, février 2015, p7

Il est important de préciser que la COMIFAC est née de la matérialisation des engagements souscrits en mars 1999 dans la « *Déclaration de Yaoundé* » par les Chefs d'État d'Afrique Centrale. Elle regroupe en son sein dix pays membres de la sous-région[304] partageant un héritage naturel commun. L'institution s'investit pour que la voix de l'Afrique Centrale soit mieux entendue et ses positions défendues sur les tribunes où les questions forestières et environnementales sont débattues. La COMIFAC agit également au quotidien afin que les pays de l'Afrique Centrale se dotent et mettent en œuvre des politiques forestières et environnementales harmonisées en vue de la conservation et de la gestion durable des ressources forestières[305]. Les missions de cette structure sont énoncées à l'article 5 de son Traité constitutif. En ce sens, la COMIFAC est chargée de l'orientation, de l'harmonisation et du suivi des politiques forestières et environnementales en Afrique Centrale. Elle doit à ce titre :

- Assurer l'harmonisation des politiques forestières et la mise en place des instruments d'aménagement dans ses États membres ;
- Inciter les gouvernements des pays membres à la création de nouvelles aires protégées, l'élaboration et la mise en œuvre des plans de gestion des aires protégées ;
- Contribuer à l'accélération du processus de création des aires protégées transfrontalières tout en renforçant la gestion des aires protégées existantes;
- Faciliter la mise en place des actions concertées en vue d'éradiquer le braconnage et toute autre exploitation non durable des ressources forestières dans la sous-région ;
- Faciliter la mise en place dans chaque État, des mécanismes durables de financement du développement du secteur forestier ;
- Faciliter le développement d'une fiscalité forestière adéquate dans ses États membres ;
- Favoriser le renforcement des actions visant à accroître la participation des populations rurales dans la conception, planification et la gestion des écosystèmes ;
- Promouvoir et accélérer le processus d'industrialisation du secteur forestier ;
- Favoriser la promotion d'une plus grande implication des opérateurs économiques dans le processus de gestion durable et de conservation des écosystèmes forestiers ;

---

[304] Il s'agit du Congo, de la RDC, de la RCA, du Cameroun, du Gabon, de la Guinée Équatoriale, du Tchad, de l'Angola, du Rwanda, du Burundi
[305] COMIFAC, *Op, Cit*, p8

- Promouvoir l'organisation des fora nationaux et sous-régionaux d'échanges d'expériences ;
- Favoriser la mise en place des réseaux liant les institutions pertinentes de recherche et de développement forestier ;
- Renforcer la coordination ainsi que la coopération entre toutes les organisations nationales et internationales impliquées dans les actions de conservation et de gestion durable des écosystèmes forestiers[306].

Afin de rendre son action plus efficace, la COMIFAC a institué des coordinations nationales chargées favoriser un meilleur ancrage de son action avec les processus au niveau national, et permettre une appropriation des priorités du Plan de Convergence, des passerelles ont été établies à travers la mise en place des Coordinations Nationales. En effet, le Conseil ordinaire des Ministres de la COMIFAC réunis à Malabo en Guinée Equatoriale en septembre 2006, avait invité les pays membres à prévoir dans l'organigramme du Ministère en charge des forêts, un coordonnateur National de la COMIFAC (CNC), placé à un niveau hiérarchique lui permettant d'accéder facilement au Ministre, et à mettre à la disposition un budget pour son fonctionnement.

Ainsi instituées, les Coordinations Nationales COMIFAC ont pour missions de :
- Conseiller les décideurs nationaux (Gouvernement, Parlement, autres grandes institutions étatiques) sur le processus COMIFAC ;
- Coordonner la mise en œuvre du plan de convergence COMIFAC au niveau national et en assurer le suivi tant au niveau national que sous régional ;
- Représenter le Secrétariat Exécutif aux niveaux national, sous-régional et international
- Servir de relais entre le SE et les pays membres ;
- Assurer l'interface pour la mise en œuvre du plan de convergence ;
- Procéder à l'animation du réseau des Points Focaux des autres initiatives ;
- Assurer le secrétariat des fora nationaux.

A travers lesdites missions, les Coordinations Nationales COMIFAC (CNC) servent de relais au Secrétariat Exécutif dans sa mission de suivi, de coordination de la mise en œuvre du plan de convergence, et pour assurer dans le cadre de leur mandat, l'animation sur le plan national des fora regroupant les acteurs concernés par la conservation et la gestion durable des écosystèmes forestiers[307].

---

[306] Article 5 de son Traité constitutif de la COMIFAC.
[307] Ibid.

De manière générale, la mise en place de cette institution a abouti à des résultats concrets. A ce titre, nous pouvons affirmer que l'engagement politique des pays du bassin du Congo en faveur de la gestion durable des forêts, avec le soutien de la communauté internationale, s'est traduit par d'importants progrès. Ainsi, ont été créées les zones protégées.

La création des zones protégées illustre les progrès importants qui ont été réalisés dans le domaine de la conservation et de la protection de ces zones[308]. La principale fonction de ces forêts est souvent la conservation de la diversité biologique, la protection des sols et des ressources en eau, ou la conservation de l'héritage culturel. Le renforcement des capacités de gestion des zones protégées et des zones de conservation des forêts a aidé à réduire la pression sur la biodiversité. Dans ce sens, bien qu'encore insuffisantes, les capacités de gestion des zones protégées se sont améliorées au cours des quelques dernières années, et des partenariats avec les ONG internationales et locales ont été établis dans la plupart des pays et ont préservé avec succès la biodiversité[309].

Cependant, il faut noter que le régime juridique de protection de l'environnement, tel qu'analysé présente des faiblesses.

---

[308] Elles couvrent pratiquement 60 millions d'hectares, soit 14 % du territoire des six pays

[309] Carole Megevand, *Dynamiques de déforestation dans le bassin du Congo Réconcilier la croissance économique et la protection de la forêt*, International Bank for Reconstruction and Development / The World Bank 2013, p46

QUATRIEME PARTIE :

LES FAIBLESSES DU DROIT CONGOLAIS DE L'ENVIRONNEMENT

Malgré la panoplie de bons instruments juridiques qui donnent leur bénédiction au droit à l'environnement en Afrique, on est un peu surpris qu'un cadre de vie sain et une vie de qualité ne sont pas la chose la mieux partagée sur ce continent. Tout au contraire, quelques fois on a eu l'impression que l'Afrique était l'un des continents dans lesquels la vie de l'homme est régulièrement menacée à cause de son environnement[310].

En ce sens, le Congo peine toujours a assuré une protection adéquate de son environnement. Depuis son accession à l'indépendance, le pays a connu pas mal de textes majeurs au niveau international et national. Mais ces textes révèlent trop d'insuffisance pour assurer une protection adéquate de l'environnement.

Titre I – Les limites au niveau international

Ces limites s'illustrent par deux principaux faits : la méconnaissance des conventions et Traités internationaux et la subordination exclusive de ces textes à l'Etat. Cette méconnaissance est la conséquence des difficultés d'application des textes internationaux de protection de l'environnement.

I – Les faiblesses normatives

Elles sont liées à la méconnaissance des Conventions et Traités internationaux par les populations d'une part, et aux difficultés d'application de ces textes de l'autre.

A – La méconnaissance des Conventions et traités internationaux par les populations

La ratification des Conventions et Traités internationaux   nécessite une très grande implication de l'Etat dans la sensibilisation et la mise en œuvre. En effet, peu de pays en voie de développement organisent, de manière régulière, des réunions de sensibilisation et d'information sur les textes internationaux de protection de l'environnement et du patrimoine naturel. Un élément pourtant nécessaire dans des sociétés ayant des difficultés d'accès aux textes juridiques.

Cette méconnaissance par les populations et communautés locales entraîne celle des grands enjeux associés à la protection du patrimoine naturel en général. De ce point de vue, il est difficile, pour les populations, de saisir les enjeux de protection, de cohésion sociale, d'identité locale ou nationale et de valorisation

---

[310] Hervé JIATSA MELI, *Op, Cit,* p31

du patrimoine contenus dans les Conventions. C'est pourquoi nous en arrivons à la conclusion selon laquelle la sensibilisation de la population sur les enjeux des Conventions n'est pas encore érigée en priorité faute d'éléments de communication adéquats.

Les Conventions et autres traités de protection des ressources naturelles et environnementales sont méconnus des Congolais censés les comprendre et en assurer le relai dans la conservation de la biodiversité et des écosystèmes. Les Etats Parties à ces Conventions ne font pas de la sensibilisation une priorité. Ces textes étant des accords internationaux, il appartient au seul Etat Partie d'en assurer l'application. Pourtant *la réception et l'assimilation des textes internationaux par le peuple sont essentielles, pour que les citoyens prennent conscience de ces sites et de leurs esprits, et qu'ils puissent ainsi les protéger*[311]. Or l'Etat congolais n'offre pas aux citoyens la possibilité de s'imprégner et de s'approprier les textes internationaux de protection de l'environnement.

En conséquence, la méconnaissance des Conventions et traités internationaux par les populations entraine le manque d'information des populations locales sur les principes juridiques internationaux relatifs à la conservation de l'environnement. Cette mission qui incombe pourtant à l'Etat n'est pas accomplie. En effet, les citoyens ne sont pas sensibilisés sur la nécessité de s'approprier des textes internationaux pour la sauvegarde des richesses environnementales. La méconnaissance de ces textes par les personnes qui sont censées protéger le patrimoine naturel illustre l'absence d'implication de la population locale dans la conservation de la biodiversité. Cette méconnaissance constitue un grand frein au développement local car les politiques de protection incarnées par ces textes véhiculent des liens étroits entre les retombées de l'exploitation du patrimoine naturel et le développement local. Le citoyen est donc exclu de la protection internationale de l'environnement alors qu'il en est le principal intéressé.

A ce titre, il apparaît clair que l'absence d'une communication environnementale empêche une meilleure appropriation des traités par la population. Ainsi, les difficultés d'interprétation des textes internationaux sont perçues comme une faiblesse de la norme internationale. En effet, les normes internationales ne visent pas les individus mais plutôt les Etats. Dans ce sens, les communautés locales ont du mal à interpréter les Conventions et traités internationaux. La difficulté d'interprétation crée ainsi un vide juridique

---

[311]Axelle Glapa, *Op. Cit*, p44

conduisant à l'inefficacité de l'action internationale de protection du patrimoine naturel. De manière particulière, on peut affirmer, à titre illustratif que, la conservation de la biodiversité n'est que sur papier : la CITES demeure un simple slogan. Les acteurs de terrain à la base sont, très peu ou pas du tout, informés sur le contenu et le bien-fondé des traités ratifiés. Ainsi, l'application des traités environnementaux reste très sommaire par les populations. La faible appropriation des conventions par les populations ne peut contribuer au développement durable. En effet, quand la population à la base ne tire pas d'avantages matériels des espèces protégées, il lui sera difficile de s'approprier les conventions y relatives car la pauvreté reste le premier ennemi de la conservation durable surtout dans un environnement de cueillette[312].

Par ailleurs, les traités internationaux sont des règles de droit négociées par plusieurs États dans le but de s'engager mutuellement, les uns envers les autres, dans les domaines qu'ils définissent (défense, commerce, justice...). Il revient aux Constitutions des pays concernés de définir les autorités compétentes pour conduire la négociation et ratifier les traités. Elles définissent également la portée des normes internationales vis-à-vis du droit interne et les modalités de leur intégration au sein de la hiérarchie des normes[313]. C'est pourquoi leur application dépend des initiatives de l'Etat. Cependant, on note l'absence d'une politique patrimoniale adéquate de l'Etat congolais.

Au Congo, l'article 64 de la Constitution de 2015 dispose : « *le Président de la République est le Chef de l'État. Il est garant de l'indépendance nationale, de l'intégrité du territoire et de l'unité nationale, du respect de la Constitution, des traités et accords internationaux* ». Et l'article 217 précise que « *le Président de la République négocie, signe et ratifie les traités et les accords internationaux. La ratification ne peut intervenir qu'après autorisation du Parlement, notamment en ce qui concerne les traités de paix, les traités de défense, les traités de commerce, les traités relatifs aux ressources naturelles ou les accords relatifs à l'organisation internationale, ceux qui engagent les finances de l'Etat, ceux qui modifient les dispositions de nature législative, ceux qui sont relatifs à l'état des personnes, ceux qui comportent cession, échange ou adjonction du*

---

[312] D.E Musibono, F. Kabangu, A. Munzundu, M. Kisangala, I. Nsimanda, M. Sinikuna et A. Kileba, « Les différents traités environnementaux sont-ils appropriés pour les populations des pays en développement (Afrique) ? », VertigO - la revue électronique en sciences de l'environnement [En ligne], Regards / Terrain, mis en ligne le 29 mars 2010, consulté le 02 janvier 2021. URL : http://journals.openedition.org/vertigo/9398 ; DOI : https://doi.org/10.4000/vertigo.9398
[313]http://www.vie-publique.fr/decouverte-institutions/institutions/approfondissements/traites-internationaux-constitution.html, consulté le 03 janvier 2021

territoire ». Cet article qui accorde au Président de la République la possibilité de négocier, signer et ratifier les traités et accords internationaux illustre assez bien le fait que les textes internationaux de protection du patrimoine naturel restent des outils au service de l'Etat, excluant les communautés locales et le grand public. Cette situation engendre des lacunes dues essentiellement au fait qu'il appartient à l'Etat de mettre en œuvre les normes internationales de protection du patrimoine après les avoir signées ou ratifiés. C'est à ce niveau que le manque de communication et de sensibilisation de l'Etat apparait comme une entorse à la protection internationale du patrimoine.

Il est tout aussi important de rappeler que ce n'est pas la communauté internationale qui protège l'environnement en tant que tel, mais l'Etat sur l'étendue de son territoire national dès lors que celui-ci est soumis à une norme internationale comme Etat-Partie. Si les normes internationales sont l'émanation de la communauté internationale, il appartient à l'Etat et à lui seul de les mettre en œuvre. Ce procédé devient par définition spécifique et conflictuelle. Spécifique dans le sens où, contrairement au droit interne, on ne retrouve ni la centralisation du pouvoir, ni la hiérarchie des normes. Et conflictuelle, dans le sens où la politique des Etats prime souvent sur leurs engagements internationaux grâce à cette absence de hiérarchie entre les sujets et en l'absence donc de sanctions contraignantes. La jurisprudence internationale dispose : « les règles de droit liant les Etats procèdent de la volonté de ceux-ci[314].

La spécificité et le conflit relevés par Axelle Glapa, dans « *Entre crises et succès : la Convention du Patrimoine Mondial de l'Unesco* », se traduisent par une inefficacité de la norme internationale au niveau national. Une inefficacité qui trouve tout son fondement dans l'application inadéquate à travers la sensibilisation, la diffusion et la vulgarisation de la norme internationale de protection du patrimoine naturel et culturel au niveau national.

En somme, nous dirons que la méconnaissance est à l'origine des difficultés d'application des Conventions non seulement au Congo mais aussi dans la plupart des Etats africains. En effet, bien qu'elles visent une « civilisation mondiale », les conventions ne s'adressent pas aux citoyens mais aux Etats Parties. C'est pour cette raison que les citoyens ont du mal à trouver leur place dans la relation entre les Etats et le centre du Patrimoine mondial

---

[314] Axelle Glapa, *Op. Cit*, p45

B – Les difficultés d'application des textes internationaux dans la protection de l'environnement

Les conventions internationales en matière de droits de l'homme signées et ratifiées par les Etats prévoient en général des systèmes plus ou moins perfectionnés de contrôle. Mais souvent, les obligations conventionnelles en matière de droit international se détournement de l'impératif de mise en œuvre. En effet, un certain nombre d'interrogations méritent d'être soulevées à l'égard de ces justifications. Qui plus est, considérant l'attitude de l'exécutif face à cette normativité internationale, tant dans son élaboration au niveau international que dans sa mise en œuvre (ou absence de mise en œuvre) en droit national, il est permis de se demander si ces justifications ne constituent pas dans une certaine mesure un alibi[315]. Ces conventions internationales exigent très souvent qu'un cadre soit créé pour que les obligations qui en découlent, et auxquelles les Etats parties ont librement consenti, soient pleinement respectées.

Des mécanismes de contrôle sont ainsi mis en place par les instruments qui les prévoient expressément. Il convient, cependant, de garder à l'esprit qu'il existe une multitude de textes internationaux relatifs à la protection des ressources naturelles en général et de l'environnement en particulier.
Fort malheureusement, le constat en République du Congo n'est guère satisfaisant. En effet, outre cette méconnaissance, les outils juridiques internationaux souffrent de l'incertitude de leur effectivité. Ces outils juridiques présentent un handicap: celui de ne pas être créateur de droit entraînant ainsi une absence d'effets directs sur la protection de l'environnement et à l'égard des individus soit détenteur, soit censé en assurer la protection. Aussi, la transposition dans le droit interne souvent prévue dans ces textes n'est pas toujours effective car les Conventions ne disposent généralement pas de moyen de pression pour leur application au niveau national.

La Convention de 1972 sur le patrimoine mondial, par exemple, se contente de préciser que « *chacun des Etats parties à la présente Convention reconnaît que l'obligation d'assurer l'identification, la protection, la conservation, la mise en valeur et la transmission aux générations futures du patrimoine culturel et naturel visé aux articles 1 et 2 et situé sur son territoire, lui incombe en premier chef. Il s'efforce d'agir à cet effet tant par son propre effort au maximum de ses*

---

[315] Delas Olivier, Robichaud Myriam. « Les difficultés liées à la prise en compte du droit international des droits de la personne en droit canadien : préoccupations légitimes ou alibis? » In: Revue Québécoise de droit international, volume 21-1, 2008. pp. 1-53;

ressources disponibles que, le cas échéant, au moyen de l'assistance et de la coopération internationales dont il pourra bénéficier, notamment aux plans financier, artistique, scientifique et technique[316] ».

Cette Convention ne précise cependant pas la portée juridique de l'engagement des Etats. En particulier, aucune mesure contraignante telle qu'une interdiction de bâtir ou d'aménager un secteur particulier n'est prévue (dans le cas d'un site à classer ou à inscrire au patrimoine national ou mondial).

Ainsi, on peut affirmer que les difficultés d'application des textes internationaux traduisent l'absence d'une politique environnementale adéquate de l'Etat congolais. Cela dit, les principales bases juridiques permettant de satisfaire aux exigences de des Conventions et traités internationaux doivent en principe être recherchées dans le droit national. Le droit positif congolais ne tient pas toujours compte de ce principe. C'est d'ailleurs le point de vue de Pierre Gabus lorsqu'il affirme que « *l'inscription d'un site au patrimoine mondial est prestigieuse et son impact a certainement un effet sur l'industrie du tourisme. Mais elle n'a cependant guère de portée sur le plan juridique*[317] ».

D'une manière générale, il faut noter que dans le but d'assurer la protection de son patrimoine naturel, le Congo a signé et ratifié un certain nombre de textes internationaux. Mais des obstacles existent encore quant à l'application de ces instruments juridiques internationaux. En ce sens, nous disons que les conventions internationales signées et ratifiées par les Etats prévoient en général des systèmes plus ou moins perfectionnés de contrôle. Ces conventions exigent très souvent qu'un cadre soit créé pour que les obligations qui en découlent, et auxquelles les Etats parties ont librement consenti, soient pleinement respectées[318].

En conclusion, les textes congolais relatifs à la protection du patrimoine naturel qui doivent servir de relais aux traités internationaux posent les bases de la

---

[316] Article 4 de la Convention sur le patrimoine mondial.
[317] Pierre Gabus, Convention de l'UNESCO concernant la protection du patrimoine mondial culturel et naturel, quelle application en Suisse?, in *Fondation pour le droit de l'art*, N°25, mars 2013 URL : http://www.art-law.org/fondation/newsletters/newsletter25_0313.pdf, consulté le 20 mai 2014.
[318] Mamadou M Dieng, Les difficultés d'application des conventions en matière de droits de l'homme en Afrique : le cas de la convention sur les droits de l'enfant au Bénin, in *Actualité et droit international*, Revue d'analyse juridique de l'actualité international, avril 2001, Url : http://www.ridi.org/adi/200104a2.htm, consulté le 30 mars 2015

transformation des dispositions conventionnelles en textes nationaux. L'Etat qui en est le garant est défaillant sur ce point.

II – Les faiblesses institutionnelles

L'absence d'une organisation mondiale et d'une juridiction internationale pour l'environnement traduisent la difficulté pour les institutions internationales d'établir les responsabilités.

A – L'absence d'une organisation mondiale de l'environnement

Si l'inefficience en droit interne de l'environnement paraît, pour partie au moins, établie, elle est constante en droit international. De nombreux accords ont été passés dans le domaine de l'environnement, mais force est de constater que ceux-ci restent peu sanctionnés. Cette faiblesse originelle est d'abord liée à l'absence d'une organisation mondiale de l'environnement.

Certes, le Programme des Nations unies pour l'environnement existe, mais ce n'est qu'un programme, c'est-à-dire, en langage onusien, la plus modeste des institutions, à laquelle ont été systématiquement refusés tous les sujets importants, comme la biodiversité ou le changement climatique. Or ce programme, doté de très peu de moyens (160 millions de dollars), n'est en définitive qu'une des institutions chargées des questions environnementales, les organes de la convention sur le climat étant chargés des questions climatiques et la question de la biodiversité ayant été traitée par le *millenium assessment* au niveau de l'ONU elle-même. On pourrait ajouter la commission sur le développement durable au rang des institutions qui s'occupent d'environnement au sens large du terme, mais également pour partie l'Organisation mondiale de la santé ou la FAO. Cependant, ces nombreuses organisations souffrent toutes, qu'elles soient organisations ou programmes, d'un défaut majeur : celui de ne pas être dotées, comme l'Organisation mondiale du commerce, d'un instrument de règlement des différends et des moyens de sanctionner les infractions commises aux conventions conclues. Dès lors, au niveau international, l'environnement reste un parent très pauvre puisqu'en définitive les manquements aux traités conclus ne sont quasiment pas sanctionnés [319].

Par ailleurs, on peut noter qu'en plus des problèmes de coordination rencontrés par les organisations internationales, pour l'ensemble de leurs interventions

---

[319] Corinne Lepage, « Les véritables lacunes du droit de l'environnement », in *Pouvoirs* 2008/4 (n° 127), pages 123 à 133

environnementales, la conception de leurs stratégies était plutôt l'œuvre de quelques spécialistes à l'intérieur de chaque agence, qui ne tenaient pas toujours compte des réalités locales des pays concernés.

A titre d'exemple, citons l'exemple du Programme d'action forestier tropical (PAFT), qui correspond à un outil de planification technocratique et représente l'approche traditionnelle des organisations internationales (Pülzl et Rametsteiner, 2002). Ces dernières ont favorisé ce plan pour des raisons politiques en soutenant des projets d'exploitation du bois par des activités industrielles plutôt que des projets de conservation, et cela même si l'objectif officiel était de freiner la déforestation (Humphreys, 1996).

Pour preuve, face aux pressions provenant de divers horizons quant à l'aggravation de la dégradation des ressources naturelles, les organisations internationales ont été amenées à revoir leurs stratégies environnementales et les méthodes ou processus utilisés dans la mise en œuvre de celles-ci. Les critiques reprochent le caractère descendant (actions "par le haut") de ces stratégies et le fait que celles-ci ne tiennent pas compte des savoirs locaux, ne correspondent pas aux besoins des populations. Cette situation rend ainsi difficile la formulation de la politique de conservation adaptée aux réalités locales (Campbell, 1996). D'ailleurs, l'une des faiblesses de la Stratégie mondiale de la conservation réside justement dans la faible implication des acteurs clés comme les ministères concernés par l'élaboration d'une stratégie nationale de développement, retardant ainsi l'intégration de la stratégie environnementale dans le cadre macroéconomique et de développement global de chaque pays (Falloux et Talbot, 1992). Quant aux réponses initiées par les organisations internationales face aux échecs de l'Etat en matière de gestion des ressources naturelles, plusieurs travaux ont démontré l'inefficacité de la privatisation des ressources naturelles, que cette dernière passe par la promotion de régimes de propriété privée individuelle ou qu'elle se traduise par une gestion des ressources naturelles par certains opérateurs privés[320].

Ainsi, on peut avancer que l'ONU a omis de se doter d'une institution spécialisée pour la protection de l'environnement. Le Programme des Nations Unies pour l'Environnement (PNUE), organe subsidiaire de coordination sous financé, n'est pas à la hauteur des enjeux. Au niveau international, les

---

[320] Géraldine Froger, Fano Andriamahefazafy, « Les stratégies environnementales des organisations internationales dans les pays en développement : continuité ou ruptures ? », in *Mondes en développement* 2003/4 (no 124), pages 49 à 76

compétences liées à l'environnement sont trop dispersées et trop faibles. Géré par tout le monde, l'environnement n'est en fait protégé par personne[321].

B – L'absence d'une juridiction internationale pour l'environnement

L'absence d'une juridiction internationale pour l'environnement enlève tout caractère contraignant aux conventions et traités internationaux. En effet, l'éco-terrorisme, les fraudes en tout genre, leur ramification mafieuse et l'insuffisante défense des victimes sont autant de raisons qui caractérisent l'absence d'une juridiction internationale pour l'environnement. Ainsi, l'absence de pouvoir de sanction propre des institutions internationales favorisent les atteintes portées aux ressources communes telles que les océans, la biodiversité, la fertilité humaine et les pollutions dont l'impact est de nature planétaire comme les gaz à effet de serre, les perturbateurs endocriniens ou encore les pollutions radioactives. Ainsi, la question de l'extension du champ d'application d'une juridiction pénale internationale de l'environnement à ce type d'infraction est donc posée, non plus en raison de la gravité du crime commis mais en raison de la ressource concernée.

Le second domaine d'inefficience du droit tient aux questions de responsabilité. Tout d'abord, il n'existe pas aujourd'hui de délinquance écologique au sens propre du terme. En effet, lorsqu'il y a des infractions dans le domaine de l'environnement, il s'agit le plus souvent de simples infractions administratives, c'est-à-dire de la méconnaissance d'autorisations administratives. L'atteinte aux milieux stricto sensu n'est réprimée que lorsqu'elle porte sur l'eau et sur quelques espèces protégées. Dans tous les autres cas (air, sol, déchets, biodiversité), les dommages causés aux milieux ne font pas l'objet d'incriminations pénales. Ces atteintes concernent seulement, la plupart du temps, le non-respect de formalités administratives que les spécialistes dénomment « délits papiers ». Ainsi, soit il s'agit de dommages causés aux personnes, et c'est le droit pénal général qui s'applique, soit il s'agit de simples infractions administratives, et l'enjeu pénal est extrêmement faible. Il n'en demeure pas moins que la voie pénale reste largement privilégiée pour tous les domaines qui touchent à l'impact de l'environnement sur la santé humaine, pour la bonne et simple raison qu'il est aujourd'hui quasiment impossible, en utilisant le droit civil, de parvenir à la réparation complète du dommage. En effet, les règles de charge de la preuve et le coût de l'expertise rendent trop souvent

---

[321] Corinne Lepage, *Op, Cit*, p121

impossible d'envisager d'utiliser la responsabilité civile pour réparer les dommages causés aux personnes et à l'environnement[322].

Aussi, il faut noter que l'Organisation Mondiale du Commerce (OMC) qui, de plus en plus, est appelée à se prononcer sur des litiges opposant la libéralisation des échanges à la protection de la santé et de l'environnement, a largement tendance à privilégier les premières sur les secondes, arguant de ce qu'elle n'est pas chargée de sanctionner la protection de l'environnement ou celle de la santé. Dans ces conditions, les Accords multilatéraux de l'environnement (AME) ne sont même pas garantis dans leur applicabilité lorsqu'ils entrent en conflit avec les règles de l'Organisation mondiale du commerce.

Tout cela explique la très grande fragilité du droit de l'environnement international. Sans organisation puissante, sans moyens de sanctionner les accords conclus et sans juridictions, le droit de l'environnement international est, en réalité, embryonnaire. À ceci s'ajoute le fait que lorsque des conventions sont établies pour permettre une indemnisation objective des victimes, elles constituent, en réalité, des systèmes de réparation *a minima* des dommages[323]

---

[322] *Ibid*
[323] Corinne Lepage, *Op, Cit*, p122

Titre II – Les limites au niveau national

Ces faiblesses sont dues au fait que le régime légal connait des textes juridiques généraux et incomplets et des institutions aux ressources humaines et financières insuffisantes.

I – Des textes juridiques généraux et incomplets

Cette situation engendre une effectivité diluée du droit de l'environnement favorisant ainsi les abus dans l'exploitation des ressources naturelles et environnementales.

A – L'effectivité diluée du droit congolais de l'environnement

Les limites nationales du droit congolais de l'environnement s'illustrent par une effectivité diluée, mais perfectible du régime juridique de protection. La complexité juridique certaine et l'incertitude, voir le doute sur les effets juridiques réels de la constitutionnalisation se traduisent sur le terrain par une faible amélioration de l'état de l'environnement et à la sauvegarde de la planète[324]. La faible réclamation contentieuse du droit à un environnement sain, satisfaisant et durable en République du Congo en est une illustration parfaite. L'une des caractéristiques essentielles du droit de l'environnement en République du Congo est l'absence de sanction attachée en fait aux violations des règles qui le constituent. La dimension judiciaire de l'application du droit à un environnement sain constitue donc certainement le point crucial de l'opérationnalisation du droit de l'environnement dans cette région[325].

Il est vrai que les textes législatifs[326] prévoient des sanctions pour les atteintes à l'environnement et ouvrent ainsi la voie à la possibilité de réprimer des crimes et délits environnementaux et de réparer les dommages environnementaux. Toutefois, en pratique, de telles sanctions sont extrêmement rares. La raison tient au fait que les administrations chargées de réprimer directement les atteintes à l'environnement ou de poursuivre en justice les délinquants

---

[324] Michel Prieur, « L'influence des conventions internationales sur le droit interne de l'environnement » in *Actes de la réunion constitutive du comité sur l'environnement de l'AHJUCAF*, 2008, Porto-Novo, Benin. pp.291-301,
[325] Stéphane DOUMBE-BILLE, *Op. Cit.*, p.157
[326] Lois, Codes, décrets, etc.

environnementaux s'abstiennent le plus souvent de le faire, préférant appliquer plutôt une certaine tolérance en matière d'atteintes à l'environnement[327].

L'absence de sanctions administratives et la tolérance administrative en matière d'application des règles de protection de l'environnement sont ainsi très répandues en République du Congo et conduisent les autorités à s'abstenir d'appliquer les dispositions environnementalistes, parce que cette abstention leur paraît préférable à l'application de la règle. « *Si cette solution paraît commode à certains égards, compte tenu notamment du poids de l'analphabétisme et de l'ignorance de la population en matière d'environnement, elle n'est cependant pas sans danger. Le risque est, en effet, grand de voir la règle appliquée par certaines autorités et pas par d'autres, ce qui peut engendrer une insécurité juridique préjudiciable au principe d'égalité des citoyens*[328] ». Les ressources naturelles étant généralement considérées comme des biens appartenant à tout le monde et donc à personne, il s'ensuit une certaine indifférence des citoyens devant des atteintes à l'environnement[329].

Les textes nationaux de protection de l'environnement sont, pour la plupart, d'inspiration française. Ils reprennent les dispositions des textes juridiques de l'ancienne métropole relatives à la protection du patrimoine naturel Ils ne prennent pas en compte les réalités des communautés locales car inspirés d'une législation française qui elle-même obéit à une réalité occidentale. Ainsi, l'écart entre ce texte et les préoccupations des communautés locales et ethniques congolaises est à l'origine de l'inefficacité de la protection l'environnement.

B – Les conséquences d'une effectivité diluée du droit congolais de l'environnement

Plusieurs insuffisances de nature juridique se présentant finalement comme notoires, sont ici constitutives de véritables sources de faiblesses du dispositif de droit voué à la protection de la nature. Il s'agit d'une incapacité à imposer de façon générale et uniforme, des principes aptes à prendre en compte de la façon

---

[327] Vincent ZAKANE, « Problématique de l'effectivité du droit de l'environnement en Afrique : l'exemple du Burkina Faso », in Laurent GARNIER (dir) Aspects contemporains du droit de l'environnement en Afrique de l'ouest et centrale, UICN, Glant, Suisse, 2008, p.23
[328] http://sosnet.eu.org/re&s/dhdi/recherches/environnement/articles/sitackdroitenv2.htm, Consulté le 27 décembre 2020)
[329] Carel Makita Kongo, *Op, Cit*, p10

la plus efficace les intérêts écologiques[330]. Ainsi, il est à noter que la protection normative connaît des limites. Ces faiblesses sont dues au fait que le régime légal connait des textes juridiques généraux et incomplets.

En effet, pour assurer la protection de l'environnement, le Congo a mis en place dès son indépendance, un dispositif juridique bien précis. Cependant, on peut noter qu'il s'agit des textes souvent généraux, alors que la protection du patrimoine naturel exige une législative particulière.

A titre d'exemple, on peut noter l'absence, à la DGE, de fichier informatisé sur les installations classées et même d'une liste manuscrite à jour, de fichier centralisé et informatisé des bureaux d'études agréés en matière d'EIE, le manque de transparence sur la passation des marchés entre les promoteurs des projets et les bureaux d'études, l'absence de contrôle des installations classées par les services du MEFE, et de contrôle de la mise en œuvre des mesures de réduction d'impact par les Directions Départementales de l'Environnement. Ces insuffisances ne permettent pas de connaître de façon claire l'efficacité de l'application des dispositions réglementaires en matière de protection de l'environnement en général et d'application de la réglementation sur les EIE en particulier.

En outre, il faut noter que concernant les Etudes d'Impact sur l'Environnement, un seul texte, le Décret n°86/775 du 7 juin 1986 rend obligatoire les études d'impact sur l'environnement. Ce texte est d'une très grande simplicité et largement incomplet. Il ne sanctionne le « non-respect de l'obligation de l'étude d'impact » que par une « suspension des travaux envisagés ou déjà entamés » (Article 12). L'Article 13 précise quant lui que « si la réalisation d'un projet n'est pas conforme aux critères, normes et mesures énoncés dans l'EIE, le promoteur sera passible d'une amende dont le montant est déterminé par la loi ». Ceci est tout à fait insuffisant d'autant plus que la loi actuelle sur la protection de l'environnement ne précise pas le montant de cette amende et qu'aucun texte complémentaire ne l'a fait. Dans ces conditions, un promoteur qui ne respecte pas les mesures de réduction d'impact prévue par l'EIE ne risque rien.

Une refonte complète du texte portant sur les EIE s'avère nécessaire pour le mettre en conformité avec les standards internationaux en la matière[331].

---

[330] Henry Nkoto Edjo, *Les aspects juridiques de la protection de l'environnement dans les forêts communautaires au Cameroun*, Mémoires de Master 2 en Droit International Comparé de l'Environnement, Université de Limoges 2007, p34
[331] République du Congo,

Par ailleurs, dans le domaine des infrastructures, la législation reste ambiguë quant à la réalisation d'EIE dans le cas des ouvertures de route. Dans certaines versions, les routes sont nommément citées dans les annexes comme infrastructures de transport soumises à l'EIE, dans d'autres versions elles ne le sont pas. L'Etat est d'ailleurs loin de montrer l'exemple. Toujours en matière d'infrastructures, la construction de la centrale hydroélectrique d'Imboulou et de sa route d'accès bitumée de 57 Km de longueur à l'intérieur de la Réserve de Faune de la Léfini, dont la maîtrise d'ouvrage déléguée est assurée par la Délégation Générale des Grands Travaux rattachée directement à la Présidence de l'Etat, est réalisée sans EIE[332].

Les lois en ce domaine sont souvent dépourvues de texte d'application ; ce qui les rend presque inapplicables. C'est pourquoi dans la plupart des cas, ces textes n'ont jamais été suivis d'effets juridiques en raison non seulement du manque de volonté des dirigeants mais aussi de la léthargie juridique et administrative des administrations.   A titre d'exemple, la procédure d'attribution des permis d'exploitation des ressources naturelles présente d'énormes irrégularités liées aux nombreuses faiblesses administratives. Le laxisme de l'administration en ce domaine se caractérise par l'octroi des permis de coupes de bois qui se fait parfois aux mépris de la législation en vigueur. Ainsi, il peut arriver que, pour échapper à tout contrôle, la coupe de bois se fasse la nuit dans des zones inaccessibles.

Concrètement, le code forestier et le code de l'environnement exigent une étude d'impact avant toute exploitation industrielle de bois. Sur le terrain, il est fréquent que des exploitants forestiers dits « gros bonnets » exercent leur activité sans permis dument délivrée par l'administration forestière.

D'autre part, la législation et la règlementation forestières n'abordent pas de manière spécifique la question du reboisement communautaire. Cette une situation assez grave au regard de la question de l'inadéquation du régime juridique en vigueur aux différentes zones écologiques du pays. Le reboisement aurait été d'une utilité notoire surtout dans les régions aux tendances du grand nord où les quelques forêts existantes se densifient de moins en moins[333].

Dans le même sens, on peut faire remarquer que l'Arrêté n° 835/MIME/DGE du 6 septembre 1999 fixe les conditions d'agrément pour la réalisation des études

---

[332] République du Congo – Etude socio-économique et environnementale du secteur forestier, *Op, Cit*, p8
[333] Henry Nkoto Edjo, *Les aspects juridiques de la protection de l'environnement dans les forêts communautaires au Cameroun, Op, Cit*, p35

ou des évaluations d'impact sur l'environnement. L'octroi de l'agrément est subordonné à l'avis technique de la DGE suite à une enquête technique réalisée par les inspecteurs assermentés de la DGE. Cet agrément a été décidé à une époque où, suite à la Conférence de Rio, les bureaux d'études en environnement, sans aucune compétence, poussaient comme des champignons à la recherche du moindre financement. L'agrément est assujetti à une redevance de 550.000 FCFA (Article 5) dont le montant est supérieur à l'amende (maximum 400.000 FCFA) en cas d'infraction à cette disposition (et à l'Arrêté dans son entier). Le montant « faible » de cette amende n'incite donc pas les bureaux d'études à payer la redevance. Toute passation de marché est assujettie au versement d'un montant de 5% de la valeur du contrat (Article 10). Ces redevance et taxe sont destinées à alimenter le PFE. Tout bureau d'études étranger est tenu de s'associer ou de sous-traiter une partie de ses activités avec un organisme congolais agréé.

La DGE (la DPPEU) est chargée préparer les agréments des bureaux d'études chargés de réaliser les EIE. Ces agréments font l'objet d'Autorisations comme celle du 19 février 2001 (Autorisation n° 40/MIME/DGE) qui a agréé 4 bureaux d'études habilités à faire les contrôles, les suivis, les analyses et les évaluations environnementales. Fin 2006, onze bureaux d'études possèderaient un agrément. Cependant, il arrive que pendant plus, il n'a été procédé à aucune vérification des agréments des bureaux d'études alors que l'agrément n'est valable que 3 ans (la demande de renouvellement doit être engagée par le bureau d'études). La DGE envisage, dans son programme d'activité de réviser la liste des bureaux d'études agréés, nombre d'entre eux ayant vraisemblablement disparu depuis leur agrément.

Il s'agit d'une révision administrative (existence ou non existence de la société et documents administratifs à jour) et non d'une révision portant sur les compétences malgré l'Article 4 de l'Arrêté 835/MIME/DGE qui stipule que « *l'octroi de l'agrément est subordonné à une enquête technique réalisée par les Inspecteurs assermentés de la DGE* ». Mais le budget de fonctionnement de la DGE ne permet pas une telle enquête technique[334].

Enfin, il ressort, de manière générale, que le régime juridique congolais ne prend pas compte de l'utilité éducative, sociale et économique du patrimoine naturel qui est le socle même de la transmission des éléments traditionnels de protection des forêts. Cette méconnaissance entraîne une inefficacité concrète de la

---

[334] République du Congo, Etude socio-économique et environnementale du secteur forestier, Juin 2007, p15

protection de l'environnement. On sait que pour être efficace, la protection doit disposer d'outils juridiques adaptés aux réalités locales. En effet, les mesures de protection héritées de l'époque coloniale ont montré leurs limites et ne répondent plus aux exigences actuelles. La méconnaissance de la législation et des institutions environnementales d'une part, et le manque de volonté réelle des pouvoirs publics, d'autre part, sont les principales causes de l'inefficacité de la protection. En conséquence, on assiste à une défaillance dans la sensibilisation et l'application des normes de protection ; d'où l'existence d'un dysfonctionnement entre les différents services en charge de l'environnement lequel se manifeste à plusieurs égards.

II – Des institutions aux ressources humaines et financières insuffisantes

La protection effective de l'environnement se heurte à l'insuffisance des ressources humaines et à la faiblesse des investissements qui y sont alloués.

A – L'insuffisance des ressources humaines

Le ministère en charge de l'environnement est quasiment la seule institution nationale qui se charge de la protection du patrimoine naturel. Concrètement, aucun autre organe ne concoure à la protection de ce patrimoine au niveau national. Ainsi donc, la participation des opérateurs privés, des organisations non gouvernementales et de toute personne ressource physique ou morale se fait toujours attendre. En effet, l'État a prévu un cadre clair et précis de cette participation. Les institutions privées de protection du patrimoine naturel sont quasiment inexistantes au Congo. Par conséquent, l'Etat assure seul la charge de promouvoir et de sauvegarder le patrimoine naturel. La faible participation d'autres institutions se justifie aussi par l'absence de coopération institutionnelle nationale à travers des partenariats public-privé. L'Etat, à travers le ministère en charge de l'environnement, est la seule entité contribuant à la protection du patrimoine naturel. Il assume seul la mise en œuvre des mécanismes de protection qu'il a lui-même prévu. Son action se révèle donc inefficace.

Au niveau institutionnel national, on peut constater l'absence d'une véritable politique environnementale. En effet, l'école congolaise, lieu de premier contact de la notion du patrimoine naturel pour les plus jeunes, n'offre aucune politique pouvant contribuer à la connaissance de l'environnement. Les programmes scolaires, tels qu'ils sont conçus, ne préparent pas le jeune congolais à la connaissance de son patrimoine naturel, de ses réalités et de son environnement social. L'enseignement, au Congo, est un héritage colonial qui a été conçu pour la formation des agents de l'administration coloniale. L'école ne prend pas en charge les cultures locales, elle n'a pas réussi à s'enraciner de fond en comble[335]. C'est donc dire que l'école congolaise ne prend pas en compte le patrimoine naturel. Pourtant, « l'éducation *est l'art d'élever les enfants. Elle a pour but leur développement total par une formation à la fois physique, morale, religieuse et sociale. Elle ne doit jamais perdre de vue le temps qui passe et l'éternité qui n'a pas de fin. On la regarde comme l'œuvre des œuvres, dont l'importance est capitale pour l'avenir de l'enfant et celui de la société*[336] ». Autrement dit, les institutions congolaises de protection du patrimoine naturel n'établissent pas de lien entre l'école et ce patrimoine. L'enfant n'est donc pas préparé à connaître et à protéger son patrimoine naturel.

Enfin, il faut noter que l'institution nationale chargée d'assurer la protection du patrimoine naturel connaît des difficultés à imposer une application adéquate de la législation relative à la protection de ce patrimoine en l'absence des moyens humains et matériels. Ainsi se réalisent des actes d'exploitation et d'occupation anarchique des ressources naturelles préjudiciables comme les coupes clandestines et illicite de bois, l'exploitation minière ou agricoles, à grande échelle sans autorisation préalable. Ces actes font prévaloir les intérêts économiques au détriment de la protection des ressources naturelles. D'autre part, il existe la prolifération des projets de développement urbain avec notamment l'agrandissement des grandes. Ces projets qui se multiplient en l'absence d'un plan directeur de la ville, affectent l'intégrité et l'authenticité des sites naturels.

En outre, les institutions nationales ne mènent pas de démarches sincères visant à faire participer les communautés locales et les personnes ressources dans la protection du patrimoine naturel. Certes le ministère en charge de l'environnement essaie d'appliquer certaines dispositions de la loi n°8-2010 du 26 juillet 2010 portant protection du patrimoine national culturel et naturel, mais il faut noter que cette institution est limitée pour ce qui est de l'importance du savoir et du savoir-faire traditionnel, d'une part, et du rôle des sachants détenteurs du savoir et du savoir-faire relatif à la protection traditionnelle de

---

[335] Samuel Kidiba, *Contribution du Patrimoine Culturel au Développement du Système Educatif de la République du Congo : Enseignement des Arts et de l'Artisanat au Musée, Op. Cit.*, p42

[336] Laurent Riboulet, *Manuel de Pédagogie à l'usage des Ecoles Normales et de tous les Educateurs*, 1958, Librairie Catholique Emmanuel Vitte, 5ᵉ édition, Paris, p5

l'environnement d'autre part. En réalité, en dehors de quelques services spécialisés, qui du reste sont limités dans leur intervention, le ministère ne s'entoure ni d'organes consultatifs (pourtant prévus par les textes juridiques), ni d'autorités traditionnelles et coutumières qui constituent des personnes ressources, des sachant détenteurs du savoir et du savoir-faire traditionnel. Ces limites illustrent, d'ailleurs, la méconnaissance par les communautés locales des mesures juridiques (textes et institutions) de protection du patrimoine naturel. Une suite logique de la méconnaissance et la non prise en compte du droit coutumier par les législations et institutions nationales. Il est donc évident que l'analphabétisme des communautés locales et la faiblesse de diffusion des mesures de protection du patrimoine naturel constituent un grand handicap dans l'action protectrice dont l'Etat est le garant.

En conséquence, les faiblesses du cadre institutionnel et normatif apparaissent sans doute comme le plus grand frein à la protection adéquate de l'environnement au Congo. En effet, on peut aisément relever le déficit en personnel d'infrastructures environnementales et de ressources humaines qualifiées. Le Congo ne dispose d'aucune structure de formation professionnelle dans le domaine de la protection du patrimoine naturel dans son ensemble.

B – La faiblesse des investissements

La mise en œuvre de la protection de l'environnement nécessite des moyens conséquents et multiformes. L'une des causes de l'ineffectivité du droit de l'environnement repose sur la faiblesse des moyens nécessaires en vue de son application. Selon le Professeur Sandrine Maljean-Dubois « la prolifération des exigences internationales a imposé des contraintes particulièrement lourdes aux différents pays, qui, souvent, ne disposent pas des moyens nécessaires pour participer efficacement à l'élaboration et à l'application des politiques en matière d'environnement[337] ».

La capacité d'action de toute organisation est à la mesure de l'importance des moyens financiers dont elle est dotée[338]. De manière générale, le manque de ressources financières et surtout la pauvreté sont à la base de tous les problèmes

---

[337] Sandrine Majean Dubois, « La mise en oeuvre du droit international de l'environnement », in les *notes de l'IDDRI*, n°4, p. 18 citant le rapport du PNUE, 2001, Gouvernance internationale en matière d'environnement, Rapport du directeur exécutif, UNEP/IGM/1/2, 4 avril, p.17.

[338] Sur les finances des organisations, cf.Colliard (C.A.): Finances publiques internationales : les principes budgétaires dans les organisations internationales. Revue de Science financière, 1958, pp.237-260.

environnementaux en droit. Malgré les efforts dont font preuve certains pays notamment à faire appliquer les règles juridiques de protection. Elles se trouvent limités par le problème de disponibilité des ressources financières. Le dysfonctionnement des mécanismes institutionnels constaté trouve sa source dans le facteur économique et financier.

Au niveau des institutions internationales, il faut relever que la majorité des organisations internationales, à l'exception de quelques-unes (FMI, CEE...) ne dispose pas de ressources propres. Ce sont les contributions des pays membres et autres modes de financement qui leur permettent de fonctionner et d'accomplir leurs missions respectives[339]. Ainsi pour le financement des Organisations Internationales, chaque Etat contribue au budget en tant que contributeurs. Le calcul est défini selon les statuts. Par exemple pour le système des Nations Unies, il se base notamment sur le Produit Intérieur Brut (PIB) ajusté au revenu par habitant, c'est à dire plus l'Etat est riche et plus il contribue. Ce critère n'est pas le seul car la base de la contribution est souvent tributaire de composantes telles que la part dans le secteur règlementé. Ainsi, pour l'OMC l'on tient compte de la part de l'Etat membre dans le commerce mondial ou bien c'est le principe de l'égalité entre les membres qui demeure applicable.

Quant au financement de l'Organisation des Nations Unies et de ses agences spécialisées, il est assuré par les contributions obligatoires des pays membres et par des contributions volontaires de toutes organisations, entreprises ou encore particuliers. L'Etat qui néglige de payer sa contribution obligatoire peut perdre son droit de vote. Le budget ordinaire des Nations Unies (2,6 milliards de dollars), établi tous les deux ans, est basé sur les contributions obligatoires des Etats fixées par l'Assemblée générale. S'y ajoutent le budget du maintien de la paix soit plus de 8 milliards de dollars en 2011. Pour contribuer à l'indépendance des Nations Unies, le niveau maximum de la plus grosse contribution a été fixé à 22 % (le seuil minimal est quant à lui de 0.01% du budget global). En pratique, 80% des contributions sont versées par les pays industrialisés qui apparaissent dans le domaine environnemental comme de grands pollueurs.

Ces critères pour le financement revêtent un caractère aléatoire relativement aux missions et objectifs assignés à chaque organisation. Ce qui constitue en soi un obstacle majeur dans la mise en œuvre desdites actions. Les Organisations Internationales dans le domaine de l'environnement ne sont pas en reste face à cette triste situation. Aussi rencontrent-elles des difficultés liées au

---

[339] Paul Yao N'dré, *Droit des Organisations Internationales*, PUCI, 1996, p.75.

recouvrement des contributions. Il est donc utile de recourir à des sources de financement en dehors des cadres institutionnelles normalement prévus[340].

Au Congo, l'Etat finance quasiment seul la protection de l'environnement. L'absence d'acteurs et d'opérateurs privés marque une faiblesse institutionnelle certaine. A cela s'ajoute la démission des collectivités locales dans le financement de la protection de l'environnement. En effet, consolider le financement du patrimoine naturel suppose une gestion effective par les collectivités locales de leur budget et de leurs ressources humaines. Au Congo, les collectivités locales disposent d'une autonomie financière prévue par la loi N°7-2003 du 06 février 2003 portant organisation et fonctionnement des collectivités locales et d'un transfert de compétences dont les domaines sont déterminés par la loi[341]. Conformément à cette loi, les ressources de la collectivité locale comprennent :

- les impôts, les droits et taxes, ainsi que le produit des amendes et des pénalités prévus par le code général des impôts dont la perception est faite au profit des collectivités locales, notamment : les contributions des propriétés bâties ; les contributions des propriétés non bâties les centimes additionnels à la taxe sur la valeur ajoutée ; les contributions des patentes ; autres impôts non inventoriés.
- Les subventions et les dotations de l'Etat ;
- les fonds de concours ;
- les dons et legs ;
- les droits d'enregistrement : taxe additionnelle aux droits d'enregistrement sur les mutations à titre onéreux ;
- les rétrocessions de l'Etat ;
- les emprunts garantis par l'Etat ;
- le produit de l'exploitation du domaine et des services de la collectivité locale.

On peut cependant s'interroger sur l'effectivité de cette autonomie financière et sur les ressources dont disposent réellement les collectivités locales. Le Congo est un pays qui fonctionne avec les recettes fiscalo-douanières et, il est de tradition que, la perception des ressources est assurée uniquement par le

---

[340] Assamoi Fabrice Apata, *La protection de l'environnement marin en droit international*, Mémoire Master recherche 2015, Université Félix Houphouet Boigny d'Abidjan, p29
[341] Article 12 Loi n°9-2003 du 6 février 2003 fixant les orientations fondamentales de la décentralisation.

ministère des finances qui est seul habilité à cet effet en application des articles 73 et 91 de la loi n°20 du 3 septembre 2012 portant loi organique relative au régime financier de l'Etat[342]. C'est dire qu'en réalité, et de façon générale, les collectivités locales ne disposent pas d'une réelle autonomie financière. Par conséquent, elles ne peuvent assurer un financement adéquat de la protection de l'environnement. A ce propos, Jean Pierre Elong-Mbassi affirme que « *le nouveau régime de collectivités locales prévoit des transferts de ressources. Le principe d'un transfert concomitant de compétences et de ressources. La formulation des termes de la loi reste parfois ambiguë et ne permet pas aux collectivités locales d'avoir une lisibilité claire de leurs perspectives budgétaires[343]...* ». Dépourvues de lisibilité claire pour leur budget et se trouvant dans l'impossibilité de collecter l'impôt local (qui est la principale source de revenu), les collectivités locales ont du mal à prévoir et dégager un budget pour la protection du patrimoine naturel.

Il ressort clairement que l'Etat assure seul la protection du patrimoine naturel. Un fait qui illustre la concentration du pouvoir par l'autorité centrale qui décide souvent seule de toutes les questions relatives à la protection et la conservation du patrimoine naturel.

En somme, il s'agit de répartir les rôles entre l'Etat et les collectivités locales dans la protection du patrimoine naturel. L'Etat définit la politique environnementale dans une cohésion nationale et les collectivités territoriales en assurent l'exécution au niveau local.

Pour protéger les forêts du Bassin du Congo, il a été mis en place le Fonds bleu pour le Bassin du Congo. C'est un fonds international de développement qui vise à permettre aux États de la sous-région du Bassin du Congo de passer d'une économie liée à l'exploitation des forêts à une économie s'appuyant davantage sur les ressources issues de la gestion des eaux, et notamment de celle des fleuves. L'accord portant création de ce fonds a été signé par douze pays de cette sous-région le 9 mars 2017 à Oyo en République du Congo. Ce fonds peine à décoller faute de financement. En avril 2018, les chefs d'Etat et de gouvernement concernés ont interpellé les partenaires bilatéraux et multilatéraux pour tenir leur promesse de financement de ce Fonds. A l'occasion de la tenue, le 29 avril 2018 à Brazzaville, du premier Sommet des chefs d'Etat et de gouvernement de la Commission climat du Bassin du Congo et du Fonds bleu

---

[342] Alinée 3 de l'article premier de la loi de finances 2014
[343] Jean Pierre Elong-Mbassi, *Etat de la décentralisation en Afrique, Congo Brazzaville*, KARTHALA Editions, 2003, p140

pour le Bassin du Congo, tous les discours délivrés ont sollicité l'appui des partenaires bilatéraux et multilatéraux pour financer les deux instruments de lutte contre les changements climatiques.

En conclusion, il faut noter que trop de maux minent la protection nationale l'environnement au Congo. Partant des faiblesses normatives aux faiblesses institutionnelles, le patrimoine naturel congolais est exposé à des atteintes matérielles et immatérielles. Ces faiblesses engendrent des conséquences importantes à l'égard des ressources naturelles, de la biodiversité et des écosystèmes.

CONCLUSION

Au terme de cette étude et après plusieurs analyses, il ressort que les préoccupations environnementales ne semblent pas être mises en avant au Congo. Bien que le droit congolais a mis en place des outils de protection, les enjeux de l'environnement demeurent grands mais mal perçus.

Le droit congolais de l'environnement est un droit en construction en raison du jeune âge des outils juridiques et de ses institutions de protection. Ainsi, les enjeux et les perspectives d'une protection durable de l'environnement ont, jusque-là, été marqués par la volonté de lutter contre la déforestation, la dégradation forestière, la pollution des eaux, la destruction des écosystèmes et de la biodiversité. Seulement, dans le contexte actuel, il ressort que cette protection se révèle inefficace pour des raisons à la fois humaines et naturelles. Humaines du fait de l'exploitation effrénée par l'homme des ressources naturelles à un rythme inquiétant, menaçant ainsi la possibilité pour les générations futures d'en profiter. Naturelles en raison des perturbations écosystémiques à cause justement de l'instabilité de l'exploitation humaine des ressources naturelles.

Il ressort de ces constats que ces deux phénomènes contribuent fortement à l'accroissement de la vulnérabilité des ressources naturelles avec pour principales conséquences le changement climatique et la dégradation des écosystèmes. Il convient de reconnaitre que pour lutter contre ces deux phénomènes, le régime juridique congolais parait inefficace. S'il est vrai que ce régime est axé sur l'aménagement des concessions forestières et la mise en place des aires protégées, il n'en demeure pas moins que les politiques environnementales connaissent d'importantes lacunes. En ce sens, on peut considérer que le doit congolais de l'environnement, qui s'est fixé comme objectif, entre autres, d'apporter des réponses aux menaces environnementales, ne joue que partiellement son rôle.

Aussi, il est important de rappeler que la protection de l'environnement dans le cadre du développement durable est une initiative récente. L'importance de protéger les ressources naturelles ne fait l'objet d'aucun doute dans la mesure où elles jouent un rôle important et essentiel dans la lutte contre le réchauffement climatique et l'acidification des océans provoqués par les émissions de gaz à effet de serre dans l'atmosphère d'une part, et elles permettent de maintenir l'équilibre écosystémique de notre planète, d'autre part. L'importance des ressources environnementales interpelle l'humanité entière car dans les faits, elles sont confrontées à un rythme accéléré d'exploitation. En conséquence, il apparaît clairement que les aires protégées et les parcs naturels sont des outils de développement de l'économie tant locale que nationale avec la presque certitude d'exigence de certification dans l'exploitation. Si les forêts sont un trésor de biodiversité et participent à l'équilibre des écosystèmes, il est évident qu'elles sont des réserves naturelles indispensables à la vie sur Terre. De ce constat, il est aisé de comprendre que la protection de l'environnement révèle un intérêt capital pour l'humanité. C'est en ce sens que l'envionnement fait l'objet des nombreuses négociations internationales car l'évolution humaine y dépend.

De ce qui précède le constat est clair : le régime juridique de protection mis en place, jusque-là, ne suffit pas à éviter la dégradation de l'environnement. Actuellement, les activités de subsistance, comme l'agriculture à petite échelle et la récolte de bois de chauffage, la pollution de l'air et des eaux sont les principales causes de la déforestation et de la dégradation des forêts au Congo. Mais les nouvelles menaces qui se profilent à l'horizon viendront alourdir les pressions sur les ressources naturelles. Il est certes vrai que l'importance des ressources naturelles n'est plus à démonter, mais il faut noter que celles-ci font l'objet de plusieurs interrogations quant à leur exploitation, leur conservation et leur protection.

Le présent ouvrage, loin d'exposer tous les défis auxquels sont confrontées les mesures de protection de l'environnement au Congo, révèle, tout au moins, les insuffisances du régime congolais après avoir énuméré les outils juridiques de protection (normatifs et institutionnels) de l'environnement. En effet, la plupart des pays de la sous-région « Afrique centrale » connaissent les mêmes problèmes dans la protection de l'environnement : insuffisances de ressources humaines et financières, manque de volonté des décideurs politiques qui ont le pouvoir de décider des allocations à attribuer pour le financement du patrimoine naturel.

BIBLIOGRAPHIE

Ouvrages et articles

Agnès Michelot, « Utilisation durable et irréversibilité(s). Du « jeu » de la temporalité aux enjeux de la durabilité », *Revue juridique de l'Environnement Année* 1998 H-S pp. 15-30

Alexandre Kiss, « Environnement, droit international, droits fondamentaux », *Cahiers du conseil constitutionnel* n° 15, dossier : constitution et environnement, janvier 2004

Anne Wlazlak, L'influence de la construction communautaire sur la Constitution française, Thèse de droit public, Université d'Avignon 2013

Aurélie Binot, *La conservation de la nature en Afrique centrale entre théorie et pratiques. Des espaces protégés à géométrie variable*, Thèse de géographie, Université Paris 1, 444 pages.

Axel De Theux, Imre Kovalovszky, Nicolas Bernard, *Précis de méthodologie juridique: Les sources documentaires du droit*, Presses de l'Université Saint-Louis, 28 mai 2019, 750 pages.

Bertrand Mathieu, «Observations sur la portée normative de la Charte de l'environnement», in *Cahiers du conseil constitutionnel* n° 15 (dossier : constitution et environnement) - janvier 2004, pp2-4

Blaise Freddy Nguimbi, *Impact du droit international de l'environnement sur le droit national congolais,* Université de Limoges - Master2 Droit international et comparé de l'environnement 2006, 65 pages.

Carlos Mupili Kabyuma, *Problématique d'application de droit international de l'environnement dans la lutte contre les violations de droit de l'environnement par les groupes armés à l'est de la RD.Congo*, Mémoire de Master 2, Université de Limoges - 2011, 62 pages.

Chantal Cans, « Le développement durable en droit interne, apparence du droit et droit des apparences », AJDA, 2003, p. 210

Christel Cournil, « Réflexions sur les méthodes d'une doctrine environnementale à travers l'exemple des tribunaux environnementaux des peuples », *Revue juridique de l'environnement* 2016/HS16 (n° spécial), pages 201 à 218

Christian Fargeot, *La chasse commerciale en Afrique centrale : une menace pour la biodiversité ou une activité économique durable ? : Le cas de la république centrafricaine*, Thèse de doctorat en Géographie et aménagement de l'espace, Université Paul Valery 2013, 411 pages.

Corinne Lepage, « Les véritables lacunes du droit de l'environnement », in *Pouvoirs* 2008/4 (n° 127), pages 123 à 133

Cynthia-Yaoute Eid, *Le droit et les politiques de l'environnement dans les pays du bassin méditerranéen : approche de droit environnemental comparé*, Thèse en Sciences Juridiques, Université Paris 5, 2007, 297 pages.

Daniel Pinson, *Environnement et urbanisation*, L'Harmattan 2004, p. 32-51

Denys de Bechillon, « Comment encadrer le pouvoir normatif du juge constitutionnel ? », Cahiers du conseil constitutionnel - n° 24, juillet 2008, pp 45-47

Dominique Alhéritière, L'évaluation des impacts sur l'environnement en droit forestier, FAO 2015, 27 pages.

Eric Naim-Gesbert, « Les dimensions scientifiques du droit de l'environnement. Contribution à l'étude des rapports de la science et du droit », VUB Press et Bruylant, Bruxelles, 1999, 453 pages

Éric Naim-Gesbert, « Maturité du droit de l'environnement », *Revue juridique de l'environnement* 2010/2 (Volume 35), pages 231 à 240.

Félix Koubouana, *Les forêts de la vallée du Niari (Congo) : études floristiques et structurales*, Thèse de doctorat en Sciences biologiques et fondamentales appliquées. Psychologie, Université Paris 6, 1993, 364 pages.

Fernando Lopez Ramon, « L'environnement dans la constitution espagnole », *RJE* 2005, pp53-63

François Bourguignon, *Pauvreté et développement dans un monde globalisé*, Fayard, 25 mars 2015, 80 pages.

Frédérique Permingeat, « La coutume et le droit de l'environnement », sous la direction de Jean Untermaier, Université Jean Moulin, Lyon 3, 2009. *In Revue Juridique de l'Environnement*, n°2, 2010. p. 384

Gilles Paisant, « La place de la coutume dans l'ordre juridique haïtien, (Bilan et perspectives à la lumière du droit comparé », Haïti, 29-30 novembre 2001), Compte-rendu, *Revue internationale de droit comparé*, Année 2002, pp. 186-187

Giulia Enders, « Le charme discret de l'intestin : tout sur un organe mal-aimé », *Actes Sud*, 2015, p. 87

Gregory Mankiw, *Principes de l'économie*, Paris, Economica, 1998, 1208 pages.

Guyomard Hubert. « L'évolution de la protection de l'environnement ». In *Revue juridique de l'Ouest*, N° Spécial 1992. L'environnement. pp. 63-74

Hervé Jiatsa Meli, *Les droits fondamentaux et le droit à l'environnement en Afrique*, Mémoire de Master en Droit International et Comparé de l'environnement, Université de Limoges 2006, 67 pages.

Jacqueline Morand-Deviller, « L'environnement dans les constitutions étrangères », in *Les nouveaux cahiers du conseil constitutionnel* - n°43, avril 2014

Jacqueline Morand-Deviller, Droit administratif, Montchrestien, 2007, 864 pages

Jacques Véron, « Enjeux économiques, sociaux et environnementaux de l'urbanisation du monde », in Mondes en développement 2008/2 (n° 142), pages 39 à 52

Jean Dorst, « Impact de la faune sauvage sur l'environnement », *Rev. sci. tech. Off. int. Epiz.*, 1991, 10 (3), 557-576

Jean-Noël Salomon, « Questions à l'environnement, Avant-propos », in *Sud-Ouest européen*, tome 3, 1998. Questions à, l'environnement. pp. 1-2; Michel Picouet, *Environnement et sociétés rurales en mutation: Approches alternatives*, IRD Editions, 2013, 357 pages

Kiss Alexandre Charles. « La protection de l'atmosphère : un exemple de mondialisation des problèmes ». In *Annuaire français de droit international*, volume 34, 1988. pp. 701-708

Louis Favoreu (Dir.), *Droit constitutionnel 2021*, Dalloz, 2020, 1180 pages.

Lunel Pierre, Braun Pierre, Flandin-Blety Pierre, Texier Pascal. « Pour une histoire du droit de l'environnement ». In: Revue Juridique de l'Environnement, n°1, 1986. pp. 41-46

Manon-Nour Tannous - Xavier Pacreau, Les relations internationales, La Documentation Française, septembre 2020, 204 pages.

Marcel Waline, « Hypothèses sur l'évolution du droit en fonction de la raréfaction de certains biens nécessaires à l'homme », *Revue de droit prospectif*, N° 2-1976, p. 12.

Marta Torre-Schaub, « La doctrine environnementaliste : une dynamique au croisement du savoir scientifique et profane », *Revue juridique de l'environnement* 2016/HS16 (n° spécial), pages 219 à 240

Marie-Anne Cohendet, *Droit constitutionnel de l'environnement - Regards croisés*, Mare et Martin Editions, 2019, à paraître (résumé)

Maurice Pardé, « Régimes hydrologiques de l'Afrique Noire à l'ouest du Congo », *Annales de géographie*, Année 1967, 413 pp. 109-113

Michel Prieur, « L'environnement entre dans la constitution », CRIDEAU 2005

Michel Beaud, 1989, « Risques planétaires, Environnement et Développement », *Economie et Humanisme*, N° 308, p.12

Michel Durousseau, « Biodiversité et Evolution du Droit de la Protection de la Nature : Réflexion Prospective, le Constat : La biodiversité est en Crise », *RJE*, Edition Spéciale : 2008, pp34-36

Michel Prieur, « La non-régression, condition du développement durable », in *Vraiment durable* 2013/1 (n° 3), pages 179 à 184

Moïse Tsayem Demaze, « Les conventions internationales sur l'environnement : état des ratifications et des engagements des pays développés et des pays en développement », in L'Information géographique 2009/3 (Vol. 73), pages 84 à 99.

Nadine Poulet-Gibot Leclerc, *Droit administratif : sources, moyens, contrôles*, Editions Bréal, 2007, 271 pages.

Philippe Renault, « Le Karst du Kouilou (Moyen-Congo, Gabon) », in *Géocarrefour*, Année 1959, 34-4 pp. 305-314

République du Congo, *Etude socio-économique et environnementale du secteur forestier*, Juin 2007, 53 pages

Richard Laganier, Helga-Jane Scarwell, Risque d'inondation et aménagement durable des territoires, Presses Universitaires du Septentrion, 10 oct. 2017, 240 pages.

Sachs I., Weber J., 1994, « Environnement, Developpement, Marche : pour une économie anthropologique », Entretien avec Ignacy Sachs par J. Weber, Revue Nature, Sciences, Société, Vol. 2, n° 3

Sancy Lenoble Matschinga, *La législation sur l'eau en République du Congo*, EMWA, juin 2014, 70 pages.

Sandrine Maljean--Dubois, « Quel droit pour l'environnement ? », in *Hypothèses*, Aix Marseille Université, 2013

Serge Hebrard, « Les études d'impact sur l'environnement et le juge administratif », *RJE*, 1981, pp. 129-176

UICN, *Parcs et réserves du Congo. Évaluation de l'efficacité de la gestion des aires protégées*, 144 pages.

Ulrich Kévin Kianguebeni, *Contribution à la protection du patrimoine culturel au Congo*, EUE 2011, 76 pages.

Ulrich Kévin Kianguebeni, *La protection du patrimoine culturel au Congo*, Thèse de droit public, Université d'Orléans, 2016, 512 pages.

Ulrich Kévin Kianguebeni, *Législation sur la protection du patrimoine culturel au Congo*, EUE 2011, 132 pages.

Yann Prisner-Levyne La protection de la faune sauvage terrestre en droit international public, Thèse de Droit international public, Université Paris I, 2017, 446 pages.

Youri Mossoux, « L'application du principe du pollueur-payeur à la gestion du risque environnemental et à la mutualisation des couts de la pollution », *Lex Electronica,* vol. 17.1 (Été 2012)

Yves Jégouzo, L'évolution des instruments du droit de l'environnement, in Pouvoirs 2008/4 (n° 127), pages 23 à 33

Textes de droit

Loi n° 48/83 du 21 avril 1983 définissant les Conditions de la Conservation et de l'Exploitation de la Faune Sauvage

Loi n°2005-04 du 11 avril 2005 portant Code minier

La loi n° 28-2016 du 12 octobre 2016 portant code des hydrocarbures

La Loi n°003/91 du 23 avril 1991 sur la protection de l'Environnement

La Loi N°8-2010 du 26 juillet 2010 portant protection du patrimoine national culturel et naturel au Congo

La Loi n° 17-2000 portant régime de la propriété foncière

La Loi n° 37-2008 sur la faune et les aires protégées.

Loi n° 48/83 du 21 avril 1983 définissant les Conditions de la Conservation et de l'Exploitation de fa Faune Sauvage

Loi 24-94 du 23 août 1994 portant Code des Hydrocarbures

Code de l'eau *du 10 avril 2003*

Code forestier du 20 novembre 2000

Décret n° 2009/415 du 20 Novembre 2009 fixant le champ d'application, le contenu et les procédures de l'étude et de la notice d'impact environnemental et social

Décret n°2002-437 du 31 décembre 2002 fixant les conditions de gestion et d'utilisation des forêts

Décret n°86/775 du 7 juin 1986 rendant les EIE obligatoires

Arrêté n° 1450/MIME/DGE du 14 novembre 1999 relatif à la mise en application de certaines dispositions sur les installations classées de la Loi 003-91

Arrêté n° 609/MIME/CAB du 22 mai 2000 relatif à l'utilisation de certaines substances dans des équipements frigorifiques, la climatisation et dans l'industrie,

Arrêté n° 2057/MIME/CAB du 1 » mai 2002 réglementant les importations, les exportations et réexportations des substances qui appauvrissent la couche d'ozone et des produits et équipement contenant de telles substances,

Arrêté n° 1119/MIME/CAB du 2 avril 2002 portant agrément du centre inter-entreprise dans le dépistage, le traitement et l'évaluation des risques sanitaires dus à la pollution marine et côtière

Arrêté n° 835/MIME/DGE du 6 septembre 1999 sur l'agrément des bureaux d'études

Table des matières

www.ingramcontent.com/pod-product-compliance
Lightning Source LLC
Chambersburg PA
CBHW040124270326
41926CB00001B/6